Los peligros de la moralidad

Divulgación

Biografía

Pablo Malo es psiquiatra experto en psicología evolucionista y coautor de *Psiquiatría Evolucionista: una introducción*. Además, es coeditor del blog de biología evolucionista *La nueva Ilustración Evolucionista* y editor del blog *Evolución y Neurociencias*. Es autor de diversas publicaciones científicas, las más recientes centradas en el suicidio y su prevención, así como en su evolución en la especie humana, y es también miembro de la Txori Herri Medical Association y de la banda de psicorrock The Beautiful Brains.

@pitiklinov

Pablo Malo Ocejo

Los peligros de la moralidad

Por qué la moral es una amenaza para las sociedades del siglo XXI

DEUSTO

Deusto, un sello editorial de Centro Libros PAPF, S. L. U.
Avda. Diagonal, 662-664, 08034 Barcelona (España)
www.edicionesdeusto.com
www.planetadelibros.com

Adaptación de la cubierta: Booket / Área Editorial Grupo Planeta a partir de la idea original de © Sylvia Sans Bassat
Primera edición en Colección Booket: noviembre de 2024

Depósito legal: B. 17.707-2024
ISBN: 978-84-234-3807-5
Impresión y encuadernación: CPI Black Print
Printed in Spain - Impreso en España

Sumario

Introducción

> La violencia se considera moral, no inmoral: por todo el mundo y a lo largo de toda la historia, se ha asesinado a más personas para imponer la justicia que para satisfacer la codicia.
>
> STEVEN PINKER

Este libro es el resultado de una búsqueda personal. Aunque según esas teorías que dicen que el nombre que nos ponen influye en nuestra personalidad e intereses en la vida, mi apellido me predestinaba a ocuparme del tema de la psicología moral; la realidad es que, hasta donde puedo ser consciente de la motivación de mis actos, mi búsqueda tiene que ver en esencia con vivir en el País Vasco y haber sido por ello testigo del terrorismo de ETA y de cómo un porcentaje significativo de la población no sólo no condenaba sino que justificaba esta violencia.

La mayoría de estas personas eran personas con valores, con principios morales, algunos de ellos incluso sacerdotes. Así pues, me pareció desde un principio que la visión de que hay personas buenas (morales) que hacen cosas buenas y personas malas (inmorales) que hacen cosas malas no explicaba lo que yo estaba observando. Mi problema era explicar cómo personas con una moralidad que funciona de modo correcto podían apoyar actos como el asesinato que moralmente son considerados malos de forma casi universal. El rompecabezas era, por tanto, explicar a qué se debe que actos que suelen ser considerados malos —y que las personas que los llevan a cabo considerarían que son moralmente malos si los sufrieran ellas— son realizados contra otras personas por gente que cree que está haciendo el bien.

Al inicio de esta búsqueda cayó en mis manos el libro *Becoming Evil*, de James Waller, cuyo subtítulo es «Cómo la gente normal comete genocidios y asesinatos de masas». El libro trata la inquietante realidad de que todos podemos hacer el mal y de que las mayores maldades a lo largo de la historia las ha cometido gente que creía que estaba haciendo el bien. Tanto en los genocidios de la era nazi como en los posteriores en la antigua Yugoslavia o en Ruanda participaron altos porcentajes de la población, lo que hace imposible explicarlos culpando a individuos psicópatas o malvados. Gente normal, vecinos —amigos o familiares incluso—, se volvieron unos contra otros en estos terribles acontecimientos. Y en este libro encontré por primera vez la tendencia humana a dividir el mundo en Ellos/Nosotros, que es considerada un universal antropológico, y ahí comenzó mi interés por estudiar la teoría de la evolución para comprender la mente humana. Trataremos la división Ellos/Nosotros y el tribalismo en uno de los capítulos del libro, pero ya descubrí ahí que nuestra moralidad no es universal, no se aplica a todos los seres humanos, sino que su ámbito de aplicación viene marcado por los límites de lo que considero mi grupo. Nuestra moralidad llega hasta los límites de nuestro grupo, se aplica a nuestra comunidad moral, es decir, no empleamos las mismas normas con los individuos que pertenecen a nuestro grupo (Nosotros) que con los individuos que no pertenecen a nuestro grupo (Ellos).

Pongamos un ejemplo. «No matarás» es una norma moral existente en todas las culturas. Pero en ningún sitio esa norma moral consiste en «No matarás a nadie», así, a secas. Al enemigo, por ejemplo, sí se le puede matar. Y no sólo se le *puede* matar, sino que se le *debe* matar, y el que lo haga no será ningún criminal, sino que será considerado un héroe. Así que la misma moralidad que nos conduce a hacer el bien nos puede empujar a hacer el mal, porque la moralidad, como veremos, es una herramienta para la colaboración de los grupos humanos, y los grupos humanos han colaborado para competir contra otros grupos. Por eso, nuestra moralidad o nuestra mente moral tiene dos caras: una cara brillante que mira al endogrupo (Nosotros) y promueve la colaboración, la compasión, el altruismo y otras facetas positivas. La cara oscura es la que mira a los grupos rivales exteriores (Ellos) y se caracteriza por el tribalismo, el castigo, el odio y el desprecio a los miembros de esos grupos con los que competimos. Veremos en su momento que las fronteras entre comunidades morales pueden venir marcadas por diferentes atributos (raza, nación, religión...), pero un marcador cada vez más importante es la ideología. La ideología y las creencias políticas marcan las fronteras de nuestra comunidad moral y aquellos que tienen otras creencias no son considerados como pertenecientes a ella. Los que piensan diferente pertenecen a otra comunidad moral (Ellos) y las normas morales que se deben utilizar no son las mismas.

Un segundo componente de esta búsqueda personal con respecto a la naturaleza de la moral —que fue surgiendo mientras investigaba el primero— fue contemplar con asombro la creciente importancia del lugar que la moralidad ha ido ocupando en nuestra sociedad actual y la necesidad de entender este fenómeno. Estamos viviendo una epidemia de moralidad que se ha iniciado en las universidades estadounidenses y se ha extendido ya al resto de la angloesfera (Canadá, Australia y Reino Unido) y por las redes sociales, y está llegando ya a toda Europa y a otras regiones. Se trata de una explosión de moralidad, de una espiral de virtud imparable que nos exige unos niveles cada vez más elevados de santidad para estar a la altura. Se manifiesta en la cultura de la cancelación, en la sociedad del victimismo, en la indignación continua en las redes sociales ante los menores errores o faltas morales de las personas, en linchamientos morales que recuerdan a las cazas de brujas, en despidos de trabajadores por expresar sus ideas, en censura, en retirada de libros considerados herejes, en un ataque a la libertad de expresión, en un miedo a hablar, etc. Debemos estar cada vez más pendientes de nuestra identidad moral y más atentos a demostrar a los demás que uno es una persona virtuosa. El ambiente moral se ha ido haciendo cada vez más punitivo y asfixiante.

Pero, antes de continuar, ya he utilizado varias veces los términos *moralidad* y *moral* por lo que, aunque lo hablaremos más adelante, conviene aclarar desde un principio a qué me estoy refiriendo y cuál es la terminología que voy a manejar a lo largo del libro, que es, creo yo, muy sencilla. En nuestro mundo de habla hispana —a diferencia de la literatura anglosajona que voy a manejar— está muy extendida la división entre ética y moral, y muchas veces cuando hablo de moralidad en el blog o en Twitter aparecen comentarios sobre esta diferencia que, dicho sea de paso, me parece muy frágil, aunque no necesitamos entrar en ello. Para los efectos de este libro pediría al lector que, si maneja esta dicotomía, se olvide temporalmente de ella. Cuando me refiera a *moral*, *moralidad*, *mente moral*, *sentido moral* o *instinto moral* me voy a estar refiriendo a la capacidad humana de distinguir entre bien y mal, entre actos buenos y malos. Es una facultad o capacidad similar a la del lenguaje, que no existe —por lo menos con la misma extensión— en otros animales. Y hablaré de *normas morales* cuando me refiera a las reglas sobre las obras o acciones concretas que son consideradas buenas o malas.

Es decir, *moralidad* sería equivalente a nuestra capacidad para el lenguaje, y las normas morales concretas serían el equivalente a las lenguas que se hablan en cada lugar; todos los seres humanos distinguen entre bien y mal, pero no en todas partes se habla el mismo lenguaje moral; no en todas partes lo que es considerado bueno o malo coincide por completo. La ética, como rama de la filosofía que estudia y sistematiza los conceptos del bien y el mal, y la metaética, como la moral en el sentido de normas y costumbres, se basan en nuestra capacidad humana para distinguir entre bien y mal, y no existirían sin esa capacidad humana básica. Con eso es suficiente para nuestros fines. Lo que nosotros vamos a estudiar es cómo surgió esta capacidad moral humana, qué peculiaridades y qué consecuencias tiene.

Adelanto brevemente lo que el lector va a encontrar en cada capítulo. En el capítulo 1 voy a defender que tenemos una explicación naturalista —científica, basada en la selección natural— del origen de la moral. La moral sería una adaptación y una adaptación es cualquier rasgo o característica —sea física o de comportamiento— que ha sido seleccionada por la selección natural porque aumenta el éxito reproductivo. Nuestra moral es contingente a la evolución que ha seguido nuestra especie. Si nuestra trayectoria evolutiva hubiera sido diferente, también lo sería nuestra capacidad moral, que tendría otras características, y nuestras normas morales. La consecuencia es que no hay valores absolutos, lo que no quiere decir que esos valores relativos a nuestra peculiar evolución no sean importantes. También hablaremos de las bases neurobiológicas de la moral en el cerebro, de la existencia de regiones cerebrales que desempeñan un papel en nuestra conducta moral.

En el capítulo 2 veremos las principales teorías evolucionistas sobre el origen de la moral y cómo convergen todas en que la moralidad es un conjunto de soluciones culturales y biológicas para resolver los problemas de cooperación y los conflictos de convivencia en las sociedades humanas. Veremos también la teoría diádica de la moral, que plantea que los seres humanos tenemos una plantilla de las transgresiones morales, un modelo cognitivo de lo que es una transgresión moral y los elementos claves de este modelo son la intención y el dolor. La esencia de un juicio moral es la percepción de dos mentes complementarias, una díada, compuesta por un agente moral intencional y un paciente moral que sufre (la acción del agente). Según esta teoría, al aplicar esta plantilla, se produce un «encasillamiento moral» que consiste en el fenómeno por el que la gente es catalogada o bien como agentes morales o bien como pacientes morales; no se puede ser las dos cosas a la vez.

En el capítulo 3 veremos por qué las creencias morales son muy diferentes a otro tipo de creencias y acarrean consecuencias sociales y políticas que de ninguna manera tienen otro tipo de creencias. Trataremos temas como el fenómeno de la moralización, el proceso por el que algo que antes era neutro moralmente (como comer carne o fumar) pasa a ser incluido en la esfera moral. También vamos a estudiar aspectos de nuestra psicología que no son directamente morales, pero que interactúan y tienen una fuerte relación con nuestra mente moral. Nuestra preocupación por el estatus y la reputación está íntimamente relacionada con la moralidad y necesitamos entender el lugar que ocupan en nuestra mente primate para comprender luego fenómenos como el «postureo» o «exhibicionismo moral», o los linchamientos y las cazas de brujas en las redes sociales. Una gran parte de nuestro repertorio moral lo interpretamos de cara a la galería, muchas de nuestras acciones sirven para señalar a los demás nuestra virtud. Gran parte de nuestras conductas morales son dirigidas a observadores y por ello es importante entender también conceptos como el altruismo recíproco y otros.

En el capítulo 4 trataremos la tendencia humana a dividir el mundo en Ellos y Nosotros y las graves consecuencias que esta tendencia tiene en nuestro mundo actual, especialmente el tribalismo moral e ideológico. La división Ellos/Nosotros crea una frontera moral, un límite entre dos territorios morales. Más allá de ese límite ya no se aplican nuestros principios morales o no se aplican de la misma manera: Ellos no tienen la misma consideración moral que Nosotros. Somos moralmente tribales y este tribalismo es uno de los grandes retos de nuestra época: tanto el tribalismo entre sociedades como dentro de cada sociedad, cultura o nación. Las sociedades occidentales nos estamos dividiendo en tribus y el motor principal de esas divisiones es en la actualidad la ideología, principalmente la ideología política. Este tribalismo intrasocietal está poniendo en peligro el propio funcionamiento de nuestras instituciones.

En el capítulo 5 haremos un repaso de otros fenómenos de nuestro mundo moral actual que giran alrededor de la indignación moral y de un nuevo vehículo para expresarla —las redes sociales— que no existían hasta hace poco y que lo han cambiado todo. Las redes sociales, Twitter en particular, se han convertido en tribunales morales de los que todo el mundo está pendiente, más poderosos incluso que los tradicionales tribunales de justicia. Hablaremos de la difamación ritual, la cultura de la cancelación, la cultura del victimismo, el exhibicionismo moral y otros temas. Nadie quiere indignar a Twitter, la condena en redes equivale a la excomunión y la muerte social.

En el capítulo 6 veremos la explicación a la hipermoralización de nuestra época que mencionaba. Estamos viviendo un nuevo despertar religioso sin Dios y sin perdón cuyo epicentro se encuentra en Estados Unidos. Allí el colapso del protestantismo ha dejado un vacío que ha sido ocupado por una religión laica que es la llamada «Justicia Social Crítica» o «wokismo». Como decía Eric Hoffer: «Aunque la nuestra es una época sin Dios, es justo lo opuesto a no religiosa». Es un capítulo un poco denso de leer porque trataremos someramente los principios filosóficos del posmodernismo, pero creo que el esfuerzo merece la pena por su poder explicativo para entender la época que estamos viviendo y lo que tenemos por delante.

En el capítulo 7 trataremos los problemas que la moralidad supone en tres aspectos fundamentales. En primer lugar, el peligro de llevarnos a la violencia moralista, la violencia más frecuente y grave a lo largo de la historia, una violencia que suele ser masiva y a gran escala. Y junto a ello el peligro que la moralidad encierra para el buen funcionamiento de dos instituciones básicas de nuestras sociedades: la democracia y la ciencia. Por último, en el capítulo final daré algunas ideas y propuestas alternativas sobre la forma de neutralizar estos peligros de la moralidad.

El mensaje fundamental de este libro, en resumidas cuentas, es que la moralidad es un arma de doble filo y que tiene un lado oscuro con el que debemos tener cuidado, lo que puede resultar controvertido ya que la visión habitual es que más moralidad es siempre buena. Aquí, sin embargo, voy a defender que necesitamos menos moralidad y no más. Básicamente, lo que hago en el libro es compartir los hallazgos de esta búsqueda personal que comento, y tendría dos finalidades fundamentales. Por un lado, ayudar al lector a comprender el mundo moral que tenemos ahí fuera y en el que tenemos que desenvolvernos; que el lector salga del libro entendiendo mejor lo que ocurre a su alrededor. Y, por otro lado, tiene un objetivo práctico también: hacer recapacitar al lector cuando vaya a utilizar esa capacidad moral de la que hablo, en especial cuando se sienta indignado moralmente y dispuesto a escribir un tuit o a contestar a alguien en una discusión. El objetivo sería conseguir que cada uno de nosotros nos paremos un segundo a reflexionar antes de lanzar ese tuit o esa contestación, que se nos encienda una alarma en nuestro interior: «Atención, estás funcionando en modo moral, peligro». La esperanza es que podamos entre todos disminuir el elevado nivel de contaminación moral actual y conseguir así un mundo más habitable.

Capítulo 1

Darwin y el origen de la moralidad

> La moralidad es una ilusión colectiva de los genes. Necesitamos creer en la moralidad y, por tanto, gracias a nuestra biología, creemos en la moralidad. No hay fundamento «ahí fuera» más allá de la naturaleza humana.
>
> MICHAEL RUSE

> No puedo convencerme a mí mismo de que un Dios omnipotente y benevolente hubiera creado a propósito las *Ichneumonidae* [un grupo de avispas parásitas] con la expresa intención de alimentarse dentro de los cuerpos vivos de las orugas.
>
> CHARLES DARWIN

Sin lugar a dudas, en el estudio de la moralidad hay un antes y un después de Darwin. Parafraseando a Theodosius Dobzhansky, podríamos decir que «nada en la moralidad tiene sentido si no es a la luz de la evolución». Darwin dinamita nuestra moralidad y supone el fin del mundo tal como lo conocíamos antes de él, el fin de la idea del bien y del mal. Ni Copérnico, que nos desplazó del centro del universo, ni Freud, que señaló que no éramos los dueños de nuestra propia mente, ni la cosmología, ni la geología, ni ninguna otra rama de la ciencia supone un corte tan profundo en la yugular de la comprensión de nuestra naturaleza. Nada de eso es comparable a la revolución y el peligro que supone Darwin.

La cuestión es que, si nuestra naturaleza y nuestra historia filogenética y el estilo de vida de la especie fuera diferente, nuestras creencias morales serían diferentes. Al igual que a nosotros nos resultan repelentes las heces, pero a las moscas les atraen, también podría haber ocurrido con la prohibición de matar o cualquier otra norma moral. Si matar o cualquier otra acción que ahora consideramos mala hubiera aumentado la descendencia de nuestros ancestros, ahora sería considerada buena. El propio Darwin se dio perfecta cuenta de esto y escribió en *El origen del hombre*:

> Yo no quiero mantener que cualquier animal estrictamente social, si sus facultades intelectuales llegaran a ser tan activas y elevadas como las del hombre, adquiriría el mismo sentido moral que nosotros. De la misma manera que diversos animales tienen su propio sentido de la belleza, aunque admiran objetos muy diferentes, así tendrían un sentido del bien y el mal, pero los llevaría a tomar diferentes líneas de conducta. Si, por ejemplo, para tomar un caso extremo, los seres humanos fueran criados en las mismas condiciones que las abejas, no habría duda de que nuestras mujeres solteras, al igual que las abejas obreras, creerían que es un deber sagrado matar a sus hermanos y las madres intentarían matar a sus hijas fértiles; y a nadie se le ocurriría interferir. No obstante, la abeja, o cualquier otro animal social, ganaría en este supuesto caso, tal como me parece a mí, un sentimiento del bien y el mal, o una conciencia.

Voy a insistir en este punto porque lo considero esencial para entender todo lo que vamos a tratar en este libro, y para ello vamos a realizar un pequeño experimento mental. Es sabido que la mantis religiosa hembra cercena la cabeza del macho durante la copulación (cuando el macho no consigue escapar). Imaginemos que esta especie hubiera sufrido una evolución social y cultural que le permitiera escribir un libro religioso como la Biblia o unos mandamientos morales. Si así fuera, la Biblia de la mantis religiosa, o uno de sus diez mandamientos, diría que está bien cortar la cabeza al macho durante la copulación, porque esta conducta aumenta la probabilidad de que las crías de la hembra sobrevivan y los individuos que no cortaban la cabeza al macho durante la copulación dejaron menos descendencia y fueron desplazados por los que sí lo hicieron. En la actualidad hay evidencia importante de que todo lo que encontramos moralmente atractivo en la naturaleza humana —el altruismo, el amor, la simpatía, la generosidad, la virtud, etc.— son también producto del mismo proceso de selección natural y cualidades que aumentaron el éxito reproductivo de los individuos de nuestra especie.

Pondré otro ejemplo. La *Diaea ergandros* es una especie de araña australiana. A lo largo del verano, las madres se ceban a sí mismas con todo tipo de insectos, de manera que, cuando llega el invierno, sus pequeños pueden chupar la sangre de las articulaciones de las patas de su madre. A medida que ellos beben, ella se debilita hasta que las crías se abalanzan sobre ella, le inyectan un veneno y la devoran como harían con cualquier otra presa. Bien, en la Biblia de esta especie de arañas comerse a las madres no estaría mal considerado desde el punto de vista moral.

Pasa lo mismo con la belleza, y el propio Darwin lo señala de pasada en el pasaje que hemos mencionado anteriormente. Como dice Steve Stewart-Williams en su libro *The Ape that Understood the Universe*: «Hallamos a los bebés lindos porque estamos diseñados para encontrarlos lindos. Si nuestros bebés fueran como pequeños monstruos grotescos según nuestras normas actuales, entonces eso es lo que nos parecería lindo y nuestros bebés actuales serían los pequeños monstruos grotescos».[1] Cada especie considera atractivas sexualmente características muy distintas, y lo que resulta atractivo para una especie no lo es para otras. No hay nada objetivo en una característica que la haga bella o atractiva sexualmente: nos resulta bella o atractiva porque hemos evolucionado (o hemos sido diseñados por la selección natural) para verla y sentirla así.

1. Stewart-Williams, S., *The Ape that Understood the Universe: How the Mind and Culture Evolve*, Cambridge University Press, 1992.

Llegamos así al núcleo del asunto, al nihilismo moral que supone la teoría de la selección natural. Filósofos como Michael Ruse o Richard Joyce señalan que nuestras creencias morales son ilusiones y las tenemos no porque sean ciertas, sino porque son útiles para regular nuestra vida social. Entender esto es muy contraintuitivo y mucha gente encuentra difícil aceptar que la capacidad humana para hacer el bien es producto del mismo proceso «estúpido» y «brutal» de la selección natural. Randolph Nesse expresa muy bien el «choque» que se siente cuando uno se da cuenta de esto:

> El descubrimiento de que las tendencias para el altruismo están modeladas por nuestros genes es uno de los hechos más perturbadores de la historia de la ciencia. Cuando lo comprendí por primera vez dormí muy mal durante muchas noches intentando encontrar alguna alternativa que no supusiera un desafío tan grave para mi sentido del bien y el mal.[2]

La selección natural socava la idea de que existen unos cimientos objetivos sobre los que apoyar la moralidad. A partir de Darwin, es imposible fundar la moralidad sobre bases sólidas objetivas, no hay moralidad ahí fuera, como dice Ruse. Igual que no hay colores ahí fuera, sólo longitudes de onda, tampoco hay moral ahí fuera, sólo actos que aumentan o disminuyen el éxito reproductivo. Los actos que aumentan el éxito reproductivo —el número de descendientes— persisten. Y esto da vértigo, como refleja Nesse.

Tradicionalmente, se había aceptado que Dios, o la religión, era la fuente de los valores morales. Esta teoría de que la moralidad se sustenta en Dios se llama técnicamente la «teoría del mandato divino», y parece implicar, como dijo Dostoievski, que, si Dios no existe, todo está permitido. Pero la falsedad de esta teoría ya la dejó establecida Platón hace más de dos mil años en el dilema de Eutifrón: ¿son buenas las cosas que Dios manda

2. Ridley, M., *The Origins of Virtue: Human Instincts and the Evolution of Cooperation*, Viking, 1997.

porque Dios las manda, o Dios las manda porque son buenas? Si decimos que las cosas son buenas porque Dios las manda, eso implica que, si Dios dijera que hay que torturar niños, entonces esa conducta sería buena y justa, lo cual es contrario a nuestra intuición moral. Los creyentes pueden argumentar que Dios no va a mandar esas cosas terribles porque Dios es bueno y sólo va a mandar cosas buenas. Pero esa salida asume que hay un estándar de lo que es bueno y malo que es independiente de Dios. Dios ya no sería el fundamento de la moralidad, porque esas cosas serían buenas aunque Dios no las mandara. Darwin viene a confirmar que, efectivamente, Dios no es el fundamento de la moral: nuestra capacidad moral, nuestro sentido moral, es producto de la selección natural.

Es decir, que intentos como los de Kant u otros filósofos de sostener que la moralidad se puede deducir a partir de la nada por pura deducción lógica no tienen ningún sentido. La razón nos puede permitir deducir nuevos principios morales, o nuevas conclusiones, pero siempre después de que hayamos establecido un principio ético fundamental. Y ese principio ético fundamental no tenemos donde apoyarlo. Podemos imaginarnos que decidimos que un universo con menos sufrimiento es preferible a un universo con más sufrimiento. A partir de esta premisa yo deduzco que, como los animales no humanos sufren también, debemos hacer todo lo posible para reducir su sufrimiento. La razón nos llevará a aceptar esas conclusiones morales, pero después de haber aceptado el principio fundamental. La razón no nos puede decir cuál es ese principio fundamental. Debemos empezar en algún sitio, sin ninguna justificación. Nuestro punto de partida es siempre una disposición, una intuición, un sentimiento de que algo es deseable moralmente. Pero no hay una justificación última para ello. Darwin nos quita el suelo sobre el que nos apoyamos.

Una visión darwiniana de la moralidad es una visión dura e incómoda. Implica aceptar que probablemente no existe Dios, que no hay otra vida, ni almas, que no hay una base objetiva para la moralidad ni un propósito para nuestro sufrimiento; que somos insignificantes en un cosmos vasto e impersonal, que nuestra existencia no tiene sentido ni significado, y que los efectos de nuestras acciones desaparecerán sin dejar rastro. Y, a pesar de todas estas duras verdades, hay que esforzarse como si la vida tuviera sentido y luchar por un mundo mejor, sin promesas de una recompensa eterna ni de la victoria final.

Darwin fue muy consciente de que la selección natural era el fin del mundo tal y como se conocía hasta entonces, y las implicaciones morales, religiosas y sociales fueron, probablemente, las que retrasaron su publicación de la idea. Hay una diferencia clave entre Darwin y Alfred Russell Wallace, el otro artífice de la idea de la selección natural: que Darwin se dio cuenta de las implicaciones de esta idea, de adónde nos llevaba, mucho más allá de lo estrictamente biológico. Wallace, sin embargo, no fue capaz de integrar o de asumir las consecuencias para nuestra visión del ser humano y evolucionó a una postura en la que defendía que la selección natural no era aplicable a la inteligencia y otras facultades humanas. Darwin aguantó el tirón y persiguió la idea hasta sus últimas consecuencias, pero era consciente de sus implicaciones y por eso se retrasó tanto en publicarla. No sabemos quién fue el primer ser humano que fue consciente de la muerte, y es difícil imaginar el *shock* o el estado mental que ese individuo experimentó. Las comparaciones son odiosas, pero el estado mental que Darwin experimentó durante esos años en que fue el único ser humano que comprendió cómo habíamos llegado a ser lo que somos tuvo probablemente muchos puntos en común con aquella toma de conciencia ancestral de la existencia de la muerte.

No sabemos exactamente cuándo se le ocurrió a Darwin la idea de la selección natural. James Rachels ha investigado las implicaciones morales del darwinismo en su libro *Created from Animals* y la evolución de las ideas de Darwin hasta la publicación de *El origen de las especies*.[3] En su autobiografía, Darwin dice que la idea se le ocurrió en octubre de 1838 y echa la culpa a la lectura de Malthus. Pero la autobiografía está escrita cuarenta años después de los hechos y ya sabemos que la memoria tiende a distorsionar las cosas. Como Darwin era muy obsesivo y meti-

3. Rachels, J., *Created from Animals: The Moral Implications of Darwinism*, Oxford University Press, 1991.

culoso y escribía todo en los cuadernos, los eruditos han estudiado con lupa el período 1837-1839 y han comprobado que no hay un momento concreto de iluminación, sino que es un proceso gradual de ir probando teorías, cambiándolas por otras, ir haciéndose preguntas, etc. Lo que sí parece es que para cuando se casó con Emma en 1839 ya la tenía más o menos definida.

Lo que es más seguro todavía es que en 1842, la época en que se trasladan a vivir a Downe, Darwin hace un boceto de cuarenta y ocho páginas explicando la selección natural y en 1844 escribe un ensayo de doscientas treinta páginas presentando la teoría en gran detalle y, además, arregló las cosas para que fuera publicado si a él le pasaba algo. Es decir, que hay prácticamente un largo retraso de veinte años desde que Darwin da forma a la teoría de la selección natural y el momento en que el mundo la conoce; y encima la publica sólo porque Wallace le manda la carta con la misma idea. ¿Por qué no publicó Darwin su idea inmediatamente, por qué esperó tanto? Darwin resuelve el problema más grande de la historia natural y entonces coge y se dedica a estudiar los percebes (cirripedia) durante un montón de años (1846-1854).

Parte de la explicación es que no quería crear problemas a sus amigos y a su familia. Estaba claro que la teoría iba a ser interpretada como un ataque a la cristiandad y Darwin quería evitar la controversia. Su nombre sería identificado con el ateísmo y es sabido que Emma era una pía mujer, y que Darwin nunca logró convencerla de la corrección de su teoría, a pesar de lo cual el matrimonio funcionó adecuadamente. Por eso, Darwin ponía excusas para no publicar, como que estaba puliendo la teoría, que necesitaba recopilar pruebas, etc. Pero la realidad es que en vez de dedicarse al gran libro que quería escribir deja eso y se dedica a los percebes. Una razón para este trabajo con los percebes es que Darwin sentía que su formación en geología era bastante buena, pero no así en biología, y que su trabajo en biología era muy superficial. Por ejemplo, están los famosos pinzones de las Galápagos. Darwin no se dio cuenta de que eran todos pinzones, se lo tuvo que decir un ornitólogo del British Museum. Por eso, él pensaba que podría cometer errores en su «Gran Libro» y los biólogos no lo tomarían en serio.

El botánico Joseph Dalton Hooker confirma esta necesidad que sentía Darwin de completar su educación y reconoce el gran salto en su formación tras el estudio de los percebes al entrenarse sistemáticamente en morfología, anatomía, distribución geográfica, taxonomía, etc. Pero Howard Gruber señala que esta explicación tradicional del retraso de Darwin es incompleta. Según Gruber, el resto de la explicación es el miedo, y no sólo miedo de la reacción y de tener que defender la evolución. La realidad es que hacia 1840 la idea de la evolución era ya una idea familiar, lo que no se conocía era su mecanismo, que es lo que aporta la selección natural. Lo que Darwin temía era una reacción adversa a la filosofía materialista que se encuentra en el núcleo de la idea de la selección natural.

Para explicar la evolución, otros autores de la época hablaban de fuerzas vitales, del poder de la mente, etc., pero para Darwin sólo había variación al azar y selección natural. En sus cuadernos Darwin ridiculiza la idea del alma como una cosa inmaterial separada del cuerpo. Escribe: «El pensamiento es una secreción del cerebro» y añade: «¡Oh, tú, materialista!». Treinta años después escribiría que «las más elevadas cualidades humanas» eran producto de fuerzas materiales, pero en 1840 tenía miedo. Darwin conocía la represión que había habido en la historia de la ciencia contra las nuevas ideas, cómo mucha gente con ideas impopulares fue condenada al ostracismo y otros tuvieron que publicar anónimamente. Pero Darwin tuvo un ejemplo cercano. Cuando era estudiante, uno de sus amigos leyó en la Plinian Society de Edimburgo un artículo con una fuerte orientación materialista y, después de su participación, borraron por completo su intervención de los registros de la sociedad. Darwin entendió el mensaje perfectamente.

Darwin tenía un conflicto interno porque, a pesar de todo lo anterior, él quería para sí la gloria científica del descubrimiento de la selección natural, por lo que se encontraba entre dos frentes. Como decíamos, el evolucionismo avanzaba, Herbert Spencer había publicado ya cosas, pero no era científico y no tenía una teoría para explicar la evolución. También se había publicado el libro *Vestiges of the Natural History of Creation*, de Robert Chambers,

(¡que estaba muy equivocado, ya que decía que el hombre venía de una rana!), y luego estaba Wallace (que había leído los *Vestiges* y le habían impactado).

Y Wallace iba dando avisos. En 1855 publicó un artículo en el *Annals and Magazine of Natural History* con el título «Sobre la ley que ha regulado la introducción de nuevas especies». Wallace no había llegado todavía a la «ley», pero iba en la buena dirección. La aparición de este artículo puso nerviosos a los amigos de Darwin y Lyell le dijo que no podía retrasarlo más, que debía publicarlo. Pero a pesar de todo ello Darwin seguía ¿muerto de miedo? y no lo hizo. Darwin escribió a Wallace y le felicitó por el trabajo a la vez que le daba a entender que él ya había explorado ese territorio y que había llegado a unas conclusiones que ya le explicaría más adelante, pero sin darle pistas. Lo que sí hizo Darwin cinco meses después de esta publicación de Wallace fue escribir una larga carta al botánico estadounidense Asa Gray explicándole la teoría de la selección natural. Parece que queda claro que la única razón de hacer esto era dejar constancia por escrito de que él había llegado antes.

Y entonces llega la carta de Wallace con la idea de la selección natural. Y Darwin se lleva un susto de muerte. Y es cuando viene la historia del apaño de Lyell, Hooker y la publicación conjunta. Si Wallace hubiera mandado la carta directamente a una revista la historia habría sido diferente. Pero la conducta de Wallace, yo creo, nos da también una pista de que no tenía la teoría tan elaborada como Darwin y no había pensado en todas sus consecuencias. Es muy probable que Wallace estuviera pensando en mariposas y pájaros y no se diese cuenta de que la selección natural se cargaba todo el orden establecido. Como decía, Wallace no aceptó que la selección natural se aplicara a las cualidades intelectuales del hombre, sólo a su cuerpo.

Esta reacción de aceptar la evolución hasta el «cuello» del ser humano, pero no de ahí para arriba, ha sido algo generalizado y lo sigue siendo. Sin duda, ésta es una de las razones por las que no se acepta la psicología evolucionista (aunque se disfracen las razones) en la actualidad. Un caso similar al de Wallace fue el de George Jackson Mivart, un biólogo destacado, miembro de la

Royal Society. Cuando se publica *El origen de las especies*, Mivart acepta la teoría de Darwin a pesar de ser católico. Se hizo amigo de Huxley, el gran defensor de Darwin, pero al final no pudo con ello. En 1869 visitó a Huxley y le dijo que se estaba rompiendo y entonces se convirtió en el líder de un grupo evolucionista disidente que mantenía que el cuerpo del ser humano había evolucionado por selección natural, pero que su alma espiritual y racional no. En algún punto de la historia natural Dios había interrumpido el curso de la historia humana para implantar el alma en él, convirtiéndolo en algo más que un simio.

¿Tenía razón Darwin al mostrar tanto miedo? Pues las reacciones que hubo a la publicación de *El origen de las especies* nos dicen que sí, y que las críticas al libro no fueron por razones biológicas, sino fundamentalmente morales: su repercusión sobre la religión, la filosofía, la idea del hombre, el libre albedrío, etc. Tenemos por ejemplo la reacción del principal crítico de Darwin, Samuel Wilberforce, el obispo de Oxford, que dice que cambia toda la condición espiritual y moral del hombre: «La supremacía del hombre sobre la tierra, el poder del lenguaje, el don de la razón humana, el libre albedrío y la responsabilidad, la caída del hombre y su redención, la encarnación del hijo de Dios [...], todo es irreconciliable con la degradante noción del bruto origen de aquel que fue criado a imagen de Dios y redimido por el Hijo Eterno».

Adam Sedgwick, profesor de Geología en Cambridge, que había alabado a Darwin y que se volvió contra él tras la publicación del *Origen* había mostrado esa misma reacción al leer los *Vestiges*, de Chambers. Le escribe a Lyell en 1845: «Si el libro es cierto [...] la religión es una mentira, la ley humana un montón de tonterías, la moralidad es luz de luna [...] y el hombre y la mujer son sólo unas bestias superiores». El propio Lyell, un hombre moderado, tuvo la misma reacción: «Si Chambers tiene razón, toda nuestra moralidad es en vano».

¿Y dónde nos deja esto? ¿El hecho de que nuestras creencias morales tengan un origen evolucionista implica que son falsas? ¿Implica esto que la moralidad es «luz de luna», como decía Adam Sedgwick, o que nuestra moralidad es en vano, como decía Charles Lyell? ¿Quiere decir esto que podemos hacer lo que queramos, que no hay verdades morales? Los filósofos están divididos, pero nos lleva a una postura que se denomina *nihilismo* o *escepticismo moral*, y para explicarla voy a hacer una breve incursión en la filosofía moral.

«No existen valores objetivos»: así comienza J. L. Mackie su libro *Ethics: Inventing Right and Wrong*.[4] Esta frase resume una postura filosófica que el propio Mackie llama «escepticismo moral» y que se ha llamado también «teoría del error moral» o «nihilismo moral». A lo largo de la historia nos hemos ido dando cuenta de que hemos estado equivocados acerca de muchas cosas: de que la Tierra era el centro del universo, de que el cuerpo contenía cuatro humores y que las enfermedades se debían a sus desajustes, etc. ¿Y si también estamos equivocados acerca de la moralidad? ¿Y si resulta que nada es moralmente bueno o malo? ¿Y si no existe la virtud, el vicio, la responsabilidad moral...? ¿Y si hemos estado equivocados y resulta que no existen valores morales? Esta mera idea puede parecer a muchos una locura, una idea peligrosa o, incluso, moralmente mala.

Muchos filósofos y pensadores han sospechado que la moralidad es un error, una ficción o una ilusión que nosotros mismos creamos, pero muy pocas personas se han sumado a esa forma de pensar. La discusión reciente de este tema la podemos situar en este libro de John Mackie donde él critica la creencia generalmente admitida, el realismo moral, que dice que la moralidad es real, que es algo que descubrimos y no algo que inventamos. Podemos hacer una comparación con el ateísmo para entenderlo mejor. Igual que un ateo afirma que las creencias de los creyentes acerca de la existencia de Dios son un error, los escépticos morales (o teóricos del error moral) afirman que las creencias de los realistas morales acerca de la existencia objetiva de reglas morales, prohibiciones, virtudes, vicios, valores, derechos y deberes son también un error y que estamos hablando de cosas que no existen.

Mackie da dos argumentos principales para defender su posición: el argumento de la relatividad y el argumento de la rareza (*queerness*).

4. Mackie, J. L., *Ethics: Inventing Right and Wrong*, Penguin Books, 1977.

El argumento de la relatividad

Es un hecho que existe una gran variación en los puntos de vista morales tanto de una sociedad a otra como de una época histórica a otra, o, incluso, entre diferentes grupos y clases dentro de una comunidad (y, además, estas diferencias suelen ser irresolubles). Mackie dice que la mejor explicación de este fenómeno es que los juicios morales «reflejan adherencia y participación en diferentes formas o estilos de vida». A él le parece mejor explicación que pensar que existen hechos objetivos morales, pero que una cultura es superior y tiene acceso a ellos mientras que la cultura inferior (moralmente) no accede a esos valores. Por ejemplo, si dos culturas divergen con respecto a la monogamia, ¿sería lógico pensar que una de ellas disfruta del acceso a unos hechos morales acerca de la monogamia y la otra no? Mackie cree que es más lógico pensar que la monogamia se ha desarrollado en una cultura (por las razones culturales o antropológicas que sean) pero no en la otra y que los respectivos puntos de vista morales de cada cultura son resultado de esa diferente evolución. Si las cosas hubieran sido de otra manera, las normas morales de una cultura habrían sido diferentes. Y, también, cuando cambian los estilos de vida cambian las normas morales.

Por supuesto, estos argumentos se pueden criticar. Podemos plantear que por debajo de diferencias superficiales de carácter moral existen acuerdos morales a un nivel más profundo y que, por ejemplo, prácticamente todas las culturas del mundo estarían de acuerdo en que torturar niños por puro placer está mal moralmente. Veremos más adelante que, según Oliver Scott Curry, existen siete normas morales que se cumplen en todos los lugares del mundo:

- Ama a tu familia.
- Ayuda a tu grupo.
- Devuelve los favores.
- Sé valiente.
- Obedece a la autoridad.
- Sé justo.
- Respeta la propiedad de otros.

Pero hay un poderoso argumento, como hemos visto, a favor de la postura de Mackie procedente de la teoría de la evolución: si nuestra naturaleza y nuestra historia filogenética y el estilo de vida de la especie fuera diferente, nuestras creencias morales (incluidas esas siete normas que destaca Curry) serían diferentes.

Estos argumentos evolucionistas se llaman *argumentos evolutivos desacreditadores* (*evolutionary debunking arguments*).[5] Los defensores de este punto de vista sostienen que la capacidad de hacer juicios morales es una capacidad adquirida evolutivamente, una adaptación. Según ellos, la evolución biológica no está dirigida a formar procesos generadores de creencias que son fiables en el sentido de que sean creencias acordes con una realidad moral exterior, sino procesos formadores de creencias que sean adaptativas, esto es, que favorecen la reproducción de los genes.

El argumento de la rareza

Este argumento tiene dos partes, una metafísica y otra epistemológica. La metafísica sostiene que, si de verdad existieran valores objetivos, entonces existirían en el mundo entidades, cualidades o relaciones de un tipo muy raro, totalmente diferentes a cualquier otra cosa que existe en el universo. La segunda parte es que para ser conocedores de esas entidades o relaciones deberíamos tener una facultad especial de percepción moral o intuición totalmente diferente de nuestras formas de conocer cualquier otra cosa. Abundando en ello, Mackie explica que, para que existieran propiedades morales, deberían existir «prescripciones objetivas», y son estas prescripciones objetivas (independientes de nuestro deseo o voluntad) las que nos obligarían a actuar de una manera determinada, lo que encuentra extraño. Es decir, habría ahí fuera obligaciones que simplemente están ahí, en la naturaleza de las cosas: hechos que requerirían ciertas formas de proceder, ciertas conductas.

5. Garner, R. y R. Joyce (eds.), *The End of Morality: Taking Moral Abolitionism Seriously*, Routledge, 2019.

Que existieran valores objetivos morales querría decir que el universo requiere ciertas cosas de nosotros, de un modo prescriptivo. Y esto es lo que Mackie encuentra extraño. Para él, la única manera en que esto sería posible es que existiera Dios: que un universo impersonal demande cosas de nosotros es raro, pero no que lo hiciera Dios. Cuesta dar sentido a una demanda sin que exista un «demandante». Sería raro que el mundo o la naturaleza humana estén diseñados para ser de una forma y no de otra, que exista una manera correcta de que las cosas sean, pero no tendría nada de raro si existiera Dios. Por tanto, para Mackie, sólo hay dos opciones: o rechazar el realismo moral o creer en Dios.

Suponiendo que esto sea verdad, ¿qué hacemos ahora? Los filósofos están divididos. El lector interesado en el tema puede profundizar en él leyendo el libro ya citado, *The End of Morality*, editado por Richard Garner y Richard Joyce, donde se recopilan doce ensayos de diferentes autores que tratan de dar respuesta a esta pregunta. Básicamente hay tres posturas:

- Abolicionismo: si el realismo moral es falso, debemos deshacernos de juicios, lenguajes y valores morales.
- Ficcionalismo: la moral es útil, así que vamos a seguir creyendo en ella; aunque sea mentira, vamos a hacer como que es verdad.
- Conservacionismo: hay que seguir creyendo, fingir que creemos no es suficiente para mantener los beneficios de la moralidad.

Vamos a finalizar aquí la incursión en las implicaciones filosóficas y morales de Darwin y la selección natural porque creo que no son importantes para los objetivos de este libro. La cuestión que sí quiero transmitir es que Darwin nos enseña que en nuestras decisiones morales influye nuestra naturaleza evolucionada y que nuestros códigos éticos nunca pueden trascender o escapar de estos orígenes evolutivos. Esto, a mi modo de ver, lo cambia todo. Como lectura complementaria sobre todo lo tratado hasta aquí recomiendo el libro de Steve Stewart-Williams *Darwin, God and the Meaning of Life: How Evolutionary Theory*

Undermines Everything You Thought You Knew. Es un libro serio y profundo, pero más ligero y ameno de leer que las obras filosóficas que he citado.

La moral como adaptación

Como ya he dejado dicho, me alineo con la postura que considera que la capacidad moral humana, la capacidad para considerar que existe el bien y el mal, es una adaptación. Una adaptación es cualquier rasgo o característica —sea física o de comportamiento— que ha sido escogida por la selección natural porque aumenta el éxito reproductivo. El ojo o el apego maternofilial serían ejemplos de características —una física y la otra conductual— que son adaptaciones. Marc Hauser ha propuesto una analogía bastante apropiada entre la capacidad moral humana y la capacidad para el lenguaje.[6] El ser humano tiene un instinto o una capacidad innata para hablar una lengua, pero la cultura es la que decide qué lengua hablará el individuo según el entorno en el que haya nacido. De la misma manera, tendríamos una capacidad para distinguir el bien del mal, pero en distintas culturas habría diferentes normas o lenguajes morales, y lo que se considera bueno o malo varía de un lugar a otro. En este apartado voy a explicar las razones por las que diversos autores consideran que tenemos una capacidad/instinto o sentido moral que está en parte «cableado» en nuestra naturaleza y que no somos tablas rasas morales (Steven Pinker lo considera un sexto sentido). El ambiente, en nuestro caso la cultura, es tremendamente importante en todo lo que tiene que ver con la moralidad, pero la cultura —y sus mecanismos, como el aprendizaje o la socialización— no operan en el vacío. Las pruebas que inclinan a pensar de esta manera serían las siguientes.

6. Hauser, M. D., *Moral Minds: How Nature Designed Our Universal Sense of Right and Wrong*, Abacus, 2008. Versión castellana de Miguel Candel, *La mente moral: cómo la naturaleza ha desarrollado nuestro sentido del bien y del mal*, Paidós, 2008.

El embrión de la moralidad aparece en otros animales

Según diversos autores, el sentido moral no surge *de novo* en los humanos, sino que tiene una filogenia, es decir, una historia, y aparecería ya de forma rudimentaria en otros animales sociales como los primates. Un autor que ha estudiado especialmente esta evolución de la moral desde los primates a los humanos es Frans de Waal, y voy a centrarme en las ideas que expresa en su libro *Primates y filósofos*.[7] Frans de Waal suele decir que los «ladrillos» de la moralidad aparecen ya en los primates, aunque lógicamente no podemos hablar de una moralidad comparable a la humana.

Por un lado, De Waal critica lo que llama «teoría del barniz moral» (*moral veneer*), según la cual la moralidad sería en nuestra especie una capa tan vistosa como tenue que recubre un núcleo inmoral o amoral. Es un argumento bastante extendido que se repite mucho: que los humanos somos malos por naturaleza y que Dios, o la religión, hace buena a la gente. Se le suele llamar el «error de Huxley», porque fue Thomas Huxley quien lo formuló en una famosa conferencia en 1894: «El progreso ético [...] depende [...] de combatir nuestra naturaleza». Esta visión supone que la naturaleza del hombre es egoísta, cruel y competitiva, y que es la religión, o Dios, la causa de que seamos cooperadores y altruistas. Bien, actualmente hay evidencia de sobra de que todo lo que encontramos moralmente atractivo en la naturaleza humana —el altruismo, el amor, la simpatía, la generosidad, la virtud, etc.— es también producto del mismo proceso de selección natural. No hay ningún problema en que genes egoístas usen individuos nada egoístas para conseguir sus objetivos y, en un determinado nivel de complejidad y organización social, desde luego que les compensa hacer que sus vehículos no sean egoístas. Para De Waal el ser humano es bueno, y esa bondad —no podría ser de otra manera— tiene un contexto biológico y evolutivo, y puede rastrearse en nuestros parientes más cercanos y en otros mamíferos sociales.

7. De Waal, F., *Primates y filósofos: la evolución de la moral del simio al hombre*, Paidós, 2007.

Los grandes simios compartimos respuestas involuntarias (no escogidas y prerracionales), fisiológicamente apreciables (observables) ante las circunstancias de otros. Una parte fundamental de esta respuesta es la empatía, que para De Waal es un contagio emocional que permite identificar las necesidades de otros. La empatía puede apreciarse en diversas especies animales, mientras que sólo en los grandes simios puede observarse la simpatía, un concepto relacionado que según Eisenberg es una respuesta afectiva consistente en sentimientos de pena o preocupación por otro individuo necesitado o en apuros, y que va más allá de sentir la misma emoción que el otro individuo. La empatía es una identificación, es sentir lo que el otro siente, pero la simpatía es un proceso ulterior, es sentirse concernido por cómo siente el otro. Las respuestas emocionales, entre ellas la empatía, son la base de la moralidad. A partir de ella existen otras, como el altruismo recíproco (ubicuo en la biología como mecanismo evolutivo) o un cierto sentido de la justicia que De Waal ha intuido experimentalmente a partir de los comportamientos de simios (son famosos sus vídeos en los que un macaco se enfada porque a otro le dan una recompensa mejor). La moralidad de los seres humanos, por tanto, está en continuidad con la conducta de otros animales, es constitutiva y biológica, y no se limita a un mero barniz.

Asimismo, establece una evolución de la moralidad en tres niveles. El primero es el del sentimiento moral, constituido por la empatía y la reciprocidad, pero también por la represalia, la resolución de conflictos y un cierto sentido de la justicia. Para De Waal, este nivel está presente en humanos y primates.

El segundo nivel es el de la presión social, orientada a que todos los miembros de la comunidad se comporten de modo que se favorezca una forma de vida en cooperación. Las herramientas constitutivas son la recompensa, el castigo y la reputación (todas ellas elementos de control y presión social). De Waal encuentra este nivel en otros primates, pero el bien de la sociedad en su conjunto es una dimensión netamente humana.

El tercer y último nivel es el del juicio y el raciocinio, que entraña la interiorización de los objetivos y necesidades de los demás, de manera que pueda dirigir nuestra propia conducta y se razone lógicamente. Esta dimensión de la moralidad sería netamente humana.

La moralidad aparece de forma muy temprana en los niños

Paul Bloom es un psicólogo que ha estudiado la moralidad infantil y ha llevado a cabo multitud de experimentos cuyos resultados recogió en su libro *Just Babies*.[8] En este libro intenta demostrar que los niños no son tablas rasas morales, sino que vienen al mundo con una moralidad ya cableada, aunque sea de manera rudimentaria. Tal vez, muchos de nosotros damos por hecho que los niños son egoístas por naturaleza y que el papel de la sociedad, y especialmente de los padres, es transformarlos de pequeños psicópatas en seres civilizados. Pero ésa no es la realidad. Lo que la psicología del desarrollo, apoyada por la biología evolucionista y la antropología cultural, nos enseña es que muchos aspectos de la moralidad son naturales en nosotros. Algunos de ellos son:

- Un sentido moral, una capacidad para distinguir entre buenas y malas acciones.
- Empatía y compasión, es decir, sufrir con la pena de los que los rodean e intentar hacer algo para que esa pena desaparezca.
- Un sentido rudimentario de la imparcialidad y la igualdad, una tendencia a favorecer repartos equitativos de los recursos.
- Un rudimentario sentido de la justicia, un deseo de que se recompensen las buenas acciones y de que se castiguen las malas.

8. Bloom, P., *Just Babies: The Origins of Good and Evil*, The Bodley Head, 2013.

Muchos de estos experimentos, que no voy a describir en detalle, se realizan con bebés de meses, mucho antes de que sepan andar o hablar. Se les muestra, por ejemplo, escenas, o vídeos, donde una figura geométrica intenta subir por una cuesta y otras figuras le ayudan o se interponen en su camino. Luego se observa qué figuras prefieren los niños, y se ve que son las que intentan ayudar (las buenas) y no las que obstaculizan (las malas). Los niños intentan también ayudar espontáneamente a adultos que lo necesitan y lloran cuando otros niños lloran (sobre todo las niñas). También favorecen instintivamente un reparto equitativo de los recursos y muestran aversión a la desigualdad (al igual que los monos o los perros), y son muy sensibles a la comparación social. Por ejemplo, prefieren un reparto de fichas 1/1 a un reparto 2/3. Es decir, prefieren recibir sólo una ficha, y que otro niño reciba también una, a recibir dos fichas, pero que el otro niño reciba tres.

Todos estos hallazgos coinciden con los resultados de investigaciones en chimpancés y en adultos, y apoyan la existencia de una capacidad innata para la moralidad. Pero merece la pena resaltar que Bloom se distancia del punto de vista más en boga actualmente, que es el de considerar que la moralidad del adulto se basa sobre todo en sentimientos instintivos, o en sesgos inconscientes. Esa visión es la de Jonathan Haidt (del que hablaremos más adelante) y Bloom la rechaza explícitamente, así como las ideas del filósofo David Hume (la razón es la esclava de las pasiones). Concede que Hume (y Haidt) tienen parte de razón, porque sin esa configuración instintiva moral no podríamos ser seres morales. Concede que muchos de nuestros razonamientos morales son instintivos y no son el resultado de la razón, pero concluye que todo eso no muestra que la razón sea irrelevante. Según él, sí podemos justificar con la razón muchas otras intuiciones morales, como que no hay que conducir borrachos, y las podemos justificar en función del daño que podemos producir a otras personas.

Para Bloom la teoría correcta de nuestras vidas morales tiene dos partes. Empieza con lo que traemos de fábrica al nacer, que es sorprendentemente rico: los niños son animales morales equipados por la evolución con empatía y compasión, la capacidad de juzgar las acciones de los otros e incluso un sentido rudimentario de la igualdad y la justicia. Pero somos más que niños. Una parte crítica de nuestra moralidad —gran parte de lo que nos hace humanos— emerge en el curso de la historia de la humanidad y del desarrollo individual. Es producto de nuestra compasión, inteligencia, imaginación y capacidad de razonar. Esta capacidad de razonamiento es la misma que utilizamos para desarrollar teorías científicas o resolver problemas prácticos. Según Bloom, es la que ha impulsado el progreso moral a lo largo de la historia: al igual que hemos usado la razón para realizar descubrimientos científicos, como la existencia de los dinosaurios, de los electrones, o de los gérmenes, la hemos usado también para realizar nuestros descubrimientos morales, como la maldad de la esclavitud.

La capacidad moral es universal

La moralidad, como el lenguaje, aparece en todas las culturas. Todas las culturas tienen una lengua y todas diferencian entre el bien y el mal. Hay diferencias en lo que se considera bueno y malo en unas culturas y en otras, pero también parecen existir ciertas regularidades. En ninguna cultura se considera que al amigo hay que tratarlo mal o que no hay que devolver los favores, o que es bueno hacer daño a otra persona sin ningún motivo. Hablaremos de ello más adelante.

La capacidad moral tiene un sustrato neurobiológico

Abordaré este aspecto en el siguiente apartado. Pero vemos casos en los que lesiones cerebrales o trastornos como la psicopatía afectan a la conducta moral. Esto sugiere que existe un hardware moral —influido por factores genéticos moldeados por la selección natural— sobre el que se ejecutan las normas morales de cada cultura, al igual que existe un hardware cerebral sobre el que se ejecuta el lenguaje. Si intentamos que una criatura que carece del hardware necesario para el lenguaje (como un ratón o un mono) aprenda a hablar o a distinguir el bien del mal, no lo vamos a conseguir.

Hemos visto las razones por las que muchos autores piensan que la capacidad moral es una adaptación. Todas tienen problemas y ninguna es concluyente, pero tomadas en conjunto creo que sí sugieren que la moral es una adaptación. La explicación alternativa sería considerar que la moralidad es un subproducto, es decir, que no ha sido producto directo de la selección natural, sino el resultado de otros procesos o mecanismos psicológicos que sí han sido moldeados por la selección natural. En cualquier caso, siempre estará detrás la selección natural.

En el siguiente capítulo veremos algunas teorías sobre el origen y los componentes de nuestra mente moral, pero la mayoría de los psicólogos morales estarían de acuerdo en que es una adaptación que incluye, entre otras, las siguientes características:

- La capacidad de experimentar las emociones morales de la culpa, la vergüenza, el orgullo y el asco.
- La capacidad de distinguir entre preferencias y deseos, por un lado, y lo que «debemos» hacer, por otro. A esto se le llama a veces «la capacidad de interiorizar las normas morales» de forma que se ven como objetivas.
- Una «teoría de la mente», es decir: la capacidad de reconocer que otras personas tienen otros deseos, preferencias e intenciones y una capacidad para intuir lo que piensan y sienten basándonos en su comportamiento, y ser capaces de entender su perspectiva (y a veces incluso de empatizar).
- La capacidad de formar intenciones conjuntas, lo que permite coordinar actividades; la capacidad de pensar «vamos a hacer esto juntos» y adquirir un compromiso para esa acción conjunta.
- La capacidad para el altruismo con extraños, con personas que no son de nuestra familia.
- La capacidad de determinar quién es un compañero o socio fiable para cooperar y quién no lo es.

- La capacidad para simpatizar y empatizar cuando presenciamos el sufrimiento ajeno y reaccionar con una aversión hacia ello y con ganas de ayudar.
- Un potente sentido de identidad moral con una gran capacidad de motivación. La tendencia a demostrarnos a nosotros mismos y a los demás que somos morales, que somos fiables, que se puede confiar en nosotros para cooperar.
- La capacidad de aplicar normas morales a situaciones nuevas que no hemos experimentado antes; es decir, la capacidad de realizar una serie de operaciones cognitivas y racionales en materias morales, en definitiva, un razonamiento moral.

El cerebro moral

Como decía anteriormente, hay datos, que voy a revisar a continuación, que confirman que existe una red «neuromoral» en el cerebro, es decir, un «órgano» o hardware dedicado a la moralidad. No podemos hablar estrictamente de un «cerebro moral» porque estas redes cerebrales no se dedicarían en exclusiva —como casi ninguna otra región cerebral, por otra parte— a las acciones, creencias o conductas morales. Las funciones de estas áreas cerebrales pueden incluir la capacidad de tomar decisiones, el autocontrol, la impulsividad, etc. Pero sí parece claro que influyen también de forma relevante en la moralidad.

Si existe un «sentido moral», como sostengo que existe, debería haber unos mecanismos cerebrales para la moralidad y deberían existir pacientes con trastornos cerebrales que tuvieran una moralidad dañada. Y es en esto en lo que me voy a centrar ahora, en las pruebas de que esa moralidad innata tiene un asiento en el cerebro, y para ello me voy a referir a ciertos cuadros clínicos y a estudios de resonancia magnética funcional en sujetos normales, en psicópatas, en psicopatías adquiridas por lesiones cerebrales y en la demencia frontotemporal. La evidencia neurobiológica apunta a una zona, la corteza prefrontal ventromedial (CPFVM), especialmente en el lado derecho, y a algunas otras áreas relacionadas con ella.

Estudios en sujetos normales

Pido al lector que no se asuste por las regiones cerebrales y las siglas que vienen a continuación. Lo esencial es que en el funcionamiento moral intervienen regiones que tienen más que ver con las emociones junto con otras que tienen más que ver con el funcionamiento racional y cognitivo. En los estudios de Joshua Greene, que ahora citaré, se ha visto que, cuando nuestras acciones morales se basan en principios morales (lo que se llama «ética deontológica») se activan regiones cerebrales relacionadas con las emociones. Por el contrario, cuando hacemos juicios basados en las consecuencias de nuestras acciones (lo que se llama «utilitarismo»), se activan regiones cerebrales relacionadas con el funcionamiento cognitivo. Los filósofos y psicólogos siguen discutiendo si nuestros juicios morales son más bien intuitivos o si son fruto del razonamiento lógico. Parece que intervienen ambos factores.

Los investigadores han realizado resonancias magnéticas funcionales (RMf) a personas normales mientras se enfrentaban a una serie de dilemas morales. Las principales regiones implicadas en estas tareas han sido la corteza prefrontal ventromedial (CPFVM) y la adyacente corteza orbitofrontal y ventrolateral (COF/VL), la amígdala y la corteza prefrontal dorsolateral (CPFDL). La CPFVM añade valor emocional y moral a los sucesos sociales, anticipa sus resultados futuros y participa en la teoría de la mente (ToM), la empatía, la atribución de intención y tareas relacionadas. La COF/VL media las respuestas sociales asertivas e inhibe respuestas impulsivas, automáticas o amigdalares. La amígdala media da respuesta a las amenazas y el aprendizaje aversivo social y moral. La CPFDL aplica un análisis racional a las situaciones morales.

Simplificando, la región esencial de este sistema neuromoral sería la corteza prefrontal ventromedial (CPFVM). En los estudios de Joshua Greene con los famosos dilemas de los tranvías esta zona se activa en los «dilemas personales», es decir, en el malestar que se siente ante la idea de ser el agente directo que provoca un daño, como en el caso de tirar a una persona desde el puente para que impida el paso al tranvía. La CPFVM participa en las emociones prosociales, afirmativas y de vínculo social. También participa en la culpa junto con la corteza orbitofrontal derecha. La CPFDL se activa, por el contrario, en los dilemas impersonales, en los que nosotros no somos la causa directa del daño (como en los dilemas en los que el sujeto simplemente activa la aguja para que el tranvía cambie de vía). En conjunto, Joshua Greene y sus colaboradores han desarrollado una teoría de un proceso doble del juicio moral,[9] según la cual los juicios deontológicos característicos (por ejemplo, la desaprobación de matar a una persona para salvar a varias otras) son impulsados por respuestas emocionales automáticas (implicación de la CPFVM), mientras que los característicos juicios utilitarios (por ejemplo, la aprobación de matar a una persona para salvar a varias otras) son impulsados por procesos cognitivos controlados (implicación de la COF/VL y la CPFDL). De todos modos, esta hipótesis no está consensuada y no es apoyada por otros investigadores.

En experimentos de «castigo altruista», el deseo de castigar a los que violan las normas morales, también se activa la CPFVM. Por otro lado, la teoría de la mente (ToM) y la empatía son dos procesos muy relacionados con la moral. La ToM implica a la CPFVM, que facilita la apreciación de que los demás tienen pensamientos sentimientos y creencias. Los aspectos cognitivos de la empatía, como adoptar la perspectiva de otra persona e identificarse con ella, también implican a la CPFVM.

Estudios en psicópatas

Los psicópatas muestran señales de carácter psicofisiológico, como por ejemplo una mínima alteración de la frecuencia cardíaca, de la conductividad de la piel o de la respiración cuando se les muestran imágenes que provocan miedo, estrés o desagrado. Y tienen también una respuesta autonómica disminuida ante el

9. Greene, J. D., «Why Are VMPFC Patients More Utilitarian? A Dual-Process Theory of Moral Judgement Explains», *Trends in Cognitive Science*, vol. 11, n.º 8, pp. 322-323.

malestar de los demás, así como un reconocimiento disminuido de las expresiones de miedo y tristeza.

Kent Kiehl ha realizado pruebas de neuroimagen a cientos de psicópatas y observa que no aprenden del castigo y no inhiben sus conductas de riesgo. En sus estudios, resumidos en su libro *The Psychopath Whisperer*,[10] encuentra una reducción de la sustancia gris en toda una serie de estructuras frontales y en lo que él llama «la región paralímbica», que implica todas las estructuras que hemos mencionado hasta ahora. Además, existe una relación entre esta reducción de sustancia gris y el grado de psicopatía: a menos volumen de corteza prefrontal, mayor tendencia a las conductas psicopáticas.

Por otro lado, los psicópatas tienen una función reducida de la amígdala, lo que hace que no tengan miedo, porque esta estructura está implicada en el condicionamiento aversivo y del miedo. Varios estudios en animales muestran que la disfunción temprana de la amígdala da lugar a disfunciones en la CPFVM y en la COF/VL. Esto puede hacer que los psicópatas no sientan aversión ante el daño a los demás y el sufrimiento de la víctima.

Estudios en psicopatía adquirida

Así como los psicópatas clínicos «normales» o «naturales» presentan estas alteraciones que comentamos sin que se deban aparentemente a procesos adquiridos (sería un problema del neurodesarrollo en el que pueden intervenir también factores genéticos), existen casos de lesiones cerebrales sobrevenidas que provocan conductas similares a las de los psicópatas, lo que podemos considerar una psicopatía adquirida. Hemos de mencionar aquí el famoso caso de Phineas Gage, que sufría lesiones en la CPFVM (y otras zonas), pero también hay muchos ejemplos de pacientes que han sufrido traumas, tumores, infecciones o roturas de aneurismas en CPFVM

10. Kiehl, K., *The Psychopath Whisperer: Inside the Minds of Those Without a Conscience*, Oneworld, 2014.

y COF/VL. La conducta de estos individuos es desinhibida e irresponsable, y son incapaces de controlar su conducta social, insensibles a los patrones normales de lo correcto y más proclives a la violación de los valores. Muchos de ellos juegan, se gastan el dinero sin control, son incapaces de mantener su trabajo y en numerosas ocasiones acaban divorciados por su comportamiento anómalo. Estos individuos muchas veces no pueden contener la agresión y tienen conductas violentas, y algunos de ellos no tienen tampoco ningún tipo de remordimiento o culpa. Comparados con sujetos normales, juzgan tranquilamente que las violaciones de las reglas morales son aceptables.

Me gustaría enfatizar una característica que considero importante, porque es un error que se comete con frecuencia al juzgar a estos pacientes y a los psicópatas de neurodesarrollo (los normales). Los sujetos con lesiones de la CPFVM mantienen el conocimiento y el razonamiento moral. Es decir, saben diferenciar las normas y verbalizar qué es lo que está bien y lo que está mal, pero no son capaces de actuar en función de este conocimiento moral por los déficits en los sentimientos afiliativos, motivacionales, por no poder anticipar las futuras consecuencias, etc. Una explicación parcial de este rasgo es que el conocimiento moral se almacena también en otras regiones fuera de la CPFVM, particularmente en el lóbulo temporal anterior derecho. Antonio Damasio ha estudiado este tipo de pacientes y la conclusión clara es que presentan alteraciones en la conducta moral y social.[11] De hecho, Damasio se encontraba con el problema de que las compañías de seguros no cubrían la enfermedad de los pacientes porque en aquella época se realizaban sólo pruebas de inteligencia, cuyo resultado es normal en estos pacientes. De ello, las compañías deducían que no había ningún daño y que la anómala conducta de los pacientes no se debía a una enfermedad. Por tanto, hay que saber separar la incompetencia mental o intelectual de la incompetencia moral, no son lo mismo: *saber* lo que está bien o mal no implica *poder* hacer el bien y el mal.

11. Damasio, A., *El error de Descartes: la emoción, la razón y el cerebro humano*, Booket, 2013.

Es muy interesante el caso de los pacientes que sufren estas lesiones en el polo frontal en la infancia. El propio grupo de Damasio publicó un artículo sobre el caso de dos adultos que sufrieron las lesiones con anterioridad a los dieciséis meses de edad.[12] Estas personas mostraban una conducta gravemente alterada, pero con una cognición normal. Eran insensibles a las futuras consecuencias de sus decisiones, y su razonamiento moral y social estaba dañado. Esto demuestra que un daño prefrontal temprano da lugar a una clínica psicopática, porque probablemente altera el proceso de adquisición de las normas morales.

Estudios en demencia frontotemporal

La característica principal de los sujetos con demencia frontotemporal es la transgresión de las normas, que incluye las conductas psicopáticas, la pérdida de empatía y de apreciación de los sentimientos de los demás, la pérdida de la capacidad de *insight* de las consecuencias de su conducta. Más de la mitad de los pacientes presentan conductas sociopáticas: robos, hurtos en tiendas, conducta sexual inapropiada, agresiones físicas y actos de violencia.

Conclusiones

La evidencia de todos los tipos de estudios mencionados sugiere que existe una red neuromoral en el cerebro que promueve la cohesión social y la cooperación. Esta red comprende principalmente la CPFVM, la COF/VL, la amígdala y otras estructuras relacionadas. Como decía, pacientes con lesiones en CPFVM y estructuras vinculadas a ella han cometido delitos y presentado conductas inmorales. Todo ello sugiere que la moralidad tiene

12. Anderson, S. W.; A. Bechara; H. Damasio; D. Tranel, y A. R. Damasio, «Impairment of Social and Moral Behavior Related to Early Damage in Human Prefrontal Cortex», *Nature Neuroscience*, vol. 2, pp. 1032-1037.

una base neurobiológica. En última instancia, podríamos decir que la moral consiste en sujetar al individuo por medio de normas para que pueda funcionar el grupo, es decir, en poner la colectividad por encima del individuo. En los animales que no son sociales la moralidad no tiene ningún sentido porque los individuos no entran en conflicto con otros individuos de la especie ni con los intereses del grupo. Por decirlo con un símil tomado de las tecnologías actuales, las estructuras frontales que hemos comentado serían la aplicación (app) que la selección natural ha ido desarrollando para que los intereses del individuo se ajusten a los intereses del grupo. Esa aplicación puede no funcionar de forma adecuada.

Por último, merece la pena añadir otra característica de nuestro cerebro moral que es muy relevante para todos los fenómenos que trataremos en el libro: castigar activa los circuitos de recompensa del cerebro, es decir, castigar nos resulta placentero. Conviene recordarlo cuando hablemos de los linchamientos en las redes sociales y otras circunstancias en las que la gente es tan aficionada a atacar y castigar a quienes consideran que han infringido los códigos morales.

Capítulo 2

Teorías evolucionistas de la moral

> Moralidad es cualquier sistema de valores relacionados entre sí, prácticas, instituciones y mecanismos psicológicos que trabajan de forma conjunta para suprimir y regular el egoísmo y hacer posible la vida social.
>
> Jonathan Haidt

> La moralidad humana no es un monolito, sino una miscelánea que se ha ido uniendo a retazos a partir de una variedad de fuentes diferentes, bajo condiciones ecológicas diferentes, en diferentes períodos, durante los varios millones de años de evolución humana.
>
> Michael Tomasello

La tesis de este libro es que tenemos un problema con la moralidad en el mundo actual. En capítulos posteriores vamos a abordar con detalle lo que está pasando con la moralidad en nuestras sociedades hoy día y los problemas y peligros que supone. Pero, para entender los problemas que estamos viviendo y las soluciones que podemos darles, es esencial entender cuál es el origen de la moralidad, cuáles fueron las presiones evolutivas que le dieron forma y cuál es su función en las sociedades humanas. En este capítulo vamos a revisar tres teorías que intentan explicar este origen de la moral (la teoría diádica no es puramente una teoría evolucionista sobre el origen de la moralidad pero sí profundiza en lo que constituye una dimensión esencial, la del daño) y, a pesar de sus diferencias, es destacable el acuerdo que muestran la mayoría de los autores en que la moralidad es un conjunto de soluciones culturales y biológicas para resolver los problemas de cooperación y los conflictos de convivencia en las sociedades humanas.

Comentaré primero las teorías de Jonathan Haidt y de Oliver Scott Curry, que son de inspiración evolucionista. La teoría diádica, como decía, no lo es, pero encaja y complementa muy bien a las anteriores y en particular nos ayuda a entender una dimensión central de la moralidad, la dimensión del daño, de la que también hablan las dos primeras teorías.

Teoría de los fundamentos morales

Empiezo abordando la teoría de los fundamentos morales de Jonathan Haidt y con un poco más de extensión porque Haidt es sin duda el autor que más ha revolucionado la psicología y la filosofía moral en los últimos años. Su influencia ha sido enorme en la expansión de las publicaciones en este campo. También es relevante la aplicación de esta teoría a la política, y Haidt la ha utilizado en su país, Estados Unidos, para tender puentes, para intentar que cada bando comprenda mejor al otro. Si lo ha conseguido o no es ya otro asunto. El mejor lugar para leer las ideas que voy a resumir aquí es su libro *La mente de los justos. Por qué la política y la religión dividen a la gente sensata.*[13]

Haidt empezó a estudiar la moralidad y la cultura en la Universidad de Pensilvania en 1987. Entonces, la definición preva-

13. Haidt, J., *La mente de los justos. Por qué la política y la religión dividen a la gente sensata*, Deusto, 2019.

lente de moralidad era la del psicólogo Elliot Turiel: «Los juicios prescriptivos sobre justicia, derechos y bienestar pertenecientes a cómo deben relacionarse unas personas con otras». Pero Haidt se empieza a preguntar que, si la moralidad va de cómo tratamos a los demás, ¿por qué dedican tanto espacio los textos antiguos a las normas acerca de la menstruación, lo que podemos comer o no, o a quién puede tener relaciones sexuales con quién? No hay una forma racional, o centrada en la salud, de explicar estas normas (¿por qué los saltamontes son *kosher* y la mayoría de las langostas no?). Según Haidt, la emoción del asco explica mejor los temas morales y el estudio de esta emoción olvidada, y la relación entre el asco y la moralidad es otro de los temas que se han puesto de moda en los últimos años, en buena parte por influencia de Haidt. El libro del Levítico, según Haidt, tiene mucho más sentido si pensamos que los antiguos legisladores clasificaban los temas en dos categorías: «Me da asco» (sexo homosexual masculino, menstruación, cerdos, enjambres de insectos) y «Me da menos asco» (sexo homosexual femenino, orinar, vacas, saltamontes).

En sus trabajos, Haidt enfrenta a los sujetos experimentales con situaciones hipotéticas como la siguiente: un coche mata accidentalmente al perro de una familia y la familia lo trocea, lo cocina y se lo come para cenar. Otro ejemplo sería que un hermano y una hermana tienen relaciones sexuales consentidas, con preservativo, se lo pasan muy bien, pero deciden no hacerlo más. Lee estas historias a los sujetos en Estados Unidos y en Brasil y encuentra que la mayoría de la gente dice que estas historias están moralmente mal, aunque no hay daño para nadie. Y esta investigación le lleva a Haidt a dos conclusiones. La primera es que, cuando los sentimientos «nacen de las tripas», el razonamiento desapasionado es raro. De hecho, la gente fabrica consecuencias dañinas que justifiquen la condena basándose en lo que ya sienten de forma instintiva. Por ejemplo, dicen que comerse un perro puede provocar enfermedades, o que el sexo entre hermanos puede producir enfermedades a los hijos, aunque Haidt había recalcado previamente que habían utilizado preservativo, por ejemplo. Todo esto son racionalizaciones *a posteriori* que ejemplifican la opinión de David Hume de que «la razón es esclava de las pasiones y no puede pretender otra cosa que servirlas y obedecerlas». De aquí nace la primera ley de la psicología moral: los sentimientos vienen primero e inclinan el campo de juego mental en el que las razones y los argumentos compiten. Si la gente quiere llegar a una conclusión, encontrará la manera de llegar a ella, pero la conclusión es previa y nace de las tripas.

La segunda conclusión es que los dominios morales varían entre las culturas. La descripción de Turiel de la moralidad como relacionada con la justicia, los derechos y el bienestar humano sirve para los estudiantes de Pensilvania, pero no para captar las preocupaciones morales de clases menos elitistas, como las clases trabajadoras de los dos países (Estados Unidos y Brasil), donde es más probable que justifiquen sus juicios hablando acerca del respeto, del deber y de los roles familiares (por ejemplo, «Tu perro es tu familia y simplemente no te comes a tu familia»). Haidt coincide con Shweder (el principal autor de los «tres grandes» de la moralidad, con el que Haidt estuvo trabajando con una beca en la India y del que ahora vamos a hablar) y formula así la segunda ley de la psicología moral: la moralidad no va de cómo tratamos al otro, sino de unir a los grupos, apoyar instituciones esenciales y vivir de una manera noble.

La teoría de los fundamentos morales de Haidt tiene su origen en la teoría de los tres grandes de Richard Shweder, con quien Haidt trabajó en Bubanesuar, en la India, por lo que hablaremos primero un poco de esta teoría. La estancia en la India tuvo un impacto muy fuerte en el joven ateo liberal que era Haidt a los veintinueve años. Al principio se encontraba en un estado de *shock* y de confusión. Cenaba con hombres mientras las mujeres les servían en silencio y después se retiraban a la cocina. No podía dar las gracias a los criados. La gente se lavaba o cocinaba con agua sucia que ellos consideraban sagrada. Resumiendo, se vio inmerso en una sociedad religiosa, que segregaba por sexos y jerárquicamente estratificada. Pero poco a poco empezó a amar a esa gente y comenzó a ver un mundo moral en el que las familias —no los individuos— son las unidades básicas de la sociedad (en esto coincide con otra división clásica de las culturas en individualistas y colectivistas) y los miembros de cada familia extendida (incluidos los criados) son intensamente interdependientes. En este mundo, la igualdad y la autonomía personal no son valores sagrados. Honrar a los mayores, los dioses y los invitados, o cumplir con los propios deberes es más importante. Cuando miraba a Estados Unidos desde este punto de vista le parecía que la gente era muy individualista y centrada excesivamente en sí misma. De vuelta en su país natal, empezó a pensar que las políticas conservadoras y liberales eran manifestaciones de visiones en conflicto profundo de lo que debía ser una buena sociedad, visiones igual de sentidas en el ámbito emocional por cada bando.

Volviendo a Shweder y los «tres grandes» de la moralidad (autonomía, comunidad, divinidad), hay que decir que toda la construcción teórica de Shweder se basa en un trabajo llevado a cabo en esa ciudad de Bubanesuar que recoge conceptos morales de la cultura del sur de Asia que a nosotros nos pueden parecer lejanos o anticuados, ideas acerca de un yo sagrado o un mundo sagrado o el «karma» (que recoges lo que siembras y que por tanto el sufrimiento puede ser resultado de un fallo moral). Muchas de estas ideas están fuera del discurso oficial científico de Occidente, pero persisten en la filosofía y psicología popular oriental. En ese estudio, Shweder y sus colaboradores analizaron el discurso moral de un grupo de residentes por medio de entrevistas en las que les mostraban conductas que vulneraban algún código de conducta. Después, identificaron los temas morales a los que se referían estas conductas utilizando para ello un código, el oriya, que consta de dieciséis temas morales. Luego realizaron un análisis en racimo, y llegaron a la conclusión de que existían tres grandes grupos de temas morales, los tres grandes:[14]

14. Shweder, R. A.; N. C. Much; M. Mahapatra, y L. Park, «The 'Big Three' of Morality (Autonomy, Community, Divinity) and the 'Big Three' Explanations of Suffering», en Brandt, A. M. y P. Rozin (eds.), *Morality and Health*, Taylor & Frances/Routledge, 1997, pp. 119-169.

1. El primer grupo es la ética de la autonomía, que se apoya en conceptos como el daño, los derechos y la justicia, y cuyo objetivo es proteger la zona de libre elección de los individuos y promover el ejercicio de la voluntad individual en la persecución de las preferencias personales. Ésta es la ética oficial en las sociedades donde el «individualismo» es un ideal.
2. El segundo grupo es la ética de la comunidad, que se centra en cómo las personas son miembros de grupos sociales, como la familia, la escuela y la nación, y cómo ocupan diversos roles y posiciones dentro de estos grupos. Su objetivo es proteger la integridad moral de la «comunidad», de la «sociedad», entendidas como una entidad corporativa con una identidad, historia, permanencia y reputación propias.
3. El tercer grupo es la ética de la divinidad, que se basa en conceptos como orden sagrado, orden natural, santidad, pecado y contaminación. Su objetivo es proteger el alma, el espíritu, los aspectos espirituales del ser humano —y de la naturaleza— de la degradación.

La ética de la autonomía presupone que el yo es individual y que el objetivo de la regulación moral es aumentar la elección y libertad personal. La ética de la comunidad presupone que la identidad individual forma parte de una empresa colectiva interdependiente con una historia propia. La ética de la divinidad presupone que el yo es una entidad espiritual conectada a algún orden sagrado o natural de las cosas y el portador de un legado elevado y divino. Estos tres discursos éticos promueven tres clases diferentes de «bienes» que coexisten en la sociedad hindú. Es bueno tener autonomía y control personal. Es bueno ser parte de una comunidad organizada y tener un lugar en ella. Es bueno comunicarse con lo divino. Los tres bienes refuerzan la dignidad humana y la autoestima, pero entran en conflicto entre ellos: nunca ha existido un lugar o tiempo en el que se hayan maximizado los tres bienes a la vez, y de ahí la existencia de los «dilemas morales». En la India, el discurso de la autonomía está en segundo plano y se da más relevancia a los discursos de la comunidad y de la divinidad. En Occidente ocurre justo lo contrario, el discurso predominante es el de la autonomía y pasan a un segundo plano los de la comunidad y divinidad. Las culturas difieren en el grado en que predomina cada tipo de discurso.

El discurso de la autonomía representa los derechos individuales. La ética de la comunidad se refiere a las obligaciones engendradas por la participación en una sociedad. Es el discurso de los roles, el estatus y las obligaciones. El individuo necesita a los demás para satisfacer sus necesidades y deseos. En este sentido, las personas en posiciones de poder deberían asumir la responsabilidad de cuidar a los subordinados y de velar por el bienestar común, en vez de seguir sus propios intereses. No nos damos cuenta de que, si nuestras acciones debilitan a los que comparten su vida con nosotros, nos debilitan a nosotros, y esto es igual de real tanto para el que está arriba en el escalafón como para el que está abajo. La ética de la comunidad implica preocuparse por lo que les ocurre a aquellos con los que vivimos o trabajamos.

En cuanto a la ética de la divinidad, la idea básica es que la materia (orgánica e inorgánica) y todas las otras formas —jerarquías sociales (padre, hijo, marido, mujer), las escalas tonales de música (raga), las palabras (mantra)— están infundidas de espíritu y divinidad. Una visión de este tipo niega la separación entre lo secular y lo sagrado, puesto que la divinidad es inmanente en todas las cosas. Los temas asociados son el orden sagrado, la santidad, la tradición y la ley natural. La ley natural y la sagrada serían la misma cosa, a ambas se les puede llamar *dharma* en la sociedad hindú.

Basándose en todo este trabajo de Shweder, Haidt propone una definición alternativa de la moralidad, que es la siguiente: «Moralidad es cualquier sistema de valores relacionados entre sí, prácticas, instituciones, y mecanismos psicológicos que trabajan de forma conjunta para suprimir y regular el egoísmo y hacer posible la vida social». Y clasifica los sistemas psicológicos sobre los que se fundamenta la moralidad en cinco campos, en lugar de los tres grandes que utiliza Shweder (posteriormente añade un sexto pilar, del que luego hablaremos), pero ambas clasificaciones son en realidad muy similares. Son las siguientes:

1. Cuidado/daño.
2. Imparcialidad/reciprocidad.
3. Endogrupo/lealtad (implica mecanismos que evolucionaron durante nuestra larga historia de tribalismo).
4. Autoridad/respeto (implica antiguos mecanismos de los primates para el rango social o el estatus, matizados por la obligación de los superiores de proteger a los subordinados, función que cumplen los machos alfa en los chimpancés, por ejemplo).
5. Pureza/santidad.

Como vemos, lo que hace Haidt es subdividir la ética de la autonomía de Shweder en dos: daño/cuidado y reciprocidad/imparcialidad y también divide la ética de la comunidad en endogrupo/lealtad y autoridad/respeto, pero las dos clasificaciones son muy parecidas.

Para explicar su concepción de la moralidad, Haidt argumenta que, al igual que existen cinco sabores básicos (amargo, ácido, dulce, salado y *umami* o cárnico), la moral es una lengua con cinco receptores básicos del gusto (luego hablaremos del sexto). Ya hace dos mil trescientos años decía el filósofo chino Mencio: «Los principios morales agradan a nuestra mente como la carne de buey o de cerdo a nuestras bocas», y esta analogía con la boca y el gusto es muy oportuna si tenemos en consideración la estrecha relación entre la emoción del asco y la moral que hemos comentado anteriormente.

En sus estudios de psicología moral, Haidt se da cuenta de que los puntos de vista que predominaban en la antropología son erróneos y que no se puede entender la moralidad sin la evolución, convicción que es uno de los ejes de este libro también. Según el punto de vista admitido hasta entonces, la evolución llevó a nuestra especie a la bipedestación, a usar herramientas, a tener un gran cerebro preparado para la cultura... y, a partir de ese momento en que desarrollamos la capacidad para la cultura, la evolución se paró. La cultura es tan poderosa que hace que los humanos se comporten de forma que superan sus antiguos instintos y lo biológico deja de ser relevante. Haidt quiere formular una explicación evolucionista de las intuiciones morales que no sea reduccionista, ni una *just-so story* (historias inventadas *a posteriori*) y que, interactuando con la evolución cultural, produzca todas las matrices morales que vemos en el mundo. El objetivo de Haidt es establecer vínculos entre las virtudes morales y las teorías evolucionistas ya bien consolidadas en la biología evolucionista. En definitiva, unir la antropología y la psicología evolucionista. Es así como formula la teoría de los pilares morales.

Haidt se basa en el concepto de módulo, una idea de la psicología evolucionista, cuya definición, según Sperber y Hirschfeld, reza:

> Un módulo cognitivo evolucionado —por ejemplo, un detector de serpientes, un dispositivo de reconocimiento facial, un dispositivo de adquisición del lenguaje— es una adaptación a una serie de fenómenos que presentaban problemas u oportunidades en el entorno ancestral de la especie. Su función es procesar un tipo determinado de estímulos o entradas —por ejemplo, serpientes, rostros humanos o expresiones lingüísticas—. El módulo procesa esa señal y da lugar a un *output* o conducta. Es muy importante distinguir aquí entre los estímulos *originales* o *propios* de un módulo y los desencadenantes reales. Los desencadenantes reales son las cosas que en el mundo de hoy en día desencadenan el miedo a las serpientes (como podría ser una serpiente de juguete, una cuerda, una rama ondulada...), y los desencadenantes originales o propios son aquellos para los que el módulo fue diseñado, en este caso las serpientes reales. Los módulos no son perfectos y cometen errores, y estos errores son aprovechados por muchos animales para explotar a otros, pero en general los módulos cumplen su función aceptablemente bien la mayoría de las veces, y por eso los hemos heredado. Por tanto, habrá falsos negativos, es decir, elementos que pertenecen al dominio propio, pero no al dominio real, y falsos positivos, elementos que pertenecen al dominio real, pero no al propio. Un ejemplo de esta utiliza-

ción engañosa de las propiedades de un módulo lo tenemos en algunos tipos de moscas que han desarrollado rayas negras y amarillas como las de las avispas, haciéndose pasar por ellas. Esto dispara el módulo de evitar avispas que tienen algunos pájaros y no se comen estas moscas, que es lo que normalmente harían.[15]

Entonces, según Haidt, de forma análoga a lo que ocurre con otros módulos cognitivos, existirían unos receptores morales universales que serían adaptaciones a las amenazas y las oportunidades de la vida social. Haidt identifica los problemas adaptativos de la vida social que han descrito los psicólogos evolucionistas y los conecta con las virtudes morales que se encuentran en las diferentes culturas. Es así como identifica cinco problemas adaptativos principales: cuidar a los niños vulnerables, formar alianzas con individuos no familiares para disfrutar de los beneficios de la reciprocidad, formar coaliciones para competir con otros grupos, negociar la jerarquía y el estatus, y mantenerse libre de parásitos e infecciones, lo cual no es fácil conviviendo con otros congéneres. Más arriba he dicho que los sabores morales eran seis, pero eso es porque Haidt ha añadido posteriormente otro «sabor moral», que es libertad/opresión, del que luego hablaremos. En las columnas tenemos los cinco pilares fundamentales. La primera fila son los problemas adaptativos a los que responden estos pilares morales. Si nuestros ancestros se enfrentaron a estos desafíos durante cientos de miles de años, la selección natural favorecería a aquellos cuyos módulos cognitivos ayudaban a hacer las cosas bien (rápida e intuitivamente) comparados con los que seguían confiando en su inteligencia general para resolver problemas recurrentes. En la segunda fila tenemos los desencadenantes originales y, en la tercera, los actuales. La cuarta fila refleja las emociones que son parte del *output* de ese pilar. La quinta fila, por último, recoge las palabras virtuosas con las que nos referimos a las personas que disparan esos sabores morales en nuestra mente.

15. Sperber, D. y L. A. Hirschfeld , «The Cognitive Foundations of Cultural Stability and Diversity», *Trends in Cognitive Science*, n.º 8, pp. 40-46.

Tabla 1. Los cinco fundamentos de la moralidad

	Cuidado/ daño	Equidad/ engaño	Lealtad/ traición	Autoridad/ subversión	Santidad/ degradación
Reto adaptativo	Proteger y cuidar a los niños	Recoger los beneficios de una asociación entre dos personas	Formar coaliciones cohesivas	Forjar relaciones beneficiosas dentro de jerarquías	Evitar los contaminantes
Detonadores originales	Sufrimiento, angustia o necesidad expresada por un hijo propio	Engaño, cooperación	Amenaza o desafío al grupo	Signos de dominancia o sumisión	Productos de desecho, personas enfermas
Detonantes actuales	Crías de foca, personajes tiernos de dibujos animados	Fidelidad conyugal, máquinas expendedoras rotas	Equipos deportivos, naciones	Jefes, profesionales respetados	Ideas tabú (comunismo, racismo)
Emociones características	Compasión	Ira, gratitud, culpa	Orgullo colectivo, rabia hacia los traidores	Respeto, miedo	Asco
Virtudes relevantes	Cuidado, amabilidad	Equidad, justicia, integridad	Lealtad, patriotismo, sacrificio	Obediencia, deferencia	Templanza, castidad, piedad, limpieza

Fuente: Haidt, J., *La mente de los justos*, Deusto, 2019, p. 185.

Un campo interesante al que Haidt aplica esta clasificación de los pilares de la moralidad es el campo político para intentar entender las diferencias entre republicanos y demócratas. Los demócratas basarían su ética en los dos primeros principios (1 y 2), que también utilizan los conservadores, pero éstos utilizan además los otros principios éticos (3, 4 y 5), que son rechazados por los progresistas. Según Haidt, la mente moral es como el ecualizador de audio de las cadenas de alta fidelidad, con cinco canales para diferentes partes del espectro moral. Los demócratas usan una parte del espectro moral más pequeña que la que utilizan los republicanos. La música que escuchan los demócratas puede sonar bien a los demás demócratas, pero a los votantes republicanos les suena incompleta y hueca. Hay que decir que Haidt está intentando, ayudándose de esta teoría, acercar los dos grandes bloques de la política estadounidense; intenta que cada bando comprenda mejor la visión del mundo del otro y disminuir así la polarización y la crispación.

El pilar libertad/opresión

Nos había quedado pendiente hablar del sexto pilar de la moralidad, el llamado libertad/opresión, que Jonathan Haidt añadió posteriormente a los cinco pilares ya comentados para completar su teoría de los fundamentos morales. Uno de ellos es el de la autoridad/sumisión, que se basa en la creencia de Haidt, y de otros autores, de que somos animales equipados para vivir dentro de unas jerarquías de dominancia. Sin embargo, la evidencia arqueológica apoya el punto de vista de que nuestros ancestros vivieron durante cientos de miles de años en bandas nómadas e igualitarias de cazadores-recolectores. Tampoco hay que idealizar esta época, porque es prácticamente seguro que no contaría igual la opinión de todos los individuos de la tribu, y que no todos eran iguales. Existe evidencia de que los buenos cazadores, por ejemplo, tienen en estas tribus un mayor número de hijos y de relaciones extraconyugales. No obstante, la jerarquía se hizo más clara y se extendió tras la aparición de la agricultura y la ganadería, que dieron lugar a la acumulación de propiedad privada y a grupos más grandes. También se acabó con la igualdad «política» predominante hasta ese momento. Apareció el jefe, el líder, la clase dominante y, ante estos datos contradictorios, se nos plantea la pregunta: ¿nuestras mentes están estructuradas «con anterioridad a la experiencia» para la jerarquía, o para la igualdad?

La respuesta según el antropólogo Christopher Boehm es que nuestras mentes están estructuradas para la jerarquía. Boehm estudió las culturas tribales al principio de su carrera y también a los chimpancés con Jane Goodall e identifica las extraordinarias similitudes en las formas en que los humanos y los chimpancés muestran dominancia y sumisión. En su libro *Hierarchy in the Forest*, Boehm concluye que los seres humanos son jerárquicos innatamente, pero que, en algún punto durante los últimos millones de años, ocurrió una «transición política» que les permitió vivir de una manera igualitaria en bandas en las que se castigaba o mataba al macho alfa que trataba de dominar el grupo.[16]

Entre los chimpancés, a diferencia de lo que ocurre con los gorilas, por ejemplo, el macho alfa no puede basarse sólo en la fuerza para dominar el grupo, sino que tiene que ser capaz de crear alianzas y conseguir apoyos. Además, el cargo de líder implica una serie de obligaciones, como actuar de mediador en los conflictos. Se han descrito casos de alianzas de subordinados que han depuesto a los machos alfa de su trono, o incluso los han matado. Si nos imaginamos ahora los primeros homínidos, la situación sería probablemente parecida. Pero, además, a partir de cierto momento, se inventaron y mejoraron armas como las flechas, o las lanzas, que permitían que cualquier miembro de la tribu, y evidentemente una coalición, matara a un líder abusivo. Pero, aparte de las armas, tenemos la capacidad de comunicarnos por medio del lenguaje, y es un hecho que todas las sociedades humanas utilizan el lenguaje para cotillear acerca de las violaciones morales. De este modo, podemos imaginar que los primeros humanos desarrollaron la capacidad de destronar o matar a cualquiera que amenazara o molestara al resto del grupo.

Boehm propone que en algún momento del último medio millón de años nuestros ancestros crearon las primeras comunidades verdaderamente morales. En estas comunidades la gente utilizaba el cotilleo para identificar conductas que no les gustaban, especialmente las conductas agresivas de los aspirantes a machos alfa. En las pocas ocasiones en que el cotilleo no era suficiente para reconducir al matón, podían utilizar las armas para abatirlo. Boehm cita casos demostrados de comportamientos de este

16. Boehm, C., *Hierarchy in the Forest: The Evolution of Egalitarian Behavior*, Harvard University Press, 2001.

tipo entre los !kung san del desierto de Kalahari. Se ha observado a toda la comunidad dar caza a un hombre que había matado a otros tres, dispararle flechas envenenadas, e incluso, una vez muerto, ser alanceado por todos y cada uno de los miembros de la tribu, compartiendo simbólicamente la responsabilidad de su muerte. La gente, pertrechada con el cotilleo y las armas, creó lo que Boehm llama «jerarquías de dominancia inversa» en las que la banda controla y domina a los aspirantes a machos alfa. El resultado es un estado de igualdad política frágil que se consigue por medio de la cooperación, entre criaturas que están innatamente predispuestas a la jerarquía. Sería un buen ejemplo de cómo lo innato se refiere al primer borrador de la mente y de cómo la edición final puede ser muy diferente del borrador. Según esta hipótesis de Boehm, sería un error considerar que la naturaleza humana es la que observamos en los cazadores-recolectores.

Los pueblos que dieron el salto al igualitarismo desarrollaron unas matrices morales. A partir de entonces vivieron en unas redes de normas, sanciones y castigos. Los que navegaban bien en este mundo y mantenían una buena reputación eran recompensados con confianza, cooperación, prestigio y apoyo por parte de los demás. Los que no respetaban las normas o actuaban como matones fueron eliminados del acervo genético al ser expulsados, degradados o asesinados. El resultado final es un proceso que suele llamarse «autodomesticación». Igual que un criador de perros puede seleccionar a los más dóciles, nuestros ancestros se seleccionaron a sí mismos (involuntariamente, tampoco fue una selección consciente) según la capacidad de construir y formar parte de matrices morales y de vivir y cooperar dentro de ellas.

Basándose en todo lo anterior, Haidt propone el pilar libertad/opresión, que evolucionaría como respuesta al desafío adaptativo de vivir en pequeños grupos con individuos que intentaban —si se les daba la oportunidad— dominar, controlar o imponerse a los otros. Los desencadenantes originales incluirían los signos de intentar dominar a los demás. Cualquier cosa que sugiriera agresividad y conductas de control de un macho alfa (o hembra) podría disparar una ira que a veces se llama «reactancia», que es lo que sientes cuando una autoridad te dice que no puedes hacer algo que quieres hacer. Pero esta reacción no es individual, sino que los individuos oprimidos se unen con sus iguales para resistir, limitar o matar al opresor. Este pilar mantiene una tensión con el pilar autoridad/sumisión, en el sentido de que, por una parte, hay que reconocer a la autoridad legítima para que funcione una sociedad, pero, al mismo tiempo, hay que estar vigilando continuamente que esa autoridad no traspase el límite con la tiranía y el provecho propio. Este pilar es la matriz moral de los revolucionarios y los luchadores por la libertad. Los revolucionarios han considerado virtuoso el asesinato: sencillamente les parece lo justo. Sin embargo, estos sentimientos no encajan del todo con el *tit for tat*, el altruismo recíproco de Robert Trivers.[17] Según Haidt, no se trata de justicia o equidad, sino de la dominancia inversa de Boehm.

Si los desencadenantes originales eran los tiranos y matones, los actuales serían cualquier cosa que impone restricciones ilegítimas a la libertad propia, incluido el gobierno. La acumulación y el abuso del poder político o el acaparamiento de la riqueza desencadena este pilar moral. Por otro lado, el odio a la opresión se encuentra a ambos lados del espectro político. La diferencia parece ser que, para la izquierda, que es más universalista, este pilar se pone al servicio de los pobres, las víctimas y los oprimidos de todo el mundo. De ahí la petición por parte de la izquierda de mayores impuestos para los ricos, de mayores servicios para los pobres y de garantizar unos ingresos mínimos para todo el mundo. Los conservadores son más parroquianos, en el sentido de que se preocupan más de sus grupos, y no de toda la humanidad. No quieren que el gobierno les diga cómo tienen que llevar sus negocios, ni interfiera en sus asuntos privados con impuestos y un Estado «maternal». Los conservadores estadounidenses sacralizan la palabra *libertad* y no tanto la palabra *igualdad*.

Resumiendo, podemos decir que Haidt añade el pilar libertad/opresión a los cinco ya conocidos, un mecanismo psicológico

17. Trivers, R. L., «The Evolution of Reciprocal Altruism», *The Quarterly Review of Biology*, vol. 46, n.º 1, pp. 35-37.

que hace que la gente perciba y se enfrente a las señales o los intentos de dominación. Desencadena el impulso de unirse y resistir a los tiranos y matones. Este pilar soporta el igualitarismo y antiautoritarismo de la izquierda, así como el «no abuses/no te metas en mis asuntos» de los libertarios y conservadores.

La teoría de la moralidad como cooperación

> Piensa en un país donde la gente fuera admirada por huir en la batalla, o donde un hombre se sintiera orgulloso de traicionar a todas las personas que habían sido las más amables con él. También podrías intentar imaginar un país donde dos y dos son cinco.
>
> C. S. Lewis

A la teoría de los fundamentos morales de Jonathan Haidt le ha salido recientemente un competidor a la hora de explicar la moralidad desde un punto de vista evolucionista. Me refiero a la que se conoce como teoría de la moralidad como cooperación, de Oliver Scott Curry, de la que voy a hablar brevemente.

Cuando nos planteamos el problema de si existe una moral universal, una serie de normas comunes a toda la humanidad, quizá predomina la visión de que las normas morales varían de una cultura a otra y que el establecimiento en una sociedad de unas normas morales u otras es algo cultural e idiosincrásico de cada población. The Evolution Institute ha realizado una encuesta entre quince autores, que se ha publicado como un pequeño librito en formato PDF con el título *Can an Evolutionary Perspective Reveal a Universal Morality?*, sobre el debate ya clásico de si existe una moral universal por debajo de todas las diferencias en normas morales que vemos en las diferentes culturas.[18] Cuando observamos distintas sociedades vemos que

18. Evolution Institute (ed.), *This View of Morality: Can an Evolutionary Perspective Reveal a Universal Morality?* Disponible en: <https://evolution

las normas morales (con respecto por ejemplo al matrimonio o las relaciones prematrimoniales/extramatrimoniales, o los alimentos que se pueden comer, etc.) son muy variadas y a veces contradictorias. Esto nos puede llevar a pensar que las normas morales son relativas y que no hay un terreno moral común a toda la humanidad; a primera vista, no parecen existir normas aceptadas universalmente.

Pero, a la vez, tenemos una creciente literatura sobre la existencia de un instinto moral en los humanos, la postura defendida también en este libro. Algunos, como Marc Hauser, al que ya mencionamos en el capítulo anterior, han comparado el instinto moral con el instinto del lenguaje (Hauser habla de una gramática moral) y, del mismo modo que todos los niños nacen con la predisposición a aprender un lenguaje que luego dependerá de la cultura en la que se encuentren, existiría también un instinto moral (un órgano moral) que predispondría a los niños a ver el mundo de una manera moral y cumplir las normas morales. Ahora bien, esas normas, como las lenguas, son diferentes en cada sitio. Este instinto moral lo vemos aparecer en los niños antes de la socialización (hemos mencionado en particular los estudios de Paul Bloom), así que estas observaciones nos hablan de una psicología evolucionada como producto de la selección natural. ¿Podemos reconciliar ambas observaciones? Las respuestas que dan los diferentes autores son variadas y muchas veces opuestas. Los editores las han agrupado en tres grupos: sí, no y tal vez, lo que quiere decir que el debate no está resuelto. Pero hay algunas conclusiones que podemos sacar a pesar de los distintos puntos de vista.

Una cuestión que llama la atención es que la mayoría de los autores sí están de acuerdo en qué es la moralidad y cuál es su origen desde el punto de vista evolucionista. En todas partes la mayoría de la gente tiene un sentido del bien y el mal que se corresponde con el bien del grupo. Y casi todos los autores reconocen que la moralidad es una tecnología que responde a nuestras

-institute.org/new.evolution-institute.org/wp-content/uploads/2018/04/tvol-morality-publication-web2018-7.pdf>.

necesidades como animales sociales. Más en concreto, la moralidad evolucionó para cumplir una función prosocial: promover la cooperación y la supervivencia del grupo. Diferentes líneas de investigación (teoría de juegos, psicología, etología y antropología...) sugieren que la moralidad es una colección de herramientas para la promoción de la cooperación. Llamaríamos a esto la «teoría de la moralidad como cooperación».

También están de acuerdo en que hay una serie de conductas como la injusticia, la deslealtad, el robo, el incesto, no cumplir un compromiso o la palabra dada o la falta de reciprocidad que son juzgadas de forma negativa desde el punto de vista moral en todos los lugares. Como dice C. S. Lewis en la cita de la página 58, no existen sociedades en las que se alabe la cobardía o se considere que es bueno castigar al que te ayuda y te hace un favor. Por tanto, sí parece que la vida social humana tiene unas características básicas comunes en todas partes y que asociadas a ese estilo de vida existen unas normas morales que son comunes en todos los lugares.

El autor que recientemente se ha destacado más entre los que defienden que existe una moral universal es Oliver Scott Curry, que ha realizado un estudio en sesenta sociedades y ha encontrado siete normas morales que se cumplen en todas partes y que ya mencionamos en el primer capítulo:

1. Ama a tu familia.
2. Ayuda a tu grupo.
3. Devuelve los favores.
4. Sé valiente.
5. Obedece a la autoridad.
6. Sé justo.
7. Respeta la propiedad de otros.[19]

19. Curry, O.; H. Whitehouse, y D. Mullins, «Is It Good to Cooperate? Testing the Theory of Morality-as-Cooperation in 60 Societies», *Current Anthropology*, vol. 60, n.º 1, 2019, pp. 47-69. Curry, O. S., «Morality as Cooperation: A Problem-Centered Approach», en Shackelford, T. K. y R. D. Hansen (eds.), *Evolutionary Psychology: The Evolution of Morality*, Springer International Publishing AG, 2016, pp. 27-51. Disponible en: <https://doi.org/10.1007/978-3-319-19671-8_2>.

Estas siete conductas cooperativas son consideradas moralmente buenas en todas las culturas estudiadas, pero es interesante otra cosa: no hay contraejemplos, en ninguna cultura estas conductas son consideradas moralmente malas. Pero, aun así, habría mucho que matizar en cómo se aplican estas normas. Por ejemplo, aunque la primera norma es «Ama a tu familia», la definición de *familia* es probablemente variable de una cultura a otra. Puede que una cultura considere que los primos carnales no se pueden casar entre sí por la norma sobre el incesto, mientras que otra tal vez sí lo permita. Tenemos un ejemplo acerca del respeto a la propiedad privada en este mismo librillo antes comentado, en la aportación de Richard Sosis a este debate. Cuenta Sosis cómo unos nativos de Micronesia robaron a una pareja de alemanes que habían llegado allí en barco y, cuando pidieron al jefe de la tribu que les devolvieran lo robado, el jefe les dijo que eso no era robo, sino que ellos eran ricos y se trataba, por tanto, de una redistribución de la riqueza. Esto no quiere decir que en esta cultura se permita robar, y seguro que tienen normas que lo castigan en otras condiciones, sino que lo que se considera robo o respeto a la propiedad privada no es exactamente igual en un lugar y en otro.

Según Curry, las siete conductas cooperativas serían respuestas a siete problemas de colaboración que han sido recurrentes en la historia evolutiva humana, y cada uno de estos problemas está ligado a una manifestación de la moralidad humana. Los siete problemas de cooperación serían los siguientes.[20]

Interacciones familiares (valores familiares)

Éste es quizá el problema de colaboración evolutiva más fundamental. Los genes tienen un interés (metafóricamente hablando) en hacer copias de sí mismos que pasen a las siguientes gene-

20. Danaher, J., «Is Morality All About Cooperation?», *Philosophical Disquisitions*, 31 de julio de 2020. Disponible en: <https://philosophicaldisquisitions.blogspot.com/2020/07/is-morality-all-about-cooperation.html>.

raciones.[21] En las especies con reproducción sexual esto significa que los padres tienen un interés en asegurar la supervivencia de sus hijos, hermanos o familiares, un interés que es proporcional al grado de parentesco, según la ley de la *inclusive fitness* de W. D. Hamilton.[22] Desde esta perspectiva, deberíamos esperar la existencia de normas morales que tratan de la protección de los hijos y los familiares. Y efectivamente esto ocurre en todas las culturas: existen fuertes normas morales y deberes relacionados con la paternidad y la lealtad a la familia o el linaje.

Problema de la coordinación de grupo (lealtad al grupo)

Un grupo que actúa de forma conjunta puede conseguir cosas que no puede lograr un individuo. El ejemplo clásico sería la caza de grandes animales. Trabajando juntos se pueden cazar grandes animales y se obtiene un beneficio que es mutuo, todos ganan. El problema es que hay que coordinar las acciones, hay que comprender los objetivos, comunicarlos, y hay que castigar a los que no colaboren y quieran beneficiarse de la presa. Por tanto, deberíamos esperar la existencia de normas que permitan a los grupos coordinarse, y esto es lo que observamos, ya que todas las sociedades fomentan la lealtad al grupo. Como hemos comentado, sería aquí donde se encuentra el origen de la moralidad: en el problema de adaptar los intereses de los individuos a la esencial supervivencia del grupo.

Relaciones de intercambio (reciprocidad)

Un intercambio es una relación diferente a la del apartado anterior, donde el beneficio mutuo, al cazar, por ejemplo, es inmediato. Si yo le hago un favor a otro miembro del grupo, tengo que

21. Dawkins, R., *El gen egoísta*, Anaya, 1990.

22. Hamilton, W. D., «The Genetical Evolution of Social Behaviour», *Journal of Theoretical Biology*, vol. 7, n.º 1, julio de 1964, pp. 1-16. Disponible en: <https://doi.org/10.1016/0022-5193(64)90039-6>.

esperar a que en el futuro me lo devuelva; la mayoría de las interacciones comerciales son de este tipo. Si intercambiamos las cosas diferentes que cada uno posee, nos vamos a beneficiar todos. Yo puedo necesitar algo en un momento dado y tú puedes estar en disposición de ayudarme. Pero en el futuro tú puedes tener la necesidad y ser yo el que te ayude. «Tú rascas mi espalda hoy y yo te la rasco mañana.» Es un problema porque no hay seguridad de que el favor se devuelva en el futuro y puede haber aprovechados que saquen tajada y no paguen el coste de devolver el favor. Es por ello por lo que deberíamos esperar normas que regulen estos intercambios, y efectivamente las encontramos. Teóricos como Robert Trivers y Richard Alexander han formulado conceptos relacionados con la reciprocidad como el altruismo recíproco y la reciprocidad indirecta, de la que hablaremos más adelante. Pero la mayoría de las filosofías y religiones han respondido a este problema con la llamada «regla de oro»: trata a los demás como te gustaría que te trataran a ti.

Resolución de conflictos (valentía)

Los conflictos son omnipresentes en las relaciones humanas (competición por comida, poder, sexo, territorio...). Una forma de resolverlos es por medio de la agresión constante, pero esto tiene unos costes muy importantes. Es por ello por lo que asignar a los individuos más valientes, fuertes y dominantes, un lugar más elevado en la jerarquía puede ser bueno para todos. Estos individuos hacen probablemente una aportación mayor al grupo en la caza o en los conflictos con otros grupos, y en casi todas las culturas se les conceden mayores honores o un mayor estatus.

Resolución de conflictos (obediencia)

La otra cara de la moneda es que la dominancia no funciona si todo el mundo quiere ser dominante. Algunos tienen que someterse y seguir los dictados de los dominantes. Por tanto, es lógico esperar normas que fomenten la obediencia y el respeto, y las vemos en todas las culturas. Este problema de la resolución de conflictos tiene que ver con el de la coordinación del grupo. Tanto en la caza como en la guerra alguien tiene que dar las órdenes o llevar la iniciativa y los demás tienen que seguirlas, ambas conductas son necesarias para la supervivencia del grupo.

División (justicia)

Cuando se consigue comida, el fruto de la caza u otros recursos nos encontramos con el problema de dividirlo entre los miembros del grupo según el poder y la aportación que haya realizado cada uno. Es por ello por lo que todas las culturas tienen normas para el reparto justo de los recursos.

Posesión (respeto a la propiedad)

Un problema de resolver conflictos de reparto y disputas continuas de recursos es conceder la propiedad de algo a un individuo. Incluso algunos primates no humanos respetan al que ha encontrado primero una comida y tienen un cierto sentido de propiedad. En humanos cazadores-recolectores no existía la posibilidad de acumular muchos bienes, pero se respeta la posesión de herramientas para la caza y otros objetos.

Resumiendo, la idea sería que los diferentes sistemas morales derivan de intentos de resolver problemas cooperativos. Pero la teoría de la moralidad como cooperación no predice que los valores morales van a ser idénticos en todas las culturas, sino variaciones sobre un mismo tema: los valores morales reflejarán diferentes tipos de cooperación bajo distintas condiciones sociales y ecológicas, y Curry encuentra efectivamente diferencias en cómo las diversas culturas priorizan estas siete normas morales. La palabra latina *moral* viene de «costumbre» o «hábito», y aunque la moralidad es un fenómeno cooperativo, según las costumbres y el estilo de vida de cada cultura es probable que lo que es bueno en un lugar sea malo en otro. Por poner un ejemplo, en la cultura esquimal —o en otras culturas nómadas— cuando un anciano no puede aportar a la tribu o seguir su ritmo de desplazamientos, se acepta abandonarlo a su suerte para que no ponga en peligro la supervivencia de todo el grupo. En otras condiciones ecológicas o de estilo de vida abandonar a los ancianos puede ser considerado malo moralmente. Lo mismo podría ocurrir con el infanticidio o cualquier otra conducta. Tal vez por eso, la única manera de que todos tuviéramos la misma moral sería un estilo y unas condiciones de vida exactamente iguales en todas partes.

Durante unos cincuenta millones de años, los humanos y sus ancestros han vivido en grupos sociales y la selección natural nos ha dotado de unas adaptaciones para esa vida social entre las que se encuentra el instinto moral, instinto que podemos observar en un estado rudimentario en otros primates, como hemos visto que ha estudiado, por ejemplo, Frans de Waal. Sobre esos fundamentos biológicos, los humanos hemos construido innovaciones culturales como leyes o instituciones que fomentan más todavía la cooperación. De manera que tanto los mecanismos biológicos como los culturales proveen la motivación para la conducta cooperativa, altruista y social.

Me interesa aquí señalar un aspecto que abordaremos en capítulos posteriores, a saber, la teoría de la moralidad como cooperación predice explícitamente que el daño al servicio de la cooperación (por ejemplo, la autodefensa, el castigo o la venganza de individuos o grupos) se considerará moralmente bueno. Por ejemplo, actos agresivos o violentos que normalmente se considerarían inmorales pasan a ser morales si suponen un castigo para un individuo o grupo que se juzga que los merece como castigo. La moralidad puede legitimar la inmoralidad. Esto es importante para la tesis de este libro de que la moralidad humana tiene un lado oscuro, que es una espada de doble filo o una moneda con dos caras, y que no podemos tener una cara sin la otra.

La conclusión provisional de este debate sobre la universalidad de la moral humana parece ser una sentencia de tipo salomónico según la cual probablemente tienen razón tanto los que ven una moral universal como los que no la ven, porque unos están mirando la parte de la botella que está llena y los otros la que está vacía. Unos pondrían más énfasis en lo que todas las culturas tienen en común, mientras que los otros lo harían en lo que las diferencia. Estudios recientes confirman que la respuesta en cuarenta y dos países a los dilemas morales es muy similar, lo que sugiere que tenemos unos procesos cognitivos comunes y que no se trata sólo de normas culturales. Las preferencias morales serían cualitativamente universales, aunque hay diferencias entre los países en la fuerza de estas preferencias.[23]

La teoría diádica

Vamos a hablar, por último, de la teoría diádica de la moralidad que, por simplificar, voy a atribuir a Kurt Gray, aunque la ha desarrollado trabajando con muchos otros autores. No es una teoría de inspiración evolucionista, pero la forma en que Gray concibe la esencia de la moralidad como la percepción de una díada —que enseguida voy a explicar— es perfectamente compatible con la postura defendida en este libro de que existe un sentido moral innato según el cual venimos al mundo con un borrador o una serie de predisposiciones para entender la moralidad. La díada que describe Gray bien puede ser una plantilla o herramienta intuitiva, un mecanismo psicológico innato que se activa de forma automática cuando contemplamos interacciones entre individuos. Esta teoría ayuda a entender cómo entendemos el daño y cómo reaccionamos ante él y, por tanto, lo que hace es ampliar o desarrollar en más profundidad el primer pilar de la moralidad que nos señalaba Haidt. Nos va a ayudar a entender fenómenos que veremos más adelante, como el victimismo o el proceso de moralización.

23. Awad, E.; S. Dsouza; A. Shariff; I. Rahwan, y J. F. Bonnefon, «Universals and Variations in Moral Decisions Made in 42 Countries by 70,000 Participants», *Proceedings of the National Academy of Sciences*, vol. 117, n.º 5, febrero de 2020, pp. 2332-2337. Disponible en: <https://www.pnas.org/content/117/5/2332>.

Gray y sus colaboradores plantean que la mente humana hace plantillas o modelos de muchas cosas, de lo que es un perro o de lo que es un pájaro, por ejemplo.[24] Un ave es un ser con plumas capaz de volar, aunque sabemos que hay aves que no vuelan. Pues bien, la mente humana tiene una plantilla también de las transgresiones morales, un modelo cognitivo de lo que es una transgresión moral y los elementos claves de este modelo son la intención y el dolor. La esencia de un juicio moral es la percepción de dos mentes complementarias, una díada, compuesta por un agente moral intencional y un paciente moral que sufre la acción del agente. La díada o pareja moral es asimétrica y está compuesta por un agente intencional (perpetrador) y un paciente que sufre (víctima), y la esencia de la inmoralidad no es sólo el daño, sino el daño causado intencionalmente. Hablaremos en general de que la díada está compuesta por individuos, pero estas mentes percibidas pueden ser también grupos, corporaciones, robots o seres sobrenaturales.

Hay datos de que la gente percibe las mentes en dos dimensiones complementarias. Una es la *capacidad de sufrir*, de tener sensaciones y sentimientos como miedo, dolor, placer, etc. La otra dimensión es *agencia*, la capacidad de tener intenciones y de actuar. Una entidad puede puntuar alto en ambas, como por ejemplo un ser humano adulto; otras entidades pueden tener poca capacidad de sufrir y mucha agencia (Dios, Google); otros seres pueden tener mucha capacidad de sufrir y poca agencia (niños,

24. Gray, K.; L. Young, y A. Waytz, «Mind Perception is the Essence of Morality», *Psychological Inquiry*, vol. 23, n.º 2, 2012, pp. 101-124. Disponible en: <https://doi.org/10.1080/1047840X.2012.651387>. A quien desee entrar a fondo en esta teoría, le recomiendo el n.º 23 (2012) de *Psychological Inquiry*, disponible en: <https://www.tandfonline.com/toc/hpli20/23/2?nav=tocList>. Incluye este artículo seminal de Gray *et al.* y dieciséis comentarios de psicólogos morales de primera línea (Roy Baumeister, Tage Shakti Rai, Robert Kurzban y otros), así como una contestación final de los autores a los comentarios. Para quien quiera un resumen rápido, recomiendo este artículo de los mismos autores: «The Uncensored Truth About Morality», *The Psychologist*, 2015. Disponible en: <https://thepsychologist.bps.org.uk/volume-28/december-2015/uncensored-truth-about-morality>.

animales); y, por último, otros pueden puntuar bajo en ambas dimensiones (los muertos, objetos inanimados). Lo que se ha observado es que el reconocimiento de derechos se correlaciona con la capacidad de sufrir, y la responsabilidad (legal, moral) se correlaciona con la percepción de agencia. La agencia hace que una entidad sea un agente moral y la capacidad de sufrir y de experimentar cualifica para ser paciente moral y tener derechos.

No vamos a entrar en detalle en todos los aspectos de esta teoría, pero sí me interesa que nos detengamos en dos fenómenos que fueron los que le dieron origen, porque nos van a ayudar a entender lo que está ocurriendo con la moralidad en nuestro mundo actual, todos los aspectos que vamos a tratar en el resto del libro. Los autores empezaron precisamente estudiándolos y eso los llevó luego a formular la teoría.

Finalización de la díada

Dado que nuestra plantilla moral es diádica, nos vemos impelidos a completar la pareja moral cuando parece que está incompleta. Esta finalización o conclusión de la díada puede ocurrir de dos maneras:

1. Cuando vemos a un agente moral, a alguien culpable o que hace algo malo, deducimos la presencia de otra mente que sufre. Cuando alguien juzga que algo es inmoral —la homosexualidad, la pornografía, la masturbación o lo que sea—, automáticamente tiende a pensar que produce daño y que hay alguien que lo sufre. Hemos visto que esto ya lo observó Jonathan Haidt cuando ponía a la gente ante situaciones hipotéticas, como que alguien se come a su perro que se ha muerto por otras causas, o cuando plantea que un hermano y una hermana tienen relaciones sexuales consentidas. Las personas que consideran que estas cosas están mal moralmente tienden a fabricar un daño y unas consecuencias perjudiciales, como que comer un perro puede dar lugar a contraer enfermedades, o que

las tengan los hijos de los hermanos, aunque Haidt les explique que utilizan preservativo y no van a tener hijos. Finalizar la díada es algo instintivo o intuitivo y también inevitable. Es como el triángulo de Kanizsa: no podemos evitar percibir un triángulo en esa figura. O lo mismo pasa en esa pasarela de cristal sobre el Gran Cañón: aunque uno sepa que está seguro por el cristal, no puede evitar sentirse aterrorizado y con miedo a caer al vacío.

2. Cuando vemos a alguien que sufre deducimos la presencia de otra mente, de un agente moral que es el responsable o culpable de ese dolor. Esto es tan curioso que, cuando no se encuentran agentes humanos para explicar el daño, los seres humanos han recurrido históricamente a seres sobrenaturales, brujerías o dioses que serían los causantes de las catástrofes naturales o las enfermedades. Y esto sigue ocurriendo en la actualidad.

Encasillamiento moral

El segundo fenómeno es el encasillamiento moral (*moral typecasting*), que consiste en que la gente es catalogada o bien como agentes morales o bien como pacientes morales, no se puede ser las dos cosas a la vez. El término *typecasting* tiene su origen en Hollywood y se refiere a cuando a un actor se le encasilla en un papel y ya no se le deja salir de ahí ni ser otra cosa, como le ocurrió a Leonard Nimoy, que fue toda su vida Mr. Spock. Cuando alguien es catalogado de agente moral automáticamente se le adjudica responsabilidad y agencia y no puede ser paciente. Cuando alguien es catalogado de paciente moral se le adjudican capacidad de sufrir y derechos y no se le adjudican agencia y responsabilidad. La categorización moral no se aplica a los actos, sino a las personas, y esta clasificación es permanente.

Esto tiene implicaciones prácticas, como la dificultad de ver como un villano a alguien catalogado de víctima cuando comete una transgresión moral. En un artículo sobre este tema, Gray y Wegner señalan que, si queremos escapar de un castigo por algo malo que hemos hecho, la mejor solución (y esto es importante para los abogados que tengan que defender a un cliente) es presentarnos como víctimas.[25] En este hipotético caso, una estrategia habitual sería señalar las cosas buenas que hemos hecho antes (que hemos sido héroes de guerra, buenos ciudadanos, etc.). Eso está bien, pero no impide que se nos siga viendo como agentes morales y, por tanto, como responsables y capaces para ser culpados. Si, por el contrario, nos presentamos como víctimas (maltrato infantil, pobreza, circunstancias adversas externas, etc.), esto nos convierte en pacientes morales y va a hacer que el juez o el jurado tenga más problemas para vernos como agentes morales, como villanos.

Esta percepción exclusiva de la mente moral humana es importante y sus efectos los vemos por todas partes actualmente. Los vemos en los planteamientos de la teoría feminista, donde los hombres son perpetradores y las mujeres víctimas y los hombres no pueden ser víctimas o sufrir discriminaciones o desventajas, y si las sufren son causadas por ellos mismos. Los vemos en la aplicación de la llamada «política identitaria», que establece que hay grupos opresores y grupos oprimidos. El mismo acto se juzga de manera diferente si lo comete una persona perteneciente a un grupo catalogado como oprimido o como opresor. En estos momentos, varias mujeres aborígenes australianas están intentando denunciar la situación de acoso y abusos sexuales que sufren a manos de los hombres de su comunidad y nadie les está haciendo caso, los medios de difusión no se ocupan de ello.[26] Una parte de la explicación es el encasillamiento moral. Los hombres aborígenes han sido ya catalogados de víctimas (de los hombres blancos, del colonialismo) y han perdido su agencia, no pueden ser perpetradores. Ir contra los hombres aborígenes es ir contra una víctima. Entenderemos mejor estas cuestiones cuan-

25. Gray, K., y D. M. Wegner, «To Escape Blame, Don't Be a Hero—Be a Victim», *Journal of Experimental Social Psychology*, vol. 47, n.º 2, pp. 516-519.

26. Wyatt, E., «Australian Indigenous Activists Call Out White Feminism's Deadly Blind Spot», *Quillette*, 19 de abril de 2021. Disponible en: <https://quillette.com/2021/04/19/australian-indigenous-activists-call-out-white-feminisms-deadly-blind-spot/>.

do veamos el relativismo moral de la nueva ideología llamada «Justicia Social Crítica», que es la ideología moral dominante actualmente.

Conclusión: nuestra moralidad es múltiple

Si estas teorías evolucionistas tienen razón, sobre todo las dos primeras, se desprende de ellas una consecuencia muy importante con implicaciones prácticas. Lo que las teorías de Haidt o Curry nos dicen es que la moral es múltiple y consistiría en un racimo de módulos con entradas y salidas diferentes que pueden entrar en conflicto entre ellas, y esto es algo que vemos en la vida real. Hay otro autor cuya teoría no hemos tratado aquí pero coincide totalmente en este punto con las otras teorías evolucionistas, Michael Tomasello.[27] Todos ellos nos insisten en que las decisiones morales humanas son tomadas por diferentes «voces morales» dentro de nosotros o por diferentes mecanismos psicológicos que responden a diferentes tipos de problemas de cooperación, y en un momento dado el principio de ayudar a la familia puede chocar con el de la justicia o el de respetar la propiedad, por ejemplo. ¿Debo robar o perjudicar a otros para salvar a mi amigo, a mi hermano o a un compañero que lo necesita? Tenemos normas y predisposiciones para no robar comida a los otros, pero ¿qué pasa si mi hijo o mi amigo se están muriendo de hambre? Muchas situaciones morales en el mundo real contienen complejas combinaciones de todos estos intereses o preocupaciones y a veces crean dilemas morales. Esta situación es la que describe precisamente el dilema de Heinz, utilizado por Kohlberg,[28] que dice, de forma muy simplificada, que una mujer se está muriendo de cáncer, pero una farmacia tiene un medicamento que la puede salvar. Su marido, Heinz, no tiene suficiente

27. Tomasello, M., *Una historia natural de la evolución humana*, Ediciones UC, 2019.

28. Kohlberg, L., *Essays on Moral Development*, vol. 1: *The Philosophy of Moral Development*, Harper & Row, 1981.

dinero para pagarlo. ¿Debe robar el medicamento, o no debe hacerlo?

Existen muchos debates en la filosofía que se mantienen desde hace siglos. Se trata de dilemas que parecen irresolubles y no encuentran respuesta: ¿es lícito sacrificar los derechos de unos pocos para promover el bienestar de una mayoría? Si nuestras acciones están predeterminadas, ¿podemos ser responsables de ellas? ¿Debemos juzgar a la gente sólo por sus intenciones, o por las consecuencias de sus actos? Algunos psicólogos morales, como Cushman,[29] Greene[30] o Young,[31] proponen que estos dilemas existen porque distintos sistemas psicológicos dan diferentes respuestas al mismo problema. Escojamos la respuesta que escojamos, una mitad de nosotros no queda satisfecha, por lo que básicamente no tienen solución. A modo de ejemplo, me voy a centrar en el dilema que los filósofos llaman «suerte moral».[32] Voy a exponer brevemente cuál es el problema y luego la explicación que los psicólogos y neurocientíficos le dan.

Imagina dos amigos, Pedro y Juan, que se van a ver un partido de fútbol y tomar unas cervezas; ambos beben el mismo número de cervezas y sufren una intoxicación etílica con niveles de alcoholemia igualmente elevados. Ambos deciden coger el coche para volver a casa y ambos se duermen al volante, pierden el control del coche y se salen de la carretera. Pedro se golpea contra un árbol. Juan atropella a una chica que iba por la acera y la mata. ¿Debería la diferencia accidental de que en un caso uno se encuentre con un árbol y otro con una chica hacer que la valoración moral sea distinta?

Este problema de la suerte moral lleva décadas dando vueltas desde que Bernard Williams y Thomas Nagel lo formularan. Se-

29. Cushman, F., y L. Young, «The Psychology of Dilemmas and the Philosophy of Morality», *Ethical Theory and Moral Practice*, n.º 12, 2009, pp. 9-24.

30. Cushman, F., y J. D. Greene, «Finding Faults: How Moral Dilemmas Illuminate Cognitive Structure», *Social Neuroscience*, 2011, DOI:10.1080/17470919.2011.614000.

31. Young, L., «Moral Thinking», en Reisberg, D. (ed.), *The Oxford Handbook of Cognitive Psychology*, Oxford University Press, 2013.

32. Williams, B., y T. Nagel, *La suerte moral*, KRK, 2013.

gún las leyes de diferentes países el resultado sería probablemente que a Pedro le caería una multa y le retirarían el carnet, mientras que Juan acabaría en la cárcel. Por un lado, no parece que sea justo castigar más a Juan cuando su conducta ha sido exactamente la misma que la de Pedro. Pero, por otro lado, parece también injusto meter en la cárcel a Pedro, cuando lo único que ha hecho es conducir ebrio, o dejar libre a Juan con una multa, cuando ha matado a una persona. Este dilema desafía una intuición profunda sobre las cuestiones morales, que es que la valoración moral de un acto no debería depender de la suerte. A esta intuición se le suele llamar «principio de control» y dice que sólo es moralmente justo evaluar a una persona por factores que están bajo su control. El resultado del ejemplo que hemos puesto se debe a la suerte, no está bajo el control ni de Pedro ni de Juan y no debería influir en nuestra valoración del acto. Sin embargo, lo hace.

Los psicólogos que he mencionado dicen que este dilema se debe al conflicto entre dos procesos psicológicos de juicio moral que dan respuestas diferentes al mismo problema. Uno de los sistemas se dispara por la presencia de un daño y condena al individuo responsable más o menos en proporción al daño, y el otro sistema analiza los estados mentales e intenciones de las personas implicadas y condena a los individuos cuyas acciones de manera previsible conducen a un daño y exculpa a los individuos que causan un daño que no podían haber previsto. Estos sistemas producen resultados contradictorios en caso de daño accidental: el sistema basado en el resultado se dispara por el daño y da una valoración moral negativa, mientras que el sistema que analiza el estado mental da una valoración positiva porque no había intención de hacer daño. Una fuente de evidencia de que existen dos procesos psicológicos distintos (podríamos decir dos módulos que se disparan por estímulos diferentes y dan su propia respuesta) viene de estudios de desarrollo moral en niños. Los niños pequeños condenan las acciones en las que hay daño, es decir, no se fijan en las intenciones. Sin embargo, los niños mayores, de entre cinco y ocho años, tienen en cuenta las intenciones. Pero la aparición del segundo sistema no anula al primero, sino que los dos continúan en la vida adulta.

Tenemos también pruebas de imagen cerebral. La activación de la unión temporoparietal derecha está implicada en la valoración de los estados mentales (no en vano es parte del circuito de teoría de la mente), de manera que cuanto más se activa esta región menos tendemos a condenar a las personas por las consecuencias no intencionadas de sus actos. Si esta región se activa poco (por ejemplo, en niños o en personas con síndrome de Asperger) entonces asignan más culpa a esas personas. Esto podría ser sólo un epifenómeno, una correlación, pero tenemos datos de que no se trata sólo de eso. Young ha aplicado la estimulación magnética transcraneal a esa unión temporoparietal derecha (lo que produce una «lesión virtual temporal») y ha conseguido alterar el juicio, la valoración que hacían las personas, lo que sugiere una función causal.[33]

Cushman y sus colaboradores especulan que el instinto básico de castigar el daño habría surgido en un período muy antiguo de nuestra evolución, cuando todavía no éramos capaces de comunicar nuestras intenciones de un modo fiable y la mejor manera de promover una conducta prosocial era castigar el daño y recompensar las buenas acciones, fueran accidentales o no. En una etapa posterior ya entraría en escena la teoría de la mente y el segundo sistema que atiende a las intenciones. Estos autores también sugieren que una cosa es valorar la bondad o maldad de un acto (para ello se miran las intenciones) y otra cosa es valorar si una acción merece o no castigo (y para ello se mira el daño).

Lo mismo que acabo de explicar sobre este dilema sería válido para el caso de hacer daño a una persona para salvar a muchas. Me refiero a los famosos dilemas de los tranvías de Greene o al caso del bebé que llora en un sótano donde hay unas personas que se están escondiendo de los nazis y el llanto del niño los puede delatar y todos morirían. ¿Es justo matar al niño para sal-

33. Young, L.; J. Scholz, y R. Saxe, «Neural Evidence for 'Intuitive Prosecution': The Use of Mental State Information for Negative Moral Verdicts», *Social Neuroscience*, vol. 6, n.º 3, 2011, pp. 302-315. Disponible en: <https://doi.org/10.1080/17470919.2010.529712>.

var al resto? En este caso, un sistema «caliente» dice: «No mates al niño» (tiene representación en el cerebro en áreas relacionadas con la emoción, la corteza prefrontal ventromedial), mientras que otro sistema «frío» dice: «El niño va a morir de todos modos, salva a los otros matando al niño» (relacionado con áreas de procesamiento cognitivo y lógico).

De igual forma, en el problema del libre albedrío una parte lógica o «fría» nos dice que todo efecto tiene causas previas y que el universo es determinista, pero cuando hay un daño y alguien comete un asesinato, por ejemplo, el sistema «caliente» se dispara y nos dice que el sujeto es responsable y se merece el castigo. Este procesamiento psicológico dual afecta incluso a las propias teorías filosóficas. Por ejemplo, la división entre kantianos y utilitaristas podría tener su raíz en diferentes procesos psicológicos propios de nuestra mente humana. Los kantianos dicen que hay principios, que un ser humano no es medio para un fin, etc. Los utilitaristas dicen que el fin justifica los medios, que si salvo a veinte matando a uno, eso vale. Vemos que es el mismo conflicto entre dos sistemas irreconciliables propios de la psique humana.

De manera que la teoría de Haidt y otros autores, que defienden que nuestra moralidad no es única sino múltiple —integrada por diversos mecanismos psicológicos y cognitivos—, tiene poder explicativo para ayudarnos a entender la complejidad de la moralidad humana que genera unas contradicciones que seguramente son inevitables. Sus múltiples fundamentos y capas nunca van a ser aplicados de forma consistente en todas las situaciones debido a la complejidad e imprevisibilidad de la vida social humana. Cada modo de compromiso social representa un conjunto distinto de adaptaciones biológicas para sobrellevar una forma distinta de vida social. Como dice Tomasello, la moralidad humana no es un monolito y sus diferentes componentes entran en conflicto entre ellos complicando continuamente nuestra existencia. Una conclusión que podemos sacar es que tal vez va a ser imposible desarrollar una teoría coherente y unificada de la responsabilidad y la moral humana. Si la moral es múltiple, si es un racimo de módulos con entradas y salidas diferentes —la visión de Jonathan Haidt de varios pilares fundamentales para la moral, que responden cada uno a diferentes presiones evolutivas—, podría ser una utopía poder llegar a una visión unificada. Por supuesto, estamos todavía lejos de un consenso satisfactorio y definitivo para todos, y la investigación continúa.

Capítulo 3

Algunos conceptos básicos de la psicología moral y evolucionista

En este capítulo vamos a ver algunos conceptos básicos de psicología moral, como la psicología de las convicciones morales o la moralización. Vamos a entender mejor las razones por las que las creencias morales son especiales y tienen consecuencias sociales y políticas que no tienen otro tipo de creencias. Otro fenómeno muy importante es el proceso de la moralización, el proceso por el que algo que antes era neutro moralmente (como comer carne o fumar) pasa a ser incluido en la esfera moral. Pero también vamos a estudiar aspectos de nuestra psicología que no son directamente morales pero que interactúan y tienen una fuerte relación con nuestra mente moral. El estatus y la reputación tienen todo que ver con la moralidad y necesitamos saber qué lugar ocupan en nuestra mente primate para entender luego fenómenos como el «postureo» o exhibicionismo moral, los linchamientos y las cazas de brujas en las redes sociales. Una gran parte de nuestro repertorio moral lo interpretamos de cara a la galería, muchas de nuestras acciones sirven para señalar a los demás nuestra virtud. Gran parte de nuestras conductas morales son dirigidas a observadores y por ello es importante entender el concepto de altruismo recíproco.

Un concepto de la biología y la psicología evolucionista muy interesante es el denominado «estímulo supernormal» y nos va a ayudar a entender mejor el importante papel que están desempeñando las redes sociales en la explosión moral que estamos viviendo. Twitter supone para nuestros instintos morales lo que un dónut de chocolate, relleno de chocolate y con chocolate caliente por encima supone para nuestra apetencia por los dulces y las grasas. También vamos a reflexionar sobre el papel del mal y nuestra forma de entenderlo. La idea es convencer al lector de que el mito del mal puro, que existen personas buenas y malas, es errónea y que la realidad es que cualquiera de nosotros podemos ser buenos y malos según las circunstancias y nuestras convicciones morales.

La psicología de las convicciones morales

> La moralidad une y ciega. Nos une en equipos ideológicos que luchan entre sí como si el destino del mundo dependiera de que nuestro lado gane cada batalla. Nos ciega al hecho de que cada equipo está compuesto por buenas personas que tienen algo importante que decir.
>
> JONATHAN HAIDT

Este repaso a una serie de conceptos o ideas que es importante tener claras para entender la moralidad debe empezar por comprender lo que diferencia a las creencias morales de otro tipo de creencias. Las actitudes que se mantienen con una convicción moral se viven como «mandatos morales», como los denomina Linda Skitka, la autora a la que voy a seguir en este apartado, y psicológicamente son muy diferentes a otras actitudes y creencias, lo cual tiene importantes consecuencias en el ámbito político y social.[34] Una característica de los principales debates que dividen a la sociedad (aborto, matrimonios del mismo sexo, pena

34. Skitka, L. J., «The Psychology of Moral Conviction», *Social and Personality Psychology Compass*, vol. 4, n.º 4, 2010, pp. 267-281. Disponible en: <https://doi.org/10.1111/j.1751-9004.2010.00254.x>.

capital, eutanasia) es que por lo menos uno de los bandos (y casi siempre los dos) define su posición en términos morales, es decir, en términos de bueno o malo, bien y mal. Cada bando siente que es evidente y obvio que su postura es la moralmente buena, y que mantener la contraria no sólo es estar equivocado, sino ser inmoral y malvado moralmente. Los asuntos que se contemplan con una perspectiva moral quedan cerrados al compromiso o a los acuerdos y la gente se siente motivada a actuar y a luchar contra lo que consideran sin duda moralmente malo.

Existen importantes diferencias entre las actitudes que reflejan preferencias personales, convenciones normativas o imperativos morales. Las preferencias personales se dejan a la discreción de cada uno y no están reguladas socialmente. Por ejemplo, si una persona o familia prefiere veranear en la montaña o en la playa es una cuestión de gusto, otras opciones no se consideran buenas ni malas, simplemente diferentes. Las convenciones, por el contrario, son nociones que se comparten social y culturalmente acerca de la forma en que, por lo general, se hacen ciertas cosas. Las autoridades, las normas y las leyes a menudo sancionan esas convenciones. Aunque se espera que todas las personas que pertenecen al grupo entiendan y se adhieran a esas convenciones o normas, no se considera que las personas que no pertenecen al grupo tengan que adherirse a ellas. Por ejemplo, en Inglaterra hay que conducir por la izquierda, pero en otros lugares se debe hacer por la derecha. Sin embargo, los asuntos que se consideran imperativos morales sí se generalizan y se aplican con independencia de los límites de grupo: el bien es el bien y el mal es el mal, para todos. Por poner un ejemplo, la persona que considera que el aborto es malo moralmente no va a dejar que el que quiera aborte y el que no quiera no aborte. No es una cuestión de gustos o preferencias personales, es algo que se considera universal, como veremos. Y aquí empezamos a vislumbrar el problema que las creencias morales tienen para la democracia, la convivencia y la política al limitar la tolerancia a las opciones alternativas. Las creencias morales no sólo obligan al que las tiene, sino a los demás, y ahí apreciamos el conflicto que se genera con la libertad personal. Las creencias morales no determinan sólo la conducta del que las sostiene, sino la conducta de todos los demás.

Skitka y sus colaboradores llevan décadas analizando las características de las actitudes que reflejan convicciones morales (mandatos morales). Los mandatos morales se experimentan como universales y objetivos, son también más motivadores de acciones y están íntimamente ligados a las emociones. Vamos a ver estas características con un poco más de detalle a continuación.

Universalidad

Las personas piensan que sus normas morales personales deben aplicarse a todo el mundo. Si uno tiene la convicción moral de que la circuncisión femenina está mal moralmente, es probable que considere que está mal en todo el mundo y que no se debe hacer. Las personas experimentamos las actitudes que sostenemos con una convicción moral como absolutas, como normas universales verdaderas que otros deben compartir de manera que, como decía, proyectamos nuestras convicciones morales en los demás. Tal vez podemos llegar a comprender que hay diferencias de opinión en lo que consideramos imperativos morales, pero probablemente estamos convencidos de que, si pudiéramos explicar a esas personas que piensan diferente «los hechos» acerca de ese asunto en el que hay desacuerdo, verían la luz y aceptarían nuestro punto de vista.

Objetividad

De la misma manera, las personas experimentan sus creencias morales como algo observable, como propiedades objetivas de las situaciones o como hechos observables acerca del mundo. Si le preguntáramos a una persona que considera que la circuncisión femenina está mal y por qué está mal, probablemente se quedaría algo confundida y respondería: «Porque está mal». Que está mal es algo evidente, tan claro como que dos más dos son cuatro.

Autonomía

Las personas consideran que las convicciones morales representan algo diferente, o independiente, de las preocupaciones de cada uno por ser aceptado o respetado por las autoridades o los grupos. Las personas con convicciones morales piensan que los deberes y derechos se siguen de los propósitos morales que subyacen a las normas de grupo, los procedimientos y los dictados de las autoridades. Es decir, no es algo que hacemos porque lo dicen las autoridades o nos lo imponen desde fuera. No es que las creencias morales sean antigrupo o antiautoridad, y sirven de hecho para unir al grupo, pero la fuente de legitimidad no es la autoridad o el grupo y no depende de ellos. La gente se centra más en sus ideales, en lo que se debe o no se debe hacer, y esto está por encima incluso de las autoridades. Tanto es así que las personas piensan que los mandatos morales obligan incluso a Dios. En un estudio de Reinecke y Horne, se llevan a cabo dos experimentos y la conclusión es que la gente piensa que ni siquiera Dios puede convertir hechos morales que se consideran malos en moralmente buenos.[35] Curiosamente, la gente cree que Dios puede hacer cosas lógica y físicamente imposibles, pero no puede cambiar los hechos morales.

Emociones

La intensidad de las emociones que las personas experimentan en relación con las convicciones morales es mucho más fuerte que la intensidad de las emociones asociadas a cualquier otra convicción. La indignación que sentimos ante las transgresiones morales no tiene nada que ver con la que sentimos ante violaciones de preferencias o de convenciones. Puede que sintamos también malestar o ira ante la violación de convenciones normativas,

35. Reinecke, M. G., y Z. Horne, «Immutable Morality: Even God Could Not Change Some Moral Facts», 19 de septiembre de 2018. Disponible en: <https://doi.org/10.31234/osf.io/yqm48>.

pero la magnitud de la reacción afectiva es mucho menor. La satisfacción y el orgullo de cumplir con las normas morales es asimismo mucho mayor que la de cumplir con convenciones o normas que no son morales. Este componente emocional está relacionado con la capacidad de motivación que tienen las convicciones morales.

Motivación y justificación

Las convicciones morales mueven a la acción. Reconocer un hecho es por lo general independiente de cualquier fuerza motivacional. Si yo reconozco que las moléculas de agua están formadas por dos partes de hidrógeno y una de oxígeno, eso no supone ningún mandato para la acción. Pero si yo creo que el aborto (o interferir con la voluntad de una mujer de proseguir o no un embarazo) es algo que está mal moralmente, esto lleva incorporada una etiqueta del tipo «se debe» o «no se debe» hacer que motiva la conducta posterior. Y las convicciones morales proveen también una justificación para nuestras respuestas y acciones. Que algo está mal —que es malo moralmente, incluso monstruoso— es la justificación para nuestra posición y nuestra conducta. Así que las convicciones morales se experimentan como una combinación única de algo objetivo, verdadero, que impulsa a la acción y justifica nuestras acciones.

Intolerancia

Una implicación de las características tratadas hasta ahora es que la tolerancia de diferentes puntos de vista no tiene cabida cuando hablamos de convicciones morales: lo bueno es bueno y lo malo es malo, punto. La gente no quiere trabajar, ni vivir cerca, ni siquiera comprar en una tienda de alguien que sabe que no comparte sus convicciones morales. Las personas mantienen una distancia física mayor con aquellos que no comparten sus convicciones morales e incluso los discriminan si tienen la oportunidad. Las convicciones morales se asocian con la intolerancia.

Este punto es una derivación del de la autonomía, pero conviene remarcarlo por separado. Cuando las personas tienen una certeza moral, juzgan incluso a las autoridades según su concepto del bien y el mal, y deciden si el sistema está bien o si está roto y no funciona como debiera. Es decir, la gente se guía por sus principios morales, y si considera que las autoridades no los siguen, se pueden sentir liberados de su obligación de obedecerlas. Recordad que hemos comentado que ni Dios puede saltarse las normas morales, así que de ahí para abajo ninguna otra autoridad puede tener legitimidad si se salta los mandatos morales. Pero no se nos escapa la trascendencia de lo que estamos tratando: estamos hablando de la posibilidad de no cumplir leyes o normas promulgadas por esas autoridades con el riesgo de violencia y conflicto social que ello implica. Hay investigaciones que cita Skitka donde se observa que las personas rechazan a las autoridades y el gobierno de la ley cuando perciben que violan sus convicciones morales.

Sabemos que las personas son influenciables y tienden a mostrar conformidad con la opinión mayoritaria. Son famosos los experimentos de Asch[36] o de Cialdini[37] acerca del conformismo y de la influencia social, donde se observa que la gente se deja llevar por la opinión de la mayoría. Pero cuando las personas tienen fuertes convicciones morales, no se dejan influir por los que discrepan de ellas y, como hemos visto, se distancian, se resisten a esas otras visiones y hasta se oponen. La gente mantiene sus puntos de vista y sus convicciones morales a pesar de las presiones para ceder y seguir a la mayoría, y lo hace, como decimos, a pesar de que la presión provenga de las autoridades y las leyes.

36. Asch, S. E., «Studies of Independence and Conformity: I. A. Minority of One Against a Unanimous Majority», *Psychological Monographs: General and Applied*, vol. 70, n.º 9, pp. 1-70. Disponible en: <https://doi.org/10.1037/h0093718>.

37. Cialdini, R. B., y N. J. Goldstein, «Social Influence: Compliance and Conformity», *Annual Review of Psychology*, n.º 55, 2004, pp. 591-621, DOI: 10.1146/annurev.psych.55.090902.142015>.

Barrera para la resolución de conflictos

Si las personas no ceden ni ante las autoridades o la ley cuando tienen fuertes convicciones morales, una consecuencia es que es muy poco probable que estén dispuestas a aceptar compromisos o acuerdos o a ceder en ningún tipo de negociación que implique asuntos morales. Tanto en el laboratorio como en los conflictos que ocurren en la vida real, buscar procedimientos o soluciones para conflictos que implican convicciones morales es difícil, doloroso, complejo o directamente imposible.

Activismo político. Violencia

Diversos estudios han corroborado que si las personas tienen convicciones morales es más probable que voten y participen y se impliquen activamente en la vida política, en buena medida porque viven como una obligación hacer algo con respecto al problema moral que perciben. Es más probable que la gente participe en manifestaciones, boicots a productos o que incluso sacrifique sus propios intereses para cumplir con lo que ordenan sus mandatos morales. Las convicciones morales motivan a las personas a votar o a implicarse en actividades políticas incluso cuando estas conductas pueden ser costosas para ellas. Parece que aportan a la gente el coraje y la motivación necesarios para implicarse en la creación de un mundo mejor. Por otro lado, las convicciones morales no admiten ser votadas y resueltas por mayoría, lo que entra en conflicto con las reglas del juego democrático. Por ello es letal para la convivencia moralizar las opiniones políticas.

Moralidad frente a justicia. El fin justifica los medios

Cuando las personas tienen fuertes convicciones morales ponen los fines por encima de los medios para conseguirlos —su foco principal son los fines— y están dispuestas a aceptar cualquier medio que conduzca al resultado deseado, incluidas la mentira y la violencia. El fin justifica los medios. Lo importante es que las autoridades tomen la decisión «buena» y eso es más importante que el camino por el que se llega a esa decisión. La moralidad es imperativa, la justicia es normativa y negociable. Por tanto, cuando la justicia y la moralidad entran en conflicto, no hay ninguna duda: las personas perciben las convicciones morales como universales psicológicos y verdades objetivas. La moralidad bate a la justicia. Por ejemplo, si una persona cree que un acusado es culpable y merece el castigo, está más dispuesta a saltarse las garantías procesales y los procedimientos que garanticen un juicio justo y la presunción de inocencia.

Violencia moralista

Un corolario o consecuencia que se deduce de todo lo anterior es que las personas tienen mayores probabilidades de saltarse los frenos existentes en la sociedad contra la violencia (limitaciones establecidas por las leyes y las autoridades) cuando se mueven por convicciones morales. Hemos visto asesinatos de médicos que realizaban abortos, atentados terroristas y limpiezas étnicas que tenían algo en común: la gente que hizo todas esas barbaridades estaba motivada por convicciones morales. De esta violencia moralista hablaremos en su momento.

Si repasamos todos estos aspectos comentados, se nos hace evidente el lado oscuro de las convicciones morales y de nuestra mente moral. La historia está repleta de atrocidades que fueron justificadas invocando los principios morales más elevados y perpetradas sobre personas que estaban igualmente convencidas de su superioridad moral. La justicia, el bien común, la ética universal y Dios han sido utilizados para justificar todo tipo de opresión, asesinato y genocidio. Dado que las convicciones morales se asocian a considerar que el fin justifica los medios y a apoyar la violencia, es una prioridad de la ciencia investigar cómo promueven formas constructivas, pero también destructivas, de acción política.

La reciprocidad indirecta

> La sensación más agradable del mundo es hacer una buena acción de forma anónima y que alguien se entere.
>
> OSCAR WILDE

La evolución del altruismo ha sido siempre un rompecabezas desde el punto de vista evolucionista. Hay diversas teorías para explicar su aparición, como la selección de parentesco de W. D. Hamilton, el altruismo recíproco de Robert Trivers, la selección de grupo de David Sloan Wilson y Elliott Sober y otras. No vamos a entrar en ello, pero se suele pasar por alto a otro autor, Richard Alexander, y su concepto de reciprocidad indirecta que sí nos interesa más claramente para nuestros objetivos de entender los fenómenos morales en nuestra sociedad actual. En su libro de 1987 *The Biology of Moral Systems*, el concepto de reciprocidad indirecta desempeña un papel estelar.[38] Alexander afirma que los sistemas morales son sistemas de reciprocidad indirecta y que los sistemas de reciprocidad indirecta se convierten automáticamente en sistemas morales (hay que decir que Alexander se refiere con sistemas morales a guías para la acción o estándares de conducta y no a moralidad en un sentido más amplio).

Reciprocidad indirecta es aquella en la que la recompensa, pago o devolución por un favor que ha sido realizado a otro individuo no le llegará al sujeto que ha llevado a cabo el acto de ayuda de parte del beneficiario de ella, sino de una tercera persona o de la sociedad en su conjunto. Es decir, A ayuda a B, pero no es B el que devuelve el favor, sino C, que ha observado cómo A ha ayudado a B. La reciprocidad directa (el altruismo recíproco de Trivers) se basa en el principio «yo te rasco la espalda y tú me la rascas a mí»; la reciprocidad indirecta es más bien: «yo te rasco la espalda y tú se la rascas a otro», o «yo te rasco la espalda y otro me la rascará a mí». Como casi todo en la evolución, este concep-

38. Alexander, R. D., *The Biology of Moral Systems*, Aldine de Gruyter, 1987.

to ya fue intuido por Darwin en *El origen del hombre* cuando dice: «Los motivos del hombre para ayudar no consisten sólo en un impulso instintivo ciego, sino que se ve muy influido por la alabanza o culpa de sus semejantes».

La reciprocidad indirecta es un sistema más sofisticado porque se basa en dos aspectos muy importantes: la reputación —de la que vamos a hablar en el siguiente apartado— y la transmisión de información social, ambos relacionados. En un grupo es importante saber con quién puedes cooperar y quién te puede engañar y no devolverte los favores. Y todos van a querer elegir como compañero a los que tienen buena reputación, a los que sabemos que han sido buenos cooperadores en el pasado, y van a evitar interacciones futuras con los explotadores. Los que nunca ayudan no recibirán ayuda. Esto da lugar a una situación en la que todos los miembros del grupo están monitorizando («escrutinio moral», dice Alexander) constantemente y valorando las interacciones que tienen los demás y transmitiendo esa información fundamental para tomar decisiones en el futuro por medio del cotilleo. Un sujeto puede conocer sus propias interacciones con los demás y recordar quién se ha portado bien con él y quién no, pero no puede observar todas las interacciones que tienen lugar entre los otros miembros del grupo. Por eso el cotilleo es esencial. Y conviene recordar que según Dunbar la fuerte necesidad de intercambiar información acerca de los demás (de cotillear) es la mayor presión selectiva para la aparición del lenguaje. Como dice David Haigh de forma muy acertada: «Para la reciprocidad directa necesitas una cara, para la reciprocidad indirecta necesitas un nombre». Martin Nowak llega a decir que la selección natural ha favorecido las estrategias que prestan atención a la reputación de los demás, y esto ha promovido la inteligencia social y el desarrollo del cerebro humano: observar a los otros, aprender de ellos, entender quién hace qué a quién y por qué.[39] Reputación, cotilleo y lenguaje están íntimamente relacionados. Y también existiría un vínculo entre este mecanismo de cooperación que es la reciprocidad indirecta y la

39. Nowak, M., *Supercooperators*, Canongate Books, 2012. Versión castellana de Francesc Reyes, *Supercooperadores*, Ediciones B, 2012.

empatía o la llamada «teoría de la mente»: la capacidad de entender los deseos, motivaciones e intenciones de los demás. Para valorar la acción de ayuda de una persona necesitamos entender lo que ocurre en su mente y de alguna manera ponernos en su lugar, tanto desde una perspectiva intelectual como emocional. Por ejemplo, en el caso del buen samaritano: «Iba a casa de su madre a ayudarla porque está enferma y sin embargo se paró a ayudar a un hombre que había sufrido un accidente».

Hay que decir que Alexander se suma con estas ideas a una visión del ser humano como fundamentalmente egoísta, es decir, actos que en apariencia son altruistas no lo son tanto porque llevan implícita una ventaja para el actor, aunque se materializará más adelante. Son actos egoístas en última instancia. Un gran número de experimentos económicos han mostrado que los humanos son muy propensos a implicarse en la reciprocidad indirecta, y se ha visto que los que ayudan a otros son ayudados por terceras personas. Y también se ha visto que, si uno sabe que se va a informar a los demás de cómo se comporta y que su actuación va a ser conocida, entonces es mucho más altruista. En este contexto, la ayuda no es un acto altruista, sino una inversión en el capital social que es la reputación.

El caso es que este sistema va catalogando a los individuos en «malos» y «buenos», y un aspecto interesante es que el que no ayuda es considerado malo salvo que la persona a la que no ayuda esté ya etiquetada como mala. Si alguien está catalogado ya de malo, y todo el grupo lo sabe, entonces no ayudar a esa persona concreta no será considerado como un mal acto. Pero esto requiere que esa información sea conocida por todos, es decir, que ese sujeto tenga una mala reputación en el grupo. También señala Alexander un matiz importante de la psicología moral humana, a saber, que los seres humanos tienden a decidir que la persona es buena o no según los actos, y que no tendemos a pensar que alguien puede ser bueno en una situación y malo en otra. Es decir, atribuimos con más facilidad la virtud a la persona y consideramos que la virtud es un atributo de la persona, más que pensar que la virtud es un atributo de los actos o de las decisiones (ya se sabe: si matas un perro, mataperros).

Otro aspecto es que las interacciones negativas también pueden ser recíprocas: la represalia es también una forma de reciprocidad. La gente tiene una gran propensión a castigar a los engañadores o explotadores. Muchas personas están dispuestas a correr con costes personales para castigar a los que quebrantan las normas incluso cuando a ellos no les afecta directamente lo que ha hecho esa persona, sino que sólo lo han observado. Así que la reciprocidad indirecta implica tanto ayudar a alguien que hemos visto que ayuda como castigar a alguien que hemos visto que engaña.

Hasta ahora hemos hablado de reciprocidad y recompensas entre individuos. Pero decíamos al principio que en muchas ocasiones los que devuelven los favores son grupos de individuos o instituciones. De hecho, la mayor parte de los castigos son aplicados por instituciones. Las instituciones son herramientas que permiten a las comunidades proveer incentivos positivos y negativos.

Otro concepto en el que entra Alexander es el de la selección de grupo. Comenta que el beneficio de los actos de reciprocidad puede ser únicamente el éxito del grupo. Alexander ve la moralidad como cooperación dentro del grupo en el contexto de competición con otros grupos. La letal competición entre familias, bandas y tribus sería la principal fuerza selectiva que habría modelado la evolución humana. En este contexto, los individuos tienen que equilibrar su bienestar dentro del grupo con el bienestar del grupo porque si desaparece el grupo desaparecen los individuos de ese grupo. Es sabido que Darwin tiene un famoso párrafo sobre la selección de grupo: «No hay duda de que una tribu que incluya muchos miembros que estén dispuestos a ayudar al otro y a sacrificarse por el bien común saldría victoriosa sobre el resto de las tribus; y eso sería selección natural». También dice Darwin: «El que esté dispuesto a sacrificar su vida no dejará descendencia que herede su noble naturaleza. Por tanto, parece poco probable (teniendo en cuenta que no hablamos aquí de una tribu que resulta victoriosa sobre otras) que el número de hombres dotados con esas virtudes pudiera aumentar por selección natural». Si nos fijamos en el paréntesis, vemos que Darwin sí cree que la competición entre grupos podría explicar la aparición de conductas altruistas. De hecho, los mejores ejemplos de altruismo ocurren en la guerra y es sabido que los mayores actos de solidaridad ocurren cuando una sociedad se ve amenazada desde el exterior. Sin embargo, hay que destacar que el modelo de reciprocidad indirecta funciona en poblaciones que están en competición con otros grupos.

Hemos comentado algunos aspectos del concepto de reciprocidad indirecta de Alexander, al que los economistas están prestando una atención cada vez mayor, precisamente por el auge de internet. Hoy en día son cada vez mayores las interacciones puntuales entre desconocidos (compras, comercio electrónico, etc.) y curiosamente se basan también en mecanismos de reputación (se puntúa habitualmente a los vendedores o agentes que interactúan en estas webs) de una forma similar a la que se utilizaba con el boca a boca y el cotilleo en las sociedades de cazadores-recolectores. Y de la necesidad humana de señalar lo buenos que somos y de castigar a los que realizan alguna mala acción ya ni hablamos. Para escrutinio moral el de Twitter, donde sólo hay que ver los linchamientos que ocurren continuamente. Además, estamos asistiendo a una novedad, que es la implicación de una institución que anteriormente no se consideraba parte de la administración de la justicia: las empresas. Se ha puesto de moda que las empresas despidan a los empleados que dicen alguna inconveniencia en las redes sociales, y la justificación parece ser precisamente que la actuación de sus empleados no manche la reputación de la empresa.

Estatus. Reputación y jerarquía. Prestigio y dominancia

> El golpe del látigo te hace marcas en la carne, pero el golpe de la lengua rompe los huesos.
>
> Jesús ben Sirá

> Aparte de los beneficios económicos, el estatus social parece ser el incentivo y la fuerza motivadora más importante del comportamiento social.
>
> John Harsanyi

Es imposible exagerar la importancia del estatus y la reputación si hablamos de moralidad. Los humanos somos seres ultrasociales obsesionados con el estatus, con nuestra aceptación e integración en el grupo, con nuestro lugar en la jerarquía. El estatus es una necesidad como lo es el agua o la comida porque en función del estatus vamos a tener mayor o menor acceso a los recursos (comida, parejas) y por eso anhelamos subir en la jerarquía. La jerarquía es ubicua en todos los grupos humanos y surge también espontáneamente. A lo largo de la historia, un número pequeño de personas en su cima ha disfrutado de los beneficios que conlleva un alto rango social (más recursos, autonomía, salud, felicidad y bienestar) mientras un gran número de gente se ha visto privada de esos beneficios. La jerarquía es algo que existe en otras especies y tiene una ventaja clara: evita las peleas continuas por los recursos y supone un ahorro de tiempo y de esfuerzo tanto para el individuo superior como para el inferior. Por ejemplo, cuando se reúne un grupo de gallinas, al principio pelean continuamente por la comida, pero no tarda en establecerse un «orden de picoteo». Es ventajoso saber con anterioridad cuál va a ser el resultado de una pelea y evitar así tener que llevarla a cabo.

En los humanos se admite que hay dos estrategias diferentes para navegar las jerarquías sociales y ascender en ellas: la dominancia y el prestigio. Aunque las dos estrategias buscan conseguir un mayor rango social, hay claras diferencias entre ellas. La dominancia y el prestigio reflejan distintos patrones de conducta cuyo fin es ayudar a las personas a ascender de rango social, definido como una elevada capacidad de influencia social. La dominancia es filogenéticamente una estrategia más antigua que compartimos con otras muchas especies. La mayoría de las jerarquías animales se regulan por la dominancia, de manera que los individuos alcanzan rango social en función de su tamaño, fuerza y capacidad para intimidar. Los más grandes y fuertes utilizan la conducta agonística, competitiva, para ascender de rango, mientras los débiles y menos asertivos se quedan en los escalones inferiores. Entre los chimpancés, por ejemplo, hay una marcada jerarquía y el macho alfa domina a sus subordinados por el miedo, la intimidación y la agresión directa. La dominancia a veces implica crear coaliciones para vencer al individuo en el poder, pero estas coaliciones son cambiantes según las circunstancias y los intereses. En la dominancia el rango social no lo conceden los demás libremente, sino que se toma y se mantiene por el uso de la fuerza y la coerción.

En el caso del prestigio, por el contrario, el rango social es otorgado libremente. El prestigio implica mostrar cualidades y conocimiento que el grupo valora, lo que lleva a ser admirado y respetado y, en última instancia, a un alto rango social. Comparado con la dominancia, el prestigio es más maleable porque las cualidades y conocimientos que los demás valoran varían entre grupos y culturas. Por ejemplo, la inteligencia puede conferir prestigio en el mundo de la universidad, mientras que la fuerza o habilidad física puede darnos también prestigio en el mundo del deporte. Los individuos que optan por la vía del prestigio suelen ser más amables y se preocupan más por el bienestar del grupo y de sus miembros. El prestigio es una estrategia filogenéticamente más reciente y, aunque se puede discutir si existe en los animales, podemos afirmar que es propiamente humana porque aparece tras la llegada de la cultura.

Aunque las dos estrategias sirven para conseguir rango social, la propensión a utilizar una u otra varía entre los individuos y también es posible usar las dos según las circunstancias. Pero hay datos de que las dos estrategias se caracterizan por diferentes rasgos de personalidad. Las personas que usan la dominancia son relativamente agresivas, desagradables, manipuladoras y puntúan alto en la tríada oscura (maquiavelismo, narcisismo y psicopatía).[40] Los que utilizan el prestigio puntúan más alto en autoestima, agradabilidad, necesidad de afiliación, monitorización social, responsabilidad y miedo a una evaluación social negativa. La dominancia y el prestigio también se corresponden con diferentes tipos de emociones. La dominancia se asocia con sentimientos de arrogancia, superioridad y vanidad, mientras que el

40. González, F. R., «La tríada oscura de la personalidad: maquiavelismo, narcisismo y psicopatía. Una mirada evolutiva», *Revista Criminalidad*, vol. 57, n.º 2, 2015, pp. 253-265.

prestigio se asocia a sentimientos de orgullo por lo conseguido, pero sin sentido de superioridad o arrogancia. Otra emoción que las distingue es la humildad: el prestigio se asocia con la humildad. Por todo ello, no sorprende que la gente con prestigio sea más querida que la gente dominante.

En cuanto a los correlatos fisiológicos de la dominancia y el prestigio los datos son muy limitados. Algunos hallazgos ligan la dominancia a la testosterona, aunque no siempre se ha encontrado relación entre ambas. Lo que también parece encontrarse es una relación negativa entre testosterona y prestigio, lo que es consistente con la hipótesis de que el prestigio se asocia a restar importancia a la agresividad y la competitividad. Se ha hablado de que la testosterona está ligada al uso de dominancia, pero no al lugar en la jerarquía, y de que ciertos rasgos faciales —como una cara más ancha—, bajar el tono de voz y las poses expansivas se asocian a la dominancia, pero la verdad es que la literatura sobre los aspectos fisiológicos de la dominancia y el prestigio es muy pobre.

Las personas dominantes tienden a ser calculadoras y a ver a los demás como aliados o como enemigos, como gente que los va a ayudar o estorbar para conseguir sus fines. Tienen sed de poder porque eso les da el control de los recursos y así pueden coaccionar a otros con castigos o recompensas. Cuando se les pone en posición de liderazgo, buscan asegurar su poder, aunque ello signifique sacrificar el bienestar del grupo. Por ejemplo, si les sirve para proteger su poder no compartirán información con otros miembros del grupo y se la guardarán para ellos mismos. Estos líderes dominantes ven a los individuos con talento como potenciales amenazas y los degradarán o los controlarán. También tienden a aislar a sus subordinados y a impedir los vínculos entre ellos porque las alianzas entre subordinados son vistas como potenciales amenazas. Los líderes con prestigio no muestran estas conductas que dañan al grupo, sino que, al contrario, tienden a priorizar el bien del grupo y aumentan las relaciones entre los subordinados. También mantienen buenas relaciones con los demás porque esas relaciones son la base de su respeto y admiración.

La conducta negativa y antisocial de los líderes dominantes es moderada por dos tipos de situaciones. Cuando se les garantiza la seguridad del poder, entonces sí tienden a priorizar el bienestar del grupo. Y también disminuye esta conducta negativa cuando hay competición con otros grupos. Cuando su grupo compite con otro grupo externo, incluso los líderes dominantes prefieren el éxito del grupo que su propio poder personal. De hecho, en tiempos de conflicto con otros grupos la gente prefiere líderes dominantes porque se los ve como apropiados para resolver esos conflictos competitivos. A lo largo de la historia, la competición con otros grupos ha implicado la lucha física y la necesidad de agresividad y dominancia, y en estas situaciones el prestigio se ve incluso como algo negativo; ser altruista en este contexto podría minar los intereses del grupo.

Es interesante la relación entre el estatus y la atención que un individuo recibe, tema que ha desarrollado Paul Gilbert, que ha propuesto una teoría según la cual los individuos buscan mantener la atención social.[41] Los individuos a los que se otorga atención social suben en estatus, mientras que los que son ignorados descienden en la escala social. Por ello, buscamos mantener la atención social y esto es más evidente ahora que nunca con las redes sociales como veremos más adelante en el libro. Un aspecto interesante de esta teoría es la relación entre el estatus y las emociones. Existen datos que sugieren que un aumento del estatus conlleva una elevación del ánimo y un incremento de las conductas de ayuda a los demás. Por el contrario, un descenso en la escala social implica la aparición de otro tipo de emociones, como la vergüenza, la rabia, la envidia, la depresión y la ansiedad social. Esta última parece mayor cuanto mayores son las potenciales consecuencias para el estatus: no es lo mismo hablar delante de estudiantes que en una conferencia internacional de expertos. Por tanto, la ansiedad social serviría para que el individuo se esfuerce y evite una pérdida de estatus.

La vergüenza es una emoción relacionada, y aparece cuando a una persona se le hace de menos o desprecia públicamente y ello

41. Gilbert, P.; J. Price, y S. Allan, «Social Comparison, Social Attractiveness and Evolution: How Might They Be Related?», *New Ideas in Psychology*, vol. 13, n.º 2, 1995, pp. 149-165.

afecta a su autoestima. El sujeto avergonzado se percibe como pequeño, inferior e incompetente. La función de la emoción de la vergüenza sería evitar el desprecio presente o futuro. La rabia es otra reacción a la pérdida de estatus y sirve para motivar al individuo a buscar venganza contra la persona que causó su pérdida de estatus cuando las circunstancias sean favorables. La envidia aparece cuando otros poseen aquello de lo que uno carece y puede tener un lado positivo al motivarnos para conseguir lo que deseamos. Sin embargo, tiene también un lado negativo, pues puede llevarnos a destruir lo que otros tienen o a despreciar lo que otros han conseguido. También tenemos la emoción designada con la palabra alemana *Schadenfreude*: la alegría por el fracaso ajeno. La depresión es otra de las reacciones emocionales ante la pérdida de estatus, aunque también puede aparecer por otros tipos de pérdidas, como la de vínculos afectivos. La depresión por pérdida de estatus puede sobrevenir al perder el trabajo, por lesiones que afecten a la apariencia física o den lugar a discapacidad o cuando se produce un fracaso social o económico claro.

El estatus en el ámbito moral se expresa por medio de la reputación y la pérdida de la reputación, la respetabilidad o prestigio; es otro tipo de pérdida de estatus y puede deberse a acusaciones de haber cometido algo inmoral o ilegal. Esta pérdida de la reputación es algo muy grave que puede llevar al suicidio o el homicidio. Muchas personas se quitan la vida en relación con este tipo de acusaciones y esto es algo que hemos visto con relativa frecuencia tras linchamientos en las redes sociales en los últimos tiempos. El rechazo y la condena social tienen un terrible impacto psicológico en el ser humano; la condena al ostracismo es una especie de muerte social y la ruptura del sentido de conexión y pertenencia es uno de los factores de riesgo ampliamente aceptados para el suicidio, por ejemplo, en la teoría interpersonal del suicidio de Thomas Joiner. La vergüenza y la humillación pública y la pérdida del honor pueden disparar la autodestrucción. Tenemos que tener en cuenta que la adquisición de una buena reputación activa los mismos circuitos de recompensa que las gratificaciones monetarias. Según un estudio, la adquisición de una buena reputación activa fuertemente las áreas cerebrales relacionadas con la recompensa, sobre todo el estriado, y éstas se solapan con las áreas activadas por las gratificaciones monetarias.[42] La evolución suele marcar con recompensas positivas las conductas que son más esenciales, y la reputación en una especie social como la nuestra desde luego que lo es.

Pero el estatus y la reputación también se relacionan con el homicidio. Martin Daly y Margo Wilson señalan en su estudio del homicidio que la mayoría de los asesinatos entre hombres jóvenes se producen por altercados triviales, un leve insulto o un empujón, que da lugar a una escalada agresiva y a la muerte. Citan a un detective de Dallas que afirma:

> Los asesinatos son el resultado de pequeñas discusiones sobre nada en particular. Los ánimos se excitan. Comienza una pelea y alguien es apuñalado o disparado. He trabajado en casos en los que los protagonistas habían discutido por un disco de diez centavos de una máquina o por una deuda de un dólar en un juego de dados.[43]

Resulta difícil de entender, y en una primera lectura nos parece desproporcionado que alguien pueda morir por un dólar. Pero si entendemos que no están peleando por un dólar, sino por su estatus y su reputación, nos damos cuenta de que la pelea no es tan absurda como parece. Cuando dos hombres discuten suelen estar presentes conocidos o amigos y lo que se están jugando es su reputación. Quedar mal delante de su novia o de sus amigos puede tener graves consecuencias en el ámbito social, por lo que no es tan fácil echarse atrás.

Bien, creo que queda recogido el lugar central que ocupa el apetito y el interés por el estatus y la reputación en nuestra psicología primate. Para entender los fenómenos morales de nuestro tiempo tenemos que destacar la llegada en las últimas décadas de

42. Izuma, K.; D. N. Saito, y N. Sadato, «Processing of Social and Monetary Rewards in the Human Striatum», *Neuron*, vol. 58, n.º 2, abril de 2008, DOI: 10.1016/j.neuron.2008.03.020.

43. Daly, M., y M. Wilson, *Homicide: Foundations of Human Behavior*, Routledge, 1989.

las redes sociales. Como se suele decir coloquialmente, se han juntado el hambre y las ganas de comer. Vamos a ver lo que son los estímulos supernormales para entender la forma en que tocan una tecla de la naturaleza humana.

Estímulos supernormales

El concepto de estímulo supernormal es una de esas ideas que es interesante conocer porque nos ayuda a entender algunos aspectos de nuestro comportamiento.[44] Los primeros estudios de los estímulos supernormales, así como el propio nombre en sí, se lo debemos al etólogo y premio Nobel de Medicina Niko Tinbergen (por cierto, perteneciente a una de las pocas familias con más de un Premio Nobel en sus filas, ya que su hermano Jan Tinbergen fue ganador del primer Premio Nobel de Economía en 1969, con Ragnar Frisch; la otra es la familia Curie, con tres premios Nobel).

Tinbergen realizó experimentos de muchos tipos con diferentes animales, por ejemplo, con peces espinosos. El macho tiene un vientre de color rojo y defiende su territorio, donde construye un nido en el centro, y si otros machos entran en él los ataca, mientras que a las hembras las guía al nido para que pongan sus huevos. Tinbergen y sus alumnos construyeron peces falsos de madera pintada y fueron variando los modelos hasta descubrir que es el color rojo de la parte inferior del cuerpo lo que constituía la señal para que el pez ataque. Sin embargo, el color no era lo determinante para detectar a las hembras. Los machos escoltaban a hembras falsas de madera al nido si tenían la tripa redonda, una característica de las hembras cuando van cargadas de huevos. Pero lo más interesante de los descubrimientos de Tinbergen es que los peces falsos podían sobrepasar el poder de los estímulos naturales: los machos ignoraban a otros machos reales para atacar a peces falsos de madera que tenían un vientre pintado de un color rojo más brillante y llamativo que el natural; o

44. Barret, D., *Supernormal Stimuli: How Primal Urges Overran their Evolutionary Purpose*, W. W. Norton & Company, 2010.

escoltaban a una hembra falsa de madera con una tripa más abombada de lo normal en lugar de a una hembra real.

También realizaron experimentos con huevos de gansos y pájaros. Por ejemplo, pintaron huevos falsos de un color azul mucho más llamativo que los huevos reales de la especie, y los pájaros dejaban de lado sus propios huevos y querían incubar los falsos. Algunos eran tan exageradamente grandes que el pájaro resbalaba por él y se caía, pero continuamente volvía a intentar subirse encima. Tinbergen llamó a este fenómeno «estímulo supernormal» y publicó algunos trabajos explicando el concepto de que los instintos estaban codificados para responder a ciertos estímulos, o rasgos, y que la amplificación de estos rasgos podía engañar al animal. Por tanto, un estímulo supernormal es una versión exagerada de un estímulo al cual hay una tendencia a responder, o, dicho de otro modo, cualquier estímulo que desata una respuesta más fuerte que el estímulo para el cual evolucionó esa respuesta. Es interesante señalar que unas especies se sirven de este truco para atacar a otras. Por ejemplo, el cuco pone unos huevos que a los padres adoptivos les resultan más llamativos y atractivos de incubar que los suyos propios; y las bocas de las crías de cuco, cuando nacen, tienen también un color más llamativo, lo que hace que los padres adoptivos las alimenten con preferencia sobre sus propios hijos.

El caso es que, en la civilización moderna en la que vivimos, los humanos estamos expuestos a cantidad de estímulos supernormales sin que seamos conscientes de ello. Yo voy a mencionar algunos, pero dejo a la imaginación del lector buscar muchos más.

Alimentos artificiales: un bollo de chocolate relleno de chocolate y con chocolate caliente por encima es un estímulo supernormal. La Coca-Cola, la comida basura... Todos estos productos se aprovechan de una característica humana, que es la apetencia por los dulces, desarrollada tras millones de años de evolución. Los alimentos dulces, como las frutas, indicaban un alto valor calórico y, por tanto, hemos desarrollado una preferencia por ellas. La industria alimentaria diseña productos apoyándose en este instinto, como las bebidas dulces hipercalóricas, que gustan más a los niños y adultos que el agua.

Pornografía. El varón humano está diseñado para responder

a los estímulos procedentes de una hembra humana real, pero no para excitarse ante píxeles en una pantalla, o manchas de tinta en una revista pornográfica. Sin embargo, como el macho humano está diseñado para responder ante claves visuales principalmente, es fácil engañarlo con imágenes de una película o una revista.

Los implantes mamarios de silicona son un estímulo supernormal.

La novela romántica es un estímulo supernormal. April Gorry realizó un estudio en 1999 de cuarenta y cinco novelas románticas superventas en las que observó lo siguiente:

- El punto de vista es el de la heroína, y el argumento, tratar de conseguir al hombre adecuado.
- El héroe era siempre más viejo que la heroína (de media siete años, en la vida real los hombres suelen ser tres años mayores de media que sus parejas).
- Los héroes son altos (1,80 m o más).
- Adjetivos para describir al héroe: musculado, fuerte, grande, bronceado, guapo, masculino, activo, lleno de energía...
- Rasgos de personalidad del héroe: audaz, tranquilo, seguro de sí mismo, inteligente...
- Respuesta del héroe: declararle su amor, quererla más que a ninguna otra mujer de su vida, desearla sexualmente, considerarla única y desear protegerla.

Si contrastamos todas estas observaciones con lo que dicen los estudios de la psicología amorosa femenina —por ejemplo, los trabajos de David Buss—, vemos que coinciden punto por punto con todo lo que buscan las mujeres en un hombre. Nos encontramos de nuevo ante la explotación de un instinto, de una tecla, en este caso de la naturaleza femenina.[45]

Los programas de cotilleo son un estímulo supernormal. El ser humano es un animal social, y para su supervivencia el mundo

45. Las estadísticas de Gorry se citan en Salmon, C. y D. Symons, *Warrior Lovers: Erotic Fiction, Evolution and Female Sexuality*, Weidenfeld & Nicolson, 2001, p. 69.

social es mucho más importante que el físico. Saber quién es aliado de quién, quién se acuesta con quién, quién odia a quién y de quién te puedes fiar y de quién no es fundamental. Aquellos que tenían una buena información social la podían utilizar en su propio beneficio (para buscar aliados, parejas, para vencer a enemigos) y el que navegaba mejor el mundo social dejaría más copias de sus genes. Como las relaciones sociales son complejas y variadas, es imposible estar presente cuando ocurren y absorber la información directamente. Por eso la gente se muestra ansiosa por obtener esa información social indirectamente. El cotilleo es universal y podemos considerar esa avidez por la información social un instinto. Lo que están haciendo las televisiones con programas como los que tenemos por la tarde en todas las cadenas, o con *Gran Hermano*, es lo mismo que les hacía Tinbergen a los peces espinosos al ponerles llamativos peces de madera de colores para que entraran al trapo: tenemos una avidez por conocer la vida de la gente, y entonces las cadenas de televisión nos ponen a unas personas que viven en un entorno cerrado, y encima una cámara en medio de la vida de esa gente... ¡irresistible!, un éxito absoluto.

Y llegamos a las redes sociales, un estímulo supernormal para nuestra mente moral y nuestra apetencia e interés por el estatus. Las redes sociales pueden resultar adictivas, y esto no es ninguna casualidad. En una entrevista de 2017, Sean Parker, el primer presidente de Facebook, cuenta lo siguiente:

> El proceso mental para construir estas aplicaciones, de la que Facebook fue la primera [...] consistía en: «¿Cómo consumes la mayor cantidad posible de tu tiempo y tu atención consciente?». [...] Y eso significa que necesitamos darte como un pequeño chute de dopamina de vez en cuando, porque a alguien le gustó o comentó una foto, o un mensaje o lo que sea. Y eso va a conseguir que aportes más contenido, y eso va a conseguir que tengas [...] más «me gusta» y más comentarios. [...] [E]s un bucle de retroalimentación de validación social [...], exactamente el tipo de cosa que inventaría un *hacker* como yo, porque estás explotando una vulnerabilidad de la psicología humana.[46]

46. Allen, M., «Sean Parker Unloads on Facebook: 'God Only Knows

Parker o Zuckerberg no sabían probablemente nada de biología ni de psicología evolucionista, pero, intuitivamente, estaban haciendo con las personas lo mismo que Tinbergen y sus alumnos hacían con los peces y los pájaros. Y Parker es consciente de que está aprovechándose de una vulnerabilidad de la psicología humana como se aprovecha de la vulnerabilidad de los sistemas informáticos que conocen tan bien. No es ninguna casualidad que los programas más vistos en televisión sean los de cotilleo y los de deportes, porque tocan teclas de la naturaleza humana que los programas de ajedrez o los documentales no tocan. Nada puede tener el éxito que tiene la pornografía, el cotilleo, los móviles, la novela romántica o el fútbol, que mueven todos ellos miles de millones de euros, si no se dirige a un instinto previo del ser humano. Y las redes sociales explotan nuestra psicología moral y nuestro interés por el estatus como los dónuts o las bebidas azucaradas explotan nuestro apetito por los dulces. Nunca antes había sido posible medir y cuantificar el estatus de una manera tan precisa con el número de seguidores, el número de «me gusta» o el número de retuits. Nunca antes se había podido monitorizar en tiempo real la evolución de tu lugar en el grupo y nunca antes el grupo había sido el mundo en lugar de tus amigos del barrio o la gente de tu pueblo. Es difícil subestimar el papel de las redes sociales en los fenómenos morales de los que hablaremos más adelante.

El proceso de moralización

En cualquier cultura, en un momento determinado, existe un consenso acerca de las actividades que caen dentro del dominio de la moral y las que caen fuera. Pero esta dicotomía no es estable o inamovible, sino que el estado moral de una actividad fluye

---

What It's Doing to Our Children's Brains'», *Axios*, 9 de noviembre de 2017. Disponible en: <https://www.axios.com/sean-parker-unloads-on-facebook-god-only-knows-what-its-doing-to-our-childrens-brains-1513306792-f855e7b4-4e99-4d60-8d51-2775559c2671.html>.

y cambia con el tiempo. La moralización es el proceso por el que una actividad que previamente se consideraba fuera del campo moral entra dentro de él. Es un proceso muy común tanto en la evolución cultural como en la evolución individual, pero también es verdad que no se le ha hecho demasiado caso. Es un fenómeno muy importante en el campo de la salud, desde luego, y que ocurre continuamente incluso en esta sociedad laica en la que vivimos. Por citar un ejemplo, en las últimas décadas se ha moralizado el consumo de carne, que está pasando a ser considerado inmoral por grupos cada vez mayores de personas.

Paul Rozin define la moralización como la adquisición de cualidades morales por parte de objetos y actividades que antes eran moralmente neutras; lo que eran preferencias se convierten en valores.[47] Ejemplos de este proceso en el ámbito cultural podrían ser la moralización de la esclavitud en los siglos XVIII y XIX y la moralización del consumo de tabaco en el siglo XX. Pero como se trata de un proceso dinámico y cambiante, debe existir también el proceso inverso, es decir, que un objeto o actividad considerada moral salga del dominio moral. A este proceso Rozin lo denomina «amoralización», pero también se ha denominado «desmoralización».[48] Un ejemplo podría ser el cambio en las actitudes hacia la homosexualidad, la masturbación o el sexo prematrimonial. Una forma especial de amoralización es la llamada «medicalización». En este caso, una enfermedad que previamente se ligaba con fallos morales por parte del individuo pasa a ser considerada como dominio exclusivo de la medicina. Muchos aspectos de la enfermedad mental, incluido el alcoholismo, han hecho parte de este viaje también a lo largo del siglo XX.

Para entendernos, algo está en el dominio moral cuando le podemos aplicar los términos «se debe» o «no se debe». Otro matiz es que, si algo está en el campo moral para la persona A,

47. Rozin, P., «Moralization», en Brandt, A. M., y P. Rozin (eds.), *Morality and Health*, Routledge, 1997.

48. Buchanan, A., y R. Powell, «De-Moralization as Emancipation: Liberty, Progress, and the Evolution of Invalid Moral Norms», *Social Philosophy and Policy*, vol. 34, n.º 2, DOI: 10.1017/S0265052517000231.

entonces A se preocupa de que otra gente mantenga la posición de A y se comporte de acuerdo con ella. Este criterio lo podemos observar en el contraste entre los dos tipos de vegetarianos que podemos llamar «vegetarianos morales o ecológicos» y los «vegetarianos por salud». Los vegetarianos morales puros evitan comer carne por las implicaciones morales (matar animales, despilfarro de recursos) mientras que los vegetarianos por salud evitan la carne simplemente porque no es saludable. Pues bien, a diferencia de los vegetarianos por salud, los vegetarianos morales adosan una etiqueta de «se debe» a evitar la carne y les preocupa que otros coman carne. Podríamos decir que para los vegetarianos morales comer carne entra dentro del campo de los valores, mientras que para los vegetarianos por salud es un caso de mera preferencia. Esta distinción no es exacta, por supuesto, pero es un hecho claro que los temas de salud implican un componente moral, como es evidente con el tema del sida, el tabaco, la obesidad, etc.

También parece claro que no se deja al criterio de cada uno cuándo algo es moral, sino que tiende a regularse, o a conformarse socialmente. Ésta es una de las consecuencias más importantes de la moralización. Una vez que ocurre en una parte importante de la población o en sus segmentos influyentes, las fuerzas del gobierno y de las instituciones entran en juego y aceleran el ritmo hacia una mayor moralización; es decir, ocurre un proceso de movilización institucional: los medios de comunicación, las leyes, los tribunales, las instituciones de caridad, las universidades y hasta los científicos entran en juego promoviendo la moralización, como hemos podido comprobar recientemente con el tema del tabaco. Toda esa presión hace que ahora se pueda abordar y censurar a un fumador de una forma que hace veinte años era impensable. Moralización e interiorización van unidas también: los valores morales se interiorizan, se convierten en parte del yo. Es razonable suponer que preferencias y conductas que se unen a valores interiorizados se interiorizan también. Es decir, un objeto o actividad en línea con un valor moral nos gustará, pero uno que viola esos valores no nos gustará y provocará rechazo.

En este sentido conviene señalar la relación entre moral y

asco. El asco es una emoción ligada al código de la divinidad de Haidt, de ahí que, en culturas donde el código de la divinidad está activo, el asco se convierta en una emoción moral. El asco tiene que ver con violaciones del código de pureza/contaminación y por ello está muy relacionada con la moral y con los temas de salud, también. Por tanto, la moralización puede promover el asco. Por ejemplo, los vegetarianos morales muestran más asco hacia la carne que los vegetarianos por salud. Y aunque nosotros pensemos que en esta sociedad nuestra los códigos de la divinidad no están activos, con la moralización del tabaco vemos un aumento de las respuestas de asco a los cigarros, las cenizas de cigarrillo y a los propios fumadores con respecto a épocas anteriores.

No es casualidad que estemos hablando de los vegetarianos para ilustrar el tema de la moralización. Los dominios de la comida y del sexo muestran una predisposición especial a ser moralizados. En muchas culturas la dieta se liga a la salud y la salud a la moralidad (casi todas las religiones tienen prescripciones dietéticas). Pero también en la historia de la cultura occidental han existido tendencias a ver los aspectos animales/biológicos de la naturaleza humana y la experiencia del placer como actividades inmorales. Tanto el sexo como la comida son fuentes de placer que compartimos con los animales, y Rozin siempre ha propuesto que todo lo que nos recuerda nuestra naturaleza animal (la muerte, el sexo inapropiado, violaciones de los límites corporales) dispara el asco. Nuestra interacción con la comida implica tomar algo externo y transformarlo en algo propio, convertirlo en nuestro propio yo, y esto explica los fuertes sentimientos ante la comida. La creencia «eres lo que comes» está muy extendida en muchas culturas, incluida la nuestra, y muchos pueblos han creído que comer la carne de un animal implicaba adquirir no sólo sus cualidades físicas, sino también las morales o intelectuales. Todavía en 1989, según un estudio, los estudiantes universitarios estadounidenses seguían pensando que comer animales nos hace más animales y que las propiedades de los animales ingeridos se transmiten a la persona que los come. También hay que tener en cuenta que en la especie humana la comida se comparte y comer es una actividad pública (al contrario que tener relaciones sexuales, que siempre ha sido algo privado). Esto implica una cadena alimentaria en la que intervienen muchas personas y el origen de la comida pasa a ser importante. Ejemplos de ello serían la no aceptación en la tradición hindú de comidas que han entrado en contacto con castas inferiores, el rechazo en la historia europea al azúcar porque se ligaba con la esclavitud o el repudio actual a comidas que implican matar animales o condiciones o prácticas laborales inmorales. Resumiendo, la comida es una «sustancia biomoral condensada», como la denomina Appadurai.

Como decía anteriormente, tal vez tendemos a pensar que nuestra sociedad occidental avanzada y laica se ha alejado de estas cuestiones morales en relación con la comida y la salud, pero tenemos muy reciente la creencia en muchas capas de la sociedad americana y europea de que el sida era un castigo divino. La mayoría de los americanos no vestirían un suéter que hubiera llevado antes una persona con sida (ni siquiera después de esterilizarlo). Podemos citar también un experimento realizado con estudiantes para ilustrar esta relación entre comidas saludables y moralidad. Se les presentaba unas viñetas con dos sujetos con personalidades exactamente iguales, A y B, pero se describía a A como comedor regular de carne, hamburguesas, patatas fritas, dónuts y helados, mientras que se presentaba a B como comedor de fruta, ensaladas, pan integral hecho en casa y pollo. Los sujetos que comían «alimentos sanos» eran valorados con mejores puntuaciones en escalas de moralidad, como más éticos, virtuosos y considerados.

Desde el punto de vista teórico, es sorprendente lo poco que sabemos sobre el proceso de moralización. Vamos a ver algunas hipótesis al respecto. Como he comentado, una primera aproximación fue la de Turiel, que propuso que el reconocimiento y la comprensión de que un acto causa un daño lo coloca en el dominio moral.[49] Esto se admite, pero se señala que también otros pilares de la moralidad como la lealtad, la autoridad o la pureza también pueden servir como principios para la moralización.

49. Turiel, E., *The Development of Social Knowledge: Morality and Convention*, Cambridge University Press, 1983. Versión castellana de Tomás del Amo, *El desarrollo del conocimiento social*, Paidós, 1984.

Paul Rozin señala el papel del asco, que ya hemos comentado, y habla también de un concepto cognitivo que llama *moral piggybacking*.[50] *Piggybacking* es llevar a alguien a caballito, como se hace con los niños, y tiene también el significado de aprovecharse de algo, como por ejemplo cuando un usuario de informática entra en la red de otro sin su permiso. En este caso, Rozin se refiere a que la adquisición de nueva información lleva al individuo a ver una conexión con un principio moral previo ya asentado. Por ejemplo, comer carne no se ha considerado un problema moral, pero en determinado momento se «sube a cuestas» de que para comer carne hay que matar animales, y sí tenemos el principio asentado de que «matar es malo». Por tanto, comer carne también sería malo.

Wisneski y Skitka proponen que el proceso de moralización comienza con un *shock* moral, un suceso con una fuerte carga emocional.[51] Por ejemplo, presenciamos que una persona armada asesina a veinticinco personas y nos planteamos que hay que ilegalizar las armas (vemos que no es incompatible con lo que dice Turiel, porque evidentemente estamos percibiendo un daño). Por último, tenemos la hipótesis de Feinberg y sus colaboradores, que llaman el «modelo *push-pull*» (empujar-tirar).[52] Por un lado tendríamos cogniciones y emociones que nos empujan a moralizar un asunto (ver cómo matan a un cordero o leer que los pulpos son inteligentes y preguntarnos si es ético comerlos). Por otro lado, otros factores nos alejan de moralizar: comer carne es un placer, cambiar mis principios morales me aleja del grupo y hay una tendencia a la conformidad, etc.

50. Rozin, P., «The Process of Moralization», *Psychological Science*, vol. 10, n.º 3, 1999, pp. 218-221, DOI: 10.1111/1467-9280.00139.

51. Wisneski, D. C., y L. J. Skitka, «Moralization Through Moral Shock: Exploring Emotional Antecedents to Moral Conviction», *Personality and Social Psychology Bulletin*, vol. 43, n.º 2, 2017, pp. 139-150. Disponible en: <https://doi.org/10.1177/0146167216676479>.

52. Feinberg, M.; C. Kovacheff; R. Teper, e Y. Inbar, «Understanding the Process of Moralization: How Eating Meat Becomes a Moral Issue», *Journal of Personality and Social Psychology*, vol. 117, n.º 1, julio de 2019, pp. 50-72, DOI: 10.1037/pspa0000149.

Algunos autores señalan que existen períodos vulnerables o épocas en las que es más probable que se dé el fenómeno de la moralización. En concreto, los tiempos caóticos, o de crisis cultural, promoverían la moralización. Se plantea que en tiempos de caos aumenta el deseo de control individual sobre el cuerpo, y que en tiempos de cambio sociopolítico rápido o de debilidad de las instituciones el individuo se preocupa de su propio bienestar, se vuelve hacia su interior. Se ha sugerido en este sentido que el aumento de los trastornos de alimentación en Estados Unidos implica el deseo de controlar algo (la comida) en una vida que está mayormente fuera de nuestro control.

Por último, el declive de la religión a mediados del siglo XX coincidió con el auge de la ciencia moderna y, en particular, de la epidemiología que ha dado lugar a una moralidad secular. Todo el discurso de los factores de riesgo de esta disciplina se ha hecho público y favorece la moralización, ya que se supone que todos esos factores están bajo nuestro control. En cualquier caso, la realidad es que estamos siendo testigos de importantes procesos de moralización en nuestra época, primero con el tabaco, y ahora con la carne o la obesidad, por ejemplo.

Como conclusión, es muy importante darnos cuenta de que apenas sabemos nada del proceso de moralización —por qué una conducta pasa a considerarse perteneciente al ámbito de la moral—, y esta falta de conocimiento es un problema científico de primer nivel, dadas las enormes consecuencias que tienen los problemas morales en el ámbito social y político. Es claramente urgente entender cómo se produce el cambio moral si queremos comprender lo que está ocurriendo en el mundo actual y si queremos intervenir para mejorar las cosas o evitar que empeoren y acabemos con acontecimientos tan traumáticos como los que ocurrieron a lo largo del siglo XX. Al final del libro analizaremos propuestas para minimizar los efectos negativos del lado oscuro de la moralidad, y una atrevida propuesta del filósofo Allen Buchanan es que nosotros tenemos que dirigir y hacernos cargo del cambio moral. Pero difícilmente podremos hacerlo si no entendemos cómo funciona el proceso, por qué unas cosas se moralizan y otras no o por qué unas cosas se moralizan en determinado momento y no en otro. Más adelante hablaremos de la moralización de las medidas de prevención no farmacológicas frente al coronavirus (distancia, mascarilla, lavado de manos, ventilación...) durante la pandemia. Es una ilustración perfecta de lo que acabo de mencionar sobre la moralización de la salud y de la relación entre tiempos de incertidumbre y de caos con la moralización. Hablaremos de la moralización de la respuesta a la COVID-19 en su momento, pero merece la pena abordar con mayor profundidad la relación entre moralidad y salud.

Una breve historia de la relación entre moralidad y salud

> El culto de la salud es una ideología poderosa que, en las sociedades modernas y laicas, ha llenado el vacío dejado por la religión. Como cualquier sucedáneo de la religión, tiene un amplio poder de convocatoria, especialmente entre las clases medias, que han perdido sus lazos con la cultura tradicional y se sienten cada vez más inseguras en un mundo que cambia con rapidez. La salud puede llegar a ser un camino para lograr la salvación. Si la muerte es el punto final, quizá lo inevitable pueda posponerse indefinidamente. Y si la enfermedad puede conducir a la muerte, se debe prevenir mediante rituales propiciatorios. Los justos se salvarán y los mezquinos perecerán.
>
> PETER SKRABANEK

En la cultura occidental coexisten dos formas de ver la enfermedad. Una es la tradición de la Antigüedad clásica del *Corpus hippocraticum* y de la obra de Galeno, según la cual la enfermedad es un fenómeno puramente natural explicable en términos físicos y tratable de la misma manera. Según esta tradición, la enfermedad se debía a un desequilibrio en los humores, mientras que las grandes epidemias y las enfermedades endémicas eran resultado del miasma: la corrupción del aire causada por las aguas estancadas, las exhalaciones humanas, materias putrefactas e incluso la influencia maligna de las estrellas. Las enseñanzas de Galeno fueron transmitidas por los árabes en la Alta Edad Media y recuperadas en el Renacimiento, pero al lado de esta tradición y eclipsándola durante quince siglos tenemos la tradición cristiana basada en el enlace bíblico entre pecado y enfermedad. Voy a hacer en este apartado un breve repaso a la alternancia entre una y otra visión según las épocas históricas, siguiendo a Allan Brandt y Paul Rozin, porque estamos en un momento en que esa asociación se ha visto reforzada y volvemos a ver a los pacientes como responsables de su enfermedad.[53] Lo hemos observado —lo estamos observando en el momento de escribir esto— de una manera espectacular en la moralización que se está haciendo de la respuesta a la pandemia por la COVID-19, y más adelante hablaremos de ello.

Históricamente la salud ha sido asociada con la moralidad del mismo modo que la inmoralidad lo ha sido con la enfermedad. El estigma que en los tiempos modernos se asocia a aquellos que se dan gusto a sí mismos a costa de su salud es la última versión de una viejísima asociación entre enfermedad y pecado. En muchas sociedades primitivas la enfermedad es una de las muchas formas de desgracia que pide una explicación en términos de la culpabilidad moral de alguien. Como ocurría entre los antiguos israelitas, se pensaba que vulnerar las prohibiciones rituales vendría seguido de enfermedades y epidemias. Las reglas sanitarias de Moisés o Mahoma tenían una fuerza que era a la vez moral, religiosa y prudente. Durante la Edad Media se esperaba que, así como los santos curaban enfermedades, los pecadores serían castigados por enfermedades apropiadas a su respectiva forma de delincuencia. Así, por ejemplo, en la literatura homilética (sermones y homilías) cada uno de los siete pecados capitales se asociaba a una condición patológica del cuerpo. El orgullo (inflarse uno mismo) se simbolizaba por tumores e inflamaciones. La pereza conducía a parálisis y gangrenas. La gula significaba

53. Brandt, A., y P. Rozin, *Morality and Health*, Routledge, 1997.

obesidad y ascitis. La lujuria producía flujos, descargas, piel leprosa y, a partir del siglo XVI, la sífilis. La avaricia se asociaba con la gota y la hidropesía. La envidia con la ictericia, venenos y fiebre. La ira con el bazo, el frenesí y la locura. Todo esto es muy alegórico y poético, por supuesto, pero la gente se lo tomaba literalmente como indicaciones de los males que caerían sobre los pecadores.

Esta visión de que la enfermedad viene del pecado se mantiene en los siglos siguientes prácticamente en toda Europa. Pero también existía la variante de que la enfermedad era una prueba de la fe del individuo, como en el caso de Job. La reacción más frecuente en todos estos siglos ante una enfermedad grave ha sido: «¿Qué he hecho yo para merecer esto?». Y en este sentido la enfermedad física se ha visto también como un contexto en el que mostrar la fortaleza espiritual. La enfermedad, supuestamente, purifica el alma y acerca al enfermo a Dios. Cuando Thomas Hobbes declara que «es una ley de la naturaleza que el hombre tiene prohibido hacer lo que es destructivo para su vida u omitir aquello que mejor la preserva» está dando una nueva formulación a un principio religioso bien establecido. Cuando los protestantes condenan el suicidio lo hacen bajo la premisa de que una persona no debe hacer nada que acorte su vida cuando Dios le ha dado los medios de salvarla o prolongarla. Lo mismo cuando declaran que aquellos que ponen en riesgo su salud por autoindulgencia o por exceso de trabajo o de pasiones son culpables de autoasesinato de forma indirecta, al igual que quienes evitan buscar ayuda médica. Aunque, claro, la prohibición del suicidio no es un invento protestante, sino que forma parte de la tradición católica y de otras religiones también.

Pero no son sólo los curas los que enseñaban que los individuos tienen el deber moral de cuidar su salud. Los Estados-nación modernos tenían un interés obvio en asegurar que la población podía proporcionar ejércitos eficientes cuando fueran necesarios. Tampoco hay que perder de vista que la propia tradición galénica conllevaba la obligación del autocuidado, de intentar llevar una vida saludable, y que la enfermedad era también un castigo por no seguir las reglas de la salud, aunque no un pecado.

Los propios términos médicos tienen connotaciones morales. El aire malo está corrupto, las casas están contaminadas y las epidemias son pestilentes. Pero dentro de este esquema, algunas enfermedades son objeto de reprobación moral con más facilidad que otras porque se ven «sucias», más repulsivas o más asociadas con el vicio. En este grupo tenemos evidentemente las enfermedades venéreas (sífilis, gonorrea...). Tanto es así que, en su momento, el descubrimiento de la penicilina fue lamentado por algunos como un estímulo a la promiscuidad sexual. Se recomendaba evitar la actividad sexual excesiva (no hace falta recordar la condena de la masturbación hasta tiempos recientes) y el ejercicio físico. La gota en el siglo XVIII se asociaba a comer demasiado, a la glotonería, y por tanto era «culpa del paciente». El consumo de tabaco, por ejemplo, fue controvertido desde su introducción en Europa, al ser defendido por unos y atacado por otros.

A finales del siglo XIX, con el descubrimiento de los gérmenes (Robert Koch y sus postulados), se produce un giro hacia el modelo galénico de nuevo, y se acepta que existen unas causas naturales biológicas de la enfermedad, unos microorganismos «causales» para cada enfermedad. La revolución bacteriológica tuvo el efecto de «despersonalizar» la enfermedad. Bajo el microscopio, ya no podían tener la misma «carga» moral que en el pasado. El microorganismo era la causa de la enfermedad y se desconectaba así la enfermedad de su asociación histórica con el pecado. Seguía habiendo unas enfermedades con un significado moral poderoso, como la enfermedad mental, el alcoholismo o las enfermedades venéreas, pero la enfermedad ya no reflejaba necesariamente los atributos personales del individuo enfermo. Durante las primeras décadas del siglo XX se produjo, por así decirlo, una «desmoralización» de la enfermedad: se redujo la responsabilidad individual y la enfermedad empezó a verse como un fenómeno científico y laico, libre de lazos morales. Y esto trajo de la mano un aumento del estatus y la autoridad de la profesión médica, cuyo prestigio aumentó enormemente con respecto al nivel anterior al descubrimiento de los microbios.

Pero a lo largo del siglo XX el panorama volvió a cambiar poco a poco. La promesa de Paul Ehrlich de las «balas mágicas» de una solución para cada enfermedad empezó a desvanecerse porque los problemas persistentes del cáncer, las enfermedades cardiovasculares, los accidentes cerebrovasculares, la diabetes y otras enfermedades crónicas no tienen una única causa, y poco a poco se convirtieron en la principal causa de muerte en Estados Unidos y en los países desarrollados. Este cambio de las enfermedades infecciosas a las enfermedades crónicas produjo un nuevo giro en las ideas morales acerca de la enfermedad. Surgió una «nueva epidemiología». De rastrear microbios que se pensaba que eran la «causa» de la enfermedad, se pasó a identificar «riesgos» y a hablar de «factores de riesgo» y de la relación de la enfermedad con el ambiente del huésped y sus conductas. Esta nueva epidemiología tenía un enorme potencial para la categorización moral de un amplio rango de conductas y fenómenos sociales. Uno de los primeros factores de riesgo identificado fue el tabaco, aunque su aceptación médica y social tardó en llegar (el informe del Servicio Federal de Sanidad de 1964), pero pronto se incluyeron otros como el trabajo, la dieta y el ejercicio, y los investigadores empezaron a recomendar tres comidas al día, un desayuno fuerte, no picar entre comidas, dormir mucho, consumir poco alcohol, etc., como claves para una vida larga y saludable.

La responsabilidad de la salud y la longevidad se depositó sobre los individuos. Opiniones como las de John Knowles, presidente de la Fundación Rockefeller, fueron calando poco a poco en la sociedad: «La mayoría de la gente no se preocupa de su salud hasta que la pierde. [...] [E]l derecho a la salud hay que sustituirlo por la obligación de preservar la propia salud». La enfermedad dejó de verse como fruto del azar para considerarse un fallo al no tomar las precauciones adecuadas, un fallo del control individual, una falta de autodisciplina, un fallo moral intrínseco, en definitiva. ¿Hay un derecho a la salud o un deber de estar sano?

El compromiso y la entrega al ejercicio, por ejemplo, prometían no sólo salud sino una auténtica «salvación» o «renacimiento», en palabras de George Sheehan. No se hacía énfasis en los deportes de equipo, sino en la batalla individual: correr, el *jogging*, *footing*, el ejercicio aérobico y la dieta, es decir, autodominio, autonegación, tenacidad... (da igual que Jim Fixx, un defensor del *running* muriera de un infarto al corazón mientras corría). La nueva ética podría resumirse así: «Los individuos pueden y deben ejercer un control fundamental sobre su salud por medio de una evitación cuidadosa y racional de los factores de riesgo». Y según esta nueva ética aquellos que siguieran asumiendo factores de riesgo deberían ser responsables y asumir las consecuencias.

Sin embargo, identificar simplemente conductas individuales como el principal vehículo de riesgo niega el hecho de que la propia conducta está muchas veces más allá del alcance del individuo. La conducta está modelada por poderosas corrientes —culturales y psicológicas, así como biológicas— que no están bajo el control del individuo. Conductas como fumar cigarrillos son fenómenos socioculturales no sólo individuales o necesariamente elecciones racionales. El énfasis en la responsabilidad individual es negar que unos grupos son más susceptibles que otros a ciertas conductas de riesgo (por ejemplo, en 1985 los negros fumaban más que los blancos), que la conducta no es simplemente un asunto de elección. Sin embargo, los individuos que «eligen» esos riesgos son considerados ignorantes, estúpidos y autodestructivos. El supuesto es que la enfermedad puede evitarse siguiendo una serie de recomendaciones, es decir, que los individuos podemos tener el control de nuestras vidas y de nuestra salud. Tomemos como ejemplo la campaña antidroga «Just say no» (Simplemente di no) de los años ochenta en Estados Unidos. Implícita en esta campaña educativa está la asunción de que la autonegación, resistir y decir no, puede solucionar un complejo problema social. El problema del abuso de drogas ya no refleja ciertas condiciones sociales, sino que radica dentro del individuo. Simplemente di no, y arreglado. Y, de igual manera, simplemente haz ejercicio y come lo justo, y arreglado.

Un ejemplo clarísimo de lo que estamos hablando fue la epidemia de sida y lo estamos viendo ahora con la pandemia de la COVID-19. En el caso del sida, los que se infectaron eran responsables de su enfermedad, el sida estaba causado por un fallo moral del individuo. Los fantasmas medievales resurgieron en pleno siglo XX. Si los individuos toman riesgos de forma voluntaria, entonces, según este modelo, deben ser responsables de las enfermedades que padezcan. Y este discurso fue asumido por las compañías de seguros y las agencias nacionales de salud, incluso. Lo mismo ha ocurrido con la pandemia de la COVID-19, como veremos en su momento.

Ésta es la situación que estamos viviendo en los tiempos actuales. Podríamos esperar que, a medida que la ciencia avanza, los conceptos morales desempeñarán un papel cada vez menor en la identificación y el tratamiento de la enfermedad, pero podría ocurrir también justamente lo contrario. Con el envejecimiento de la población y el predominio de las enfermedades crónicas, muchas de las cuales se desarrollan lentamente, aumentan las oportunidades de atribuir la culpa a aquellos que no tomen medidas protectoras. El enfoque epidemiológico de identificar factores de riesgo, muchos de los cuales son conductuales, y teóricamente voluntarios, ofrece nuevas oportunidades de atribuir responsabilidad y culpa. A medida que la medicina crece y asume la responsabilidad de problemas que antes eran territorio de la familia, de la Iglesia o de los vecinos, la medicina se está entrelazando cada vez más con valores sociales y sistemas morales. La pareja enfermedad/pecado sigue tan unida como siempre.

Dos tipos de agresión humana: violencia proactiva y reactiva

Hay un consenso bastante amplio en dividir la agresión humana en dos categorías, aunque diferentes autores las han llamado de distintas maneras. Yo voy a seguir la nomenclatura del antropólogo Richard Wrangham.[54] En cualquier caso, creo que es importante conocer esta concepción bimodal de la agresividad para entender mejor la violencia moralista y otros tipos de agresiones de las que hablaremos en su momento.

La agresión proactiva se refiere a ataques planeados y con un objetivo que implica una recompensa externa o interna. Se caracteriza por la atención a un fin y por una falta de excitación

54. Wrangham, R., «Two Types of Aggression in Human Evolution», *PNAS*, vol. 115, n.º 2, 2017. Disponible en: <https://doi.org/10.1073/pnas.1713611115>.

emocional, por una ejecución fría. Normalmente los agresores inician la acción cuando perciben que pueden conseguir sus fines o que el coste es bajo. Los ejemplos incluirían el *bullying*, el acoso, las emboscadas o el homicidio premeditado, sea perpetrado por individuos o por grupos.

La agresión reactiva se trata de una respuesta a una amenaza o a un suceso frustrante y el objetivo es eliminar el estímulo que la provoca. Se asocia siempre con la ira, con un aumento brusco de la estimulación simpática, un fallo de la regulación cortical y un cambio fácil entre dianas. Ejemplos serían las peleas de bar por un insulto y los crímenes pasionales que ocurren de forma inmediata al descubrimiento de una infidelidad.

Como decía al principio, esta clasificación no es nueva. Disciplinas ajenas a la biología evolucionista han realizado esta distinción con nombres diferentes. La agresión proactiva se ha llamado también instrumental, predatoria, premeditada, ofensiva o agresión «fría». A su vez, la agresión reactiva se ha llamado impulsiva, afectiva, hostil, defensiva, emocional y agresión «caliente». Como ocurre con todas las clasificaciones, hay que decir que no es perfecta y que la agresión humana varía desde casos puramente reactivos sin ninguna planificación y muy emocionales a otros más planificados y deliberados. Incluso es posible que un individuo exprese agresión proactiva y defensiva en el mismo acto. Imaginemos que un agresor planea un ataque, pero al llevarlo a cabo la víctima hace una buena defensa y el iniciador de la agresión tiene que pasar a una agresión reactiva. También puede ser difícil clasificar el caso de una persona que se siente airada y frustrada por un conflicto (reactiva) pero más tarde planea una venganza (proactiva).

El valor de la distinción proviene de su poder predictivo. Por ejemplo, es más probable que los agresores proactivos reincidan y que sean diagnosticados de psicopatía y es menos probable que respondan a intervenciones farmacológicas y que experimenten un declive en su agresividad en la edad adulta. Además, hay datos que apoyan que las bases neuronales, hormonales y genéticas de ambos tipos de agresiones serían, por lo menos en parte, diferentes. Los estudios se han realizado en animales y apenas conocemos el grado en que se pueden aplicar a la agresión proactiva en seres humanos, pero una apuesta bastante segura es suponer que los mecanismos de animales inferiores se han conservado en nosotros por lo menos parcialmente.

Un aspecto muy interesante es que las vías neuronales de los ataques contra presas son las mismas implicadas en la agresión contra semejantes. En las ratas macho, compararon la conducta de caza de presas (ratones, cucarachas...) con la agresión proactiva hacia otros machos. Observaron que la agresión proactiva se caracterizaba por una baja activación fisiológica, por falta de comunicación social y por ir dirigida contra partes vulnerables del cuerpo. Por el contrario, la agresión reactiva se asociaba a una alta activación fisiológica y a la comunicación de las intenciones, incluidas las amenazas. El hallazgo fundamental es que la misma conducta depredadora que se ejerce contra las presas se aplica también a los semejantes.

¿Somos agresivos o pacíficos por naturaleza?

> El diablo es un optimista si cree que puede hacer que la gente sea peor de lo que es.
>
> Karl Kraus

Arrastramos un debate de siglos sobre si la violencia/guerra está en nuestra naturaleza o si es de origen cultural. Ambas posturas estarían representadas por Hobbes y Rousseau y en tiempos más modernos por Piotr Kropotkin y Thomas Henry Huxley. Rousseau y Kropotkin ven al ser humano como una especie pacífica corrompida por la sociedad/cultura, mientras que Hobbes y Huxley ven al ser humano como una especie naturalmente agresiva que es civilizada por la sociedad/cultura. ¿Quién tiene razón?

El reconocimiento de dos tipos de agresión abre la puerta a la consideración de que estos dos tipos de agresiones han seguido caminos evolutivos diferentes. Y podemos comparar los dos tipos de agresión en las especies más cercanas a la nuestra (chimpancés y bonobos) y en cazadores-recolectores nómadas para sacar una conclusión sobre qué lugar ocuparía nuestra especie.

Empezando por la agresión proactiva, sabemos que los chimpancés forman coaliciones de machos que patrullan el territorio y atacan a grupos rivales menos numerosos. En los cazadores-recolectores esto también es frecuente. Por el contrario, en los bonobos no se ha observado esta violencia intergrupal. Tampoco se han observado infanticidios en los bonobos, cosa que sí ocurre en los chimpancés y los seres humanos. La conclusión es que la agresión proactiva hacia los semejantes es mucho más frecuente en los seres humanos y los chimpancés que en los bonobos, donde no existe o es infrecuente.

La agresión reactiva tiene una distribución diferente. En este caso, los chimpancés y los bonobos muestran más agresión reactiva que los seres humanos. Entre los machos chimpancés hay muchas agresiones por la comida o las hembras. En los bonobos las agresiones son menos severas, pero la frecuencia es comparable. Un estudio de campo a largo plazo encontró que los machos bonobos eran la mitad de agresivos que los machos chimpancés, y las hembras bonobos eran más agresivas que las hembras chimpancés. En comparación con los bonobos y los chimpancés, la frecuencia de luchas a pequeña escala (dentro del grupo, no contra otros grupos) es muy baja.

De manera que los seres humanos tienen una baja frecuencia de luchas dentro del grupo comparados con los chimpancés, y en el ambiente habitualmente pacífico de la vida diaria somos más parecidos a los bonobos. Resumiendo, los seres humanos comparten con los chimpancés una mayor propensión a la agresión proactiva que los bonobos, pero comparten con los bonobos una menor predisposición a la agresión reactiva de la que se observa en los chimpancés.

Esta distinción entre los dos tipos de agresión nos permite solucionar el debate Hobbes-Rousseau. La baja propensión a la agresión reactiva da la razón al modelo de Rousseau-Kropotkin, pero la alta propensión a la agresión proactiva no encaja con el modelo del buen salvaje y da la razón al modelo de Hobbes-Huxley. Determinar el papel de la biología es complicado porque hay variaciones entre diferentes sociedades en la frecuencia de la violencia premeditada (como la guerra). Esto sería compatible con la importancia de las influencias culturales, pero es también algo que predice el modelo biológico, dado que la agresión proactiva se expresa sólo cuando es probable que tenga éxito, es decir, que es instrumental y depende de las circunstancias también. Así que el modelo bimodal de la agresión sugiere que los humanos han evolucionado para combinar una baja propensión a la agresión reactiva con una alta propensión a la agresión proactiva.

La pena capital y la autodomesticación humana

Una vez visto todo lo anterior tenemos que preguntarnos cuáles son las razones o causas últimas para que los humanos combinen una alta propensión a la agresión proactiva con una baja propensión a la agresión reactiva. La baja propensión a la agresión reactiva estaría ligada a la tolerancia y la cooperación dentro del grupo. También se ha propuesto un declive de esta agresión reactiva asociada a una mayor densidad de población, al sedentarismo y a la preferencia social por individuos cooperadores. En el caso de los bonobos, la reducción de la agresión reactiva en los machos se explicaría por una ecología que permitió la evolución de un grupo estable de hembras. Esto llevó a fuertes coaliciones de hembras que controlaron la agresividad de los machos. No hay indicadores de una dinámica similar en los seres humanos.

La explicación de la razón por la que hombres dominantes con alta capacidad para la lucha no han conseguido imponerse y conseguir un alto éxito reproductivo es la teoría de un castigo coordinado por parte de los otros hombres. En los primates no humanos el macho con más capacidad de ganar las luchas suele tener más éxito reproductivo. En los cazadores-recolectores, el equivalente a estos machos son los hombres con prestigio y capacidad de formar alianzas porque el que pretendía usar sólo la fuerza era vulnerable a la alianza del resto de los hombres contra él para expulsarlo o matarlo. La existencia de una agresión coordinada contra los hombres dominantes, incluida la ejecución aprobada socialmente, es aparentemente responsable de las relaciones igualitarias entre hombres casados. Este sistema de control, llamado «dominancia jerárquica inversa» o «contradominancia jerárquica», es universal en los cazadores-recolectores nómadas, incluidas las sociedades poligínicas y gerontocráticas del norte de Australia.

El antropólogo Christopher Boehm propone que el control social fue el responsable de la reducción de la agresión. Según su «hipótesis de la ejecución», las ejecuciones aprobadas por los miembros del grupo aparecieron en el Pleistoceno como una adaptación cultural para suprimir a los individuos dominantes y a los que violaban las normas.[55] Estas muertes fueron facilitadas por la evolución de una intencionalidad compartida y posiblemente de las armas. La evolución de una menor propensión a la agresión reactiva sería una consecuencia genética de ésta (primero el cambio cultural y luego los cambios genéticos). En apoyo de esta hipótesis, parece que la pena capital es un universal cultural, lo que sugiere que se adoptó antes de que el ser humano saliera de África hace unos sesenta mil años. En los cazadores-recolectores los hombres antisociales con un historial de agresión egoísta serían una alta proporción de los que fueron ejecutados por la pena de muerte, y hay evidencia de una feminización cráneo-facial del *Homo sapiens* hace unos doscientos mil años asociada a otros cambios morfológicos muy similares a los que ocurren, por ejemplo, en perros domesticados en los que se ha disminuido la agresión reactiva por medio de la selección artificial.

Hay modelos teóricos que apoyan la validez del castigo coordinado como mecanismo que promueve la cooperación, lo que sugiere que la pena de muerte pudo haber sido adoptada rápidamente como táctica social una vez que nuestros ancestros adquirieron la suficiente capacidad cognitiva y lingüística para colaborar de forma efectiva contra los violadores de normas. Las ejecuciones aprobadas por la sociedad se extendieron probable-

55. Boehm, C., *Hierarchy in the Forest: The Evolution of Egalitarian Behavior*, Harvard University Press, 2001.

mente mucho antes de la aparición del *Homo sapiens*. Es por tanto lógico esperar que esta pena de muerte condujera a la selección contra las tendencias agresivas.

Esta deducción de que la agresión del *Homo sapiens* ha declinado como resultado de una selección en su contra se ve apoyada por las comparaciones con otras especies. Los mamíferos domesticados que han sido seleccionados para ser menos agresivos tienden a exhibir una serie de características morfológicas, fisiológicas y cognitivas que no se relacionan con la agresión (lo que se llama el «síndrome de domesticación»). El ser humano tiene muchas características de este síndrome de domesticación en su morfología, conducta y cognición.[56]

Sin embargo, hasta ahora la hipótesis de la ejecución ha tratado la agresión de una manera unimodal, lo que es problemático. La hipótesis propone que la propensión a la agresión disminuyó como resultado de que los agresores eran ejecutados por la pena capital. Pero los beneficios reproductivos que obtenían los que mataban a los agresores —agresores ellos mismos— anularían la selección contra la agresión de la pena capital (por seleccionar a favor de verdugos que también eran agresivos). Pero la visión bimodal de la agresión soluciona este problema. La agresión de los verdugos es proactiva, cuidadosamente planificada y fría. Según Boehm, las víctimas de estas ejecuciones serían hombres con un historial de agresión. Cuando las víctimas eran propensas a la agresión reactiva, el efecto a largo plazo sería una reducción de la agresión reactiva. Si las víctimas de la pena de muerte lo eran por violencia proactiva, no habría efectos a largo plazo porque los ejecutores y las víctimas mostraban la misma tendencia. Así que el balance a largo plazo encaja con una reducción de la violencia reactiva y un mantenimiento, o aumento, incluso, de la violencia proactiva.

Esta visión bimodal de la agresión humana nos puede ayudar a entender dos fenómenos interesantes. Por un lado, nos va a ayudar a entender la violencia moralista, la violencia de origen moral cometida por personas que creen estar haciendo el bien,

56. Hood, B., *The Domesticated Brain*, Penguin, 2014.

que trataremos más adelante. Por otro lado, esta selección de individuos propensos a la violencia proactiva ayudaría a explicar el mantenimiento de la psicopatía en la población general. La violencia de los psicópatas y la de los verdugos tiene puntos en común, como que ambas son planificadas y frías. Los rasgos psicopáticos serían negativos cuando son muy marcados y llevan a conductas antisociales y a una violación grave de las normas (por el riesgo de ser condenados a la pena capital), pero serían adaptativos en menor medida, por ejemplo, para ser un verdugo castigador. Desde este punto de vista se entiende bastante bien la elevada proporción de individuos con rasgos psicopáticos en el mundo de las finanzas, la empresa o la política.[57] Ser frío y calculador a la hora de despedir a los trabajadores de una empresa tiene desde luego puntos en común con ser frío y calculador a la hora de ejecutar a un criminal.

Resumiendo, la idea de que hay dos tipos de agresión es muy antigua en la biología, la psicología, la criminología y las ciencias sociales, pero no se ha estudiado la evolución de estos dos tipos de agresiones a lo largo de la historia de nuestra especie. Los seres humanos tienen una alta propensión a la violencia proactiva y una baja propensión a la violencia reactiva. Esta combinación es poco frecuente en los primates. Y hay mucho que estudiar todavía. Como hemos visto, las bases neurobiológicas de la agresión proactiva no son bien conocidas. Tampoco se conocen las diferencias sexuales en la expresión de la agresión proactiva y reactiva. La mayor parte de las violencias moralistas que analizaremos más adelante —tanto en el mundo real como en el mundo de las redes sociales— son proactivas, perpetradas con frialdad, con pleno conocimiento y el convencimiento de que uno está actuando correctamente desde el punto de vista moral. Son conductas agresivas que buscan castigar lo que se juzgan como malas acciones de otras personas o grupos.

57. Lilienfeld, S. O.; A. L. Watts, y S. F. Smith, «Successful Psychopathy: A Scientific Status Report», *Current Directions in Psychological Science*, vol. 24, n.º 4, 2015, pp. 298-303. DOI: 10.1177/0963721415580297.

El mito del mal puro y cómo la gente normal se convierte en genocida

> Ojalá hubiera personas malvadas en algún lugar cometiendo actos malvados, y que sólo fuera necesario separarlas del resto de nosotros y destruirlas. Pero la línea que divide el bien del mal atraviesa el corazón de cada ser humano. ¿Y quién quiere destruir una parte de su propio corazón?
>
> ALEKSANDR SOLZHENITSYN

El «mito del mal puro» es una expresión del psicólogo Roy Baumeister en su libro *Evil: Inside Human Violence and Cruelty*,[58] aunque la idea, desde luego, es mucho más antigua y difícil de filiar. Baumeister examinó el mal desde el punto de vista de la víctima y del agresor y encontró que la gente que hace cosas malas, desde un marido maltratador a un genocida, raramente cree que esté haciendo algo malo. Normalmente consideran que están respondiendo a ataques y provocaciones, de manera que se sienten justificados. Con frecuencia piensan incluso que ellos son las víctimas (con los pacientes psicóticos paranoides ocurre generalmente lo mismo). Pero Baumeister va más allá y dice cosas políticamente incorrectas y ciertamente inquietantes. En casi toda la literatura que revisó, Baumeister encontró que las víctimas a menudo desempeñan un papel en lo que les ocurre. Muchos asesinatos resultan de un ciclo de escalada de provocaciones y represalias, y a menudo el cadáver podría haber sido el del asesino. En la mitad de las disputas domésticas las dos partes utilizaron la violencia y normalmente hay mucho más en las historias reales que lo que sale en las noticias. A veces el mal cae del cielo encima de la cabeza de la víctima inocente, pero la mayoría de las veces las cosas son más complicadas y Baumeister se atreve a violar este tabú e investigar los hechos de la mane-

58. Baumeister, R., *Evil: Inside Human Violence and Cruelty*, Owl Books, 2000.

ra más objetiva posible para entender qué es lo que realmente ocurre.

El mito del mal puro consiste, dicho de un modo muy simplista, en la visión del mal de las películas de Disney o de Hollywood: unos malos muy malos que hacen el mal por puro placer, y unos buenos muy buenos sin un sentimiento de maldad. Los malos, además, suelen pertenecer a otro grupo extraño formado por puros demonios que se comen a los niños asados para desayunar, mientras que nosotros, los de nuestro grupo, somos unos santos que salvamos niños inocentes. Pero, aunque esto es una caricatura, resulta que es la forma en que mucha gente percibe el mundo. Baumeister cita ocho características de mito del mal puro:

1. Implica infligir de forma deliberada daño a las personas.
2. El placer gratuito es la motivación del daño.
3. Las víctimas del mal son inocentes y no realizan nunca el más mínimo daño.
4. Los malvados son foráneos y no parte de nuestro grupo.
5. El mal es tan viejo como la creación.
6. El mal promueve el caos y se contrapone al bien, que es la paz y el orden.
7. Los malvados se mueven por egoísmo.
8. Los malos no se controlan a sí mismos, especialmente cuando están furiosos.

La gente normalmente tiene razones para utilizar la violencia, que suele ser instrumental, como devolver una injusticia que sienten que se ha cometido contra ellos, conquistar el poder, etc. Rara vez la violencia es gratuita. Esto no quiere decir que las dos partes sean igualmente culpables, los agresores suelen reaccionar de forma exagerada y malinterpretan, pero lo que dice Baumeister es que tenemos una necesidad profunda de entender el mal a través de lo que él llama ese «mito del mal puro». Según este mito, los malos son totalmente puros en sus malvados motivos, sólo actúan por sadismo y maldad; y las víctimas son igualmente puras en su victimismo (no hacen nada para provocar su victimización). Normalmente el mal viene desde fuera, y por lo general desde otro grupo que no es el nuestro. Además, cualquiera que enturbie esta visión tan clara está de parte del mal.

El mito del mal puro es un sesgo autocomplaciente y la causa última de ciclos inacabables de violencia, porque ambas partes se encierran en una lucha maniquea. Baumeister considera que la violencia y la crueldad tienen cuatro causas principales. Las dos primeras son obvios atributos del mal: la ambición y la avaricia (violencia para una ganancia personal, como un robo). Pero la ambición y la avaricia explican sólo una pequeña proporción de la violencia, y el sadismo no explica prácticamente nada (¿quizá el 5 por ciento de todo ello?). Aparte de en las películas infantiles y de terror, la gente casi nunca mata o hiere a otros por el puro placer de hacerlo. Según Baumeister, las dos principales causas son dos cosas que normalmente pensamos que son buenas y que las inculcamos en nuestros hijos: la alta autoestima y el idealismo moral.

La autoestima elevada no es causa directa de violencia, pero cuando alguien tiene una autoestima elevada narcisista y no realista se siente fácilmente amenazado por la realidad y reacciona con violencia, en especial los jóvenes. Baumeister cuestiona la utilidad de los programas que se dedican a elevar de forma directa la autoestima de los niños en vez de enseñarles habilidades y capacidades de las que puedan estar orgullosos. Ese refuerzo directo de la autoestima, sin capacidades reales en las que sustentarse, puede llevar a un narcisismo inestable.

Pero todo esto se refiere a la violencia individual. Sin embargo, para provocar atrocidades en masa necesitas el idealismo: la creencia de que tu violencia es un medio para conseguir un fin moral. Las mayores atrocidades del siglo XX fueron cometidas por gente que pensaba que estaba creando una utopía, o por gente que creía que estaba defendiendo su tierra natal, su patria o su tribu de un ataque. El idealismo se convierte con facilidad en peligroso porque lleva aparejada, casi inevitablemente, la creencia de que el fin justifica los medios. Si estás luchando por el bien absoluto, o por Dios, todo está justificado, y cualquiera que se oponga a ello demuestra sin ningún género de dudas que es un malvado, porque ¿quién puede oponerse a la utopía, al bien absoluto, sino los malvados puros? Como hemos visto, la psicóloga Linda Skitka encuentra que cuando la gente tiene fuertes sentimientos morales acerca de un asunto se salta las normas y los procedimientos y quiere que los «buenos» se libren de todo y los «malos» paguen por todo.

Es muy famosa esta cita de Steven Weinberg: «La religión es un insulto a la dignidad humana. Con o sin religión siempre habrá buena gente haciendo cosas buenas y mala gente haciendo cosas malas. Pero para que la buena gente haga cosas malas hace falta la religión».[59] Tiene razón en parte, pero a mi modo de ver y en línea con lo que afirma Baumeister, Weinberg no tiene en cuenta que la religión sólo es una forma más de idealismo, de fanatismo. El problema no es la religión, es la fe: en un Dios, en el comunismo, en el nacionalismo o en el nazismo. El problema son las ideas, las creencias y el mandato moral que suponen, así como su capacidad para dividirnos en un «ellos» y un «nosotros», como veremos en otro apartado. Pero la tragedia es que no podemos vivir sin fe de algún tipo, necesitamos creer en algo y la fe es un arma de doble filo. Por un lado, nos ayuda a luchar por las cosas, a marcar unos objetivos y a pelear por conseguirlos. Verdaderamente sería muy difícil vivir pensando que todo vale, que todo es igual, que vale lo mismo una cosa que otra; eso nos llevaría a la anomia, a la parálisis. Pero, a la vez, al creer en algo estamos creando diferencias, un «ellos» y un «nosotros» y, por tanto, el potencial para la barbarie y el mal. ¿Dónde está la salida de este laberinto? Entonces, ¿cuál es la realidad?

La realidad es lo que dice Solzhenitsyn: que cualquiera de nosotros es capaz de un mal inmenso, que la gente normal se puede convertir en genocida. Esto es lo que desarrolla James Waller en su libro *Becoming Evil*, que se subtitula «Cómo la gente normal comete genocidios y asesinatos de masas».[60] Voy a ha-

59. Weinberg, S., entrevista en PBS, 1998. Disponible en: <https://www.pbs.org/faithandreason/transcript/wein-body.html>.

60. Waller, J., *Becoming Evil: How Ordinary People Commit Genocide and Mass Killing*, Oxford University Press, 2002.

cer un pequeño resumen de él porque considero que es una aportación muy importante para entender los puntos centrales de este libro, la capacidad de la moralidad para producir el mal.

Como siempre, hay que empezar por definir el tema de estudio y, como siempre, esto es problemático. Etimológicamente, *genocidio* se deriva de juntar la raíz griega *genos* (familia, tribu, raza) y la latina *-cidio* (*cidere*), matar. La definición es: «Actos cometidos con la intención de destruir, total o parcialmente, un grupo étnico, nacional, racial o religioso». Pero hay muchas cuestiones no resueltas, en las que no vamos a entrar: ¿cuántas muertes son necesarias para que un acto sea considerado genocidio? ¿Tiene que ser cometido por un Estado o gobierno, o los actos privados también cuentan? ¿Cómo decidimos si una venganza por una ofensa anterior es sólo un acto de guerra o represalia, o es un genocidio? El objetivo de *Becoming Evil* es intentar entender el mal para, a partir de esa comprensión, ofrecer posibles soluciones. ¿Y en qué consiste el mal? Waller define el mal como el daño deliberado de seres humanos a otros seres humanos, como los genocidios o los asesinatos en masa.

Bien, la tesis principal del libro, que puede sorprender a muchos, es que son los individuos normales, como tú o como yo, los que cometen actos de mal extraordinario. Los autores de un mal extraordinario son extraordinarios por lo que han hecho, no por lo que son. Así que vamos a hablar aquí de la naturaleza humana y de problemas que nos afectan a todos. En vez de mirar a otros y preguntarnos: ¿cómo hace esta gente esas cosas?, se trataría de mirarnos a nosotros mismos y preguntarnos: ¿quién soy yo y de qué soy capaz? ¿Podría yo ser capaz de actos de brutal inhumanidad?

El libro está estructurado básicamente en tres partes. En la primera revisa las explicaciones que se han dado previamente al problema del mal para rechazarlas, por lo menos parcialmente, aunque eso no quiere decir que algunas de ellas no tengan su importancia. En la segunda explica los factores o fuerzas que Waller cree que llevan al mal, y en la última parte se extraen conclusiones y se proponen posibles vías de solución. Hay que decir que el esquema de Waller es un punto de partida, no de llegada. Waller lo plantea como un borrador que discutir y que desarrollar, porque evidentemente acepta que hay muchas cosas que no sabemos y que el tema no está cerrado.

Una explicación que se ha dado para explicar el mal es el poder de la masa, del grupo. Se dice que cuando el individuo pasa a formar parte de una masa, se pierde la individualidad, se ve uno protegido por el anonimato, se difumina la responsabilidad, se produce una polarización y una radicalización de las posturas, etc., y que estos factores favorecen los actos de violencia y maldad. Todo esto es verdad y hablaremos de ello un poco más adelante, pero el grupo sería un amplificador de tendencias: amplificaría lo que se meta en él por un proceso de potenciación colectiva. Es decir, hay estudios en los que se ve que, si a una persona se la incluye en un grupo de altruistas, acaba siendo más altruista de lo que sería de forma individual. Por tanto, el grupo puede amplificar lo bueno y lo malo que metamos en él, por lo que esta explicación por sí sola no es suficiente.

Otra explicación, que Waller rechaza por lo menos parcialmente, es que el mal se debe a la influencia de una ideología extraordinaria. En este apartado Waller combate principalmente la hipótesis de Daniel Goldhagen de que el Holocausto se debió a la ideología antisemita. No vamos a entrar en ello, pero Waller argumenta que otros países eran tan antisemitas como Alemania y que los alemanes llanos no lo eran tanto en realidad (no así sus líderes). Personalmente estoy de acuerdo con Waller en este ejemplo concreto referido al Holocausto, pero creo que subestima en general el papel de la ideología y estoy más de acuerdo con Baumeister. Parece que sí hay ideologías con más tendencia que otras a deslizarse cuesta abajo hacia el mal y la violencia, y que la ideología desempeña también un papel muy importante a la hora de definir la identidad, de dividirnos en Ellos y Nosotros, un tema que sí es realmente importante en el origen del mal y del que luego hablaremos. Pero Waller está también de acuerdo con esto en parte. Lo que él dice es que, si los genocidios o asesinatos se debieran sólo a unas ideologías extraordinarias, como el antisemitismo, no serían tan frecuentes. El genocidio es un fenómeno universal que trasciende la cultura e ideología de Alemania en el siglo xx y el Holocausto. Por otro lado, tiene razón en que la cultura y la ideología pueden ser muchas veces un pretexto para racionalizar un deseo de dominar o de destruir que es previo.

Vamos con una tercera explicación de los genocidios: la psicopatología —estas cosas las hacen unos psicópatas locos (la hipótesis del nazi loco, *mad nazi*)—. Claramente, algunos de los responsables de las barbaridades nazis eran personajes muy patológicos, pero en los genocidios en general participa mucha gente y no se puede sostener que todos ellos sean unos psicópatas. En este apartado dedica mucho tiempo al caso Eichmann y al análisis que de él hizo la filósofa Hannah Arendt, que acuñó la famosa expresión de la «banalidad del mal». Eichmann era un tipo vulgar que cumplía órdenes y no un alienígena monstruoso diferente a nosotros. También hay estudios de personalidad de los nazis y, en general, no son diferentes a las personas normales. Pero recurrir a la explicación psicopatológica tiene la ventaja de que nos tranquiliza, nos hace pensar que estas cosas las hacen demonios o lunáticos y nos permite distanciarnos psicológicamente de ellos y considerar que pertenecen a otra especie. Personas normales pueden verse metidas en un contexto social determinado y seguir a sus líderes por el camino de la masacre.

Vistas muy a la carrera las explicaciones descartadas por Waller, aunque todas contienen una parte de razón, vamos a ver el modelo que él plantea. Básicamente agrupa tres tipos de factores causales: los relacionados con el autor, los relacionados con la situación o el contexto en que se encuentra el autor y los que tienen que ver con la definición de la víctima o diana de los actos. Vamos a ir viendo con algo más de detalle cada uno de ellos.

Factores relacionados con el autor del mal

Aquí nos metemos en las aguas turbulentas de la naturaleza humana, de si existe y en qué consiste. En esta parte del libro es donde Waller describe lo que llama nuestra «sombra ancestral» y acepta las tesis de la psicología evolucionista (con reservas) frente a las de la teoría de que somos tablas rasas, libros en blanco que se empiezan a escribir después de nacer. El llamado «modelo estándar de las ciencias sociales» (feminismo de género, posmodernismo, gran parte de la sociología, etc.) plantea que todos los humanos tienen el mismo potencial y que lo único que los separa es la cultura, no la biología. Waller, sin embargo, reconoce que existen predisposiciones en nuestra naturaleza para el etnocentrismo, la xenofobia y el deseo de dominación social. A lo largo de nuestra historia evolutiva hemos vivido en grupos de cazadores recolectores de entre cien y doscientas personas en competición con otros grupos. Todo ello ha dado lugar a unos instintos cooperativos y altruistas dirigidos principalmente a los miembros de nuestro grupo, pero también a unos instintos agresivos contra los miembros de los otros grupos. Nuestra mente tiene muchos sesgos cognitivos, muchísimos, y uno de ellos es nuestra tendencia a dividir el mundo en Ellos y Nosotros. Esto es algo natural en nosotros y lo aprendemos con una gran facilidad.

Dos de las tendencias innatas de la naturaleza humana producidas por la evolución serían la xenofobia y el etnocentrismo. Las mentes humanas tienen una tendencia a definir los límites de la tribu. Un grupo de los !kung san del Kalahari se llaman a sí mismos algo que quiere decir literalmente «la gente real», y en su idioma las palabras *malo* y *extranjero* son la misma. Otro ejemplo: los habitantes caníbales de la región de Irian Jaya, en Nueva Guinea, se llaman a sí mismos los asmat, que quiere decir «la gente», «los seres humanos». A los forasteros los llaman *manowe*, «los que se pueden comer». El etnocentrismo es la tendencia a centrarse en el grupo propio como «bueno». La tendencia a dividir el mundo en Ellos y Nosotros es uno de los llamados universales humanos, es algo que se ha hecho y se hace en todas las épocas y lugares. Se observa que aparece desde edades muy tempranas, y en cientos de experimentos de la psicología social se ha demostrado que se puede establecer una división de la gente en Ellos y Nosotros basada en la mayor tontería.

Definir el endogrupo (lo que somos) implica definir también lo que no somos. Como dicen Tajfel y Forgas: «Somos lo que somos porque ellos no son lo que somos». Matt Ridley dice que la xenofobia es un subproducto de la sociedad cooperativa. El lado oscuro de la sociabilidad y cooperación en el grupo es la intolerancia para los extraños. La evolución de la sociabilidad y el altruismo va de la mano de la hostilidad hacia los extraños.

Con respecto a la dominancia social, hay que tener en cuenta que la principal fuerza hostil que encuentra el ser humano en la naturaleza son los otros seres humanos. Las diferencias en el estatus y la jerarquía son evidentes en todos los animales, y los seres humanos también compiten con los individuos de su especie por los recursos: comida, parejas, territorio, etc. En esta lucha, la agresión y la violencia es una de las posibles herramientas que utilizar.

Hemos visto hasta ahora las explicaciones distales (evolucionistas) que permiten que hagamos el mal. Estas capacidades son comunes en mayor o menor medida en todos nosotros. Pero no explican por qué sólo algunos de nosotros cometemos actos de genocidio u homicidio masivo. Para entender esto hay que investigar los factores proximales que actúan sobre los anteriores. Pasamos ahora a ver quiénes son los asesinos, otros factores situacionales y sociales que activan nuestra capacidad subyacente para el mal.

Aquí entrarían los sistemas de creencias culturales, de los que Waller trata algunos. Uno de ellos es nuestra actitud ante la autoridad. Por ejemplo, se ha estudiado que las personas religiosas aceptan más las órdenes de una autoridad. La religión tiene una cara oscura y a veces es sólo un epifenómeno, algo que implica problemas étnicos y nacionales de fondo, pero otras veces la religión sí es el problema por su capacidad para generar un «ellos» y un «nosotros». Obviamente la ideología nacionalista se basa en el Ellos/Nosotros y la fusión de ambas, que ha ocurrido con frecuencia, agrava el problema. Pero, en cualquier caso, las creencias religiosas no matan gente directamente. Es la gente religiosa la que mata a otra gente en el nombre de la religión o de sus creencias y valores.

Pero la religión no es la única creencia que modela nuestro respeto a la autoridad. Hay personas con tendencia a ver el mundo según su posición en la jerarquía y a obedecer a la autoridad superior y maltratar a los inferiores. Muchos autores han señalado el gran respeto a la autoridad y a la obediencia en la cultura alemana. Parece que ocurría lo mismo en la Turquía otomana y también en Ruanda. Otro factor que afecta a la respuesta a la autoridad y a la capacidad para hacer el mal es el compromiso ideológico: claramente hay unas personas más comprometidas que otras con una ideología particular. Aunque al principio Waller ha descartado que la única explicación del mal sea la ideología, como hemos mencionado, hay ideologías que conducen al antagonismo, ideologías de «odio». Estas ideologías suelen utilizar la propaganda y llegar a un punto en que el odio busque aniquilar al enemigo. Esto ocurrió en Alemania o en Ruanda con la cadena RTLMC.

Otro aspecto importante es la desconexión emocional. Nuestros valores morales pueden ser desactivados y no actuar. ¿Cómo se consigue esto? Básicamente vistiendo la inmoralidad como si fuera moralidad. La gente no comete el mal si no se ha justificado a sí misma la moralidad de sus acciones. Es decir, la gente que hace el mal cree estar haciendo el bien. Esto lo hace autoconvenciéndose de que matar al otro es necesario para la seguridad del grupo propio. Los autores del mal lo justifican como una autodefensa, como un servicio social al grupo, a su comunidad. Sea combatir a los opresores, preservar la paz y la estabilidad o salvar a la humanidad, siempre habrá un digno motivo. Este convencimiento puede tener una base real por una victimización pasada, pero en muchos casos es una autojustificación de nuestra mente para vernos como víctimas o potenciales víctimas.

El psicólogo social Robert Zajonc cree que los imperativos morales son la clave para movilizar a un colectivo para realizar acciones extraordinariamente malas. Los imperativos morales suelen ser generados por fuerzas políticas, circunstancias económicas, ideologías nacionalistas, fervor religioso, presiones ecológicas, condiciones de salud, políticas de bienestar e incontables razones. Pero estos imperativos morales especifican lo que es bueno y lo que es malo, lo que está bien y lo que es peligroso. Una vez que los imperativos morales han aparecido pueden provocar que una colectividad haga cosas virtuosas y maravillosas o atrocidades sin nombre. Los imperativos morales son llamadas a la acción, acción que es vista como correcta, necesaria y que sirve a un propósito superior. Ésta es una de las claves en lo que estamos tratando, que la moral es un arma de doble filo, sirve para hacer el bien y para hacer el mal. Zajonc dice que no ha encontrado un solo caso de masacre que no fuera precedido de un desarrollo extenso de imperativos morales.

Otra característica que favorece la comisión de actos de maldad es etiquetar de forma eufemística las acciones malvadas. Los nazis son un ejemplo con su «solución final», «tratamiento especial», «instalaciones especiales», etc. Raul Hilberg, que examinó decenas de miles de documentos nazis, dice que no encontró ningún caso de aparición de la palabra *matar*; después de muchos años parece que llegó a encontrar un caso y era en un documento que hablaba de perros. Los autores del mal saben en el fondo lo que cubren los eufemismos, pero estas palabras les permiten tener un discurso en el que el mal no aparece, o no es percibido, como mal.

Por último, tampoco hay que descartar los intereses personales. Aparte de ideologías e imperativos morales, las personas también buscan dinero, riqueza, subir en el escalafón, es decir, también se mueven por intereses personales y profesionales. En muchos casos los autores de matanzas son militares o paramilitares y puede haber un deseo de poder, de ascensos y ventajas personales, por lo que no siempre los motivos son tan altruistas o abstractos.

Factores relacionados con el contexto de la acción

Hasta ahora hemos visto los factores de la naturaleza humana (la sombra ancestral) que posibilitan la realización del mal, así como otras disposiciones relacionadas con el autor del mal. Ahora vamos a hablar del contexto, del poder de la situación. La psicología social ha defendido desde hace mucho que lo que importa no es quién eres, sino dónde estás, y que cualquiera de nosotros en la situación adecuada podría hacer las mayores barbaridades. La característica principal de la situación que conduce al mal es crear una «cultura de la crueldad». De alguna manera, la capacidad para realizar el mal se puede enseñar, se puede socializar.

Una forma de hacerlo es con un compromiso escalonado. La senda que lleva al mal se suele caracterizar por una secuencia de pequeños pasos cuya maldad se va incrementando gradualmente. Es lo que se suele llamar la «técnica del pie en la puerta». Se trata del fenómeno psicológico por el que una vez que has conseguido que una persona acepte una petición o solicitud es más fácil que acepte luego sucesivas demandas. Hay también datos de que una vez que empiezas a matar se produce una desensibilización por la que es más fácil matar la quinta vez que la primera. La primera vez se sienten náuseas y pesadillas, pero al final se acaba disfrutando y deseando la próxima acción. Casi podríamos hablar de una adicción a cometer atrocidades. Otros recurren al alcohol, como muchos miembros de los *Einsatzkommando*.

En la primera parte Waller ha descartado la influencia de la masa o grupo como factor único determinante del mal, pero la dinámica de grupos sí ayuda a la comisión de asesinatos y genocidios. Por un lado, se produce una difusión de la responsabilidad. Aunque actúa la persona, sus acciones son vistas como llevadas a cabo por el grupo, de modo que los miembros del grupo comparten la responsabilidad. También se produce una desindividuación, concepto que se refiere al estado de relativo anonimato en el que una persona no puede ser identificada como sujeto individual, sino como miembro de un grupo. El anonimato favorece la aparición de lo peor de nosotros y hay ciertos datos de que cuanto mayor es la masa de gente, mayor es la atrocidad de sus actos. También existe en los grupos una necesidad de ceder a las presiones de los iguales. Nadie quiere ser un cobarde, un traidor o menos que los demás.

Otro fenómeno que lleva al mal es la fusión entre el rol y la persona. Las acciones que realiza una persona la van moldeando y cambiando. Una organización malvada cambia a la persona. Es verdad que los cambios en nuestros valores llevan a cambios en nuestras acciones, pero los cambios en nuestras acciones también llevan a cambiar nuestros valores. Actos iniciales que llevan a un daño pequeño dan lugar a cambios psicológicos que hacen posible un daño cada vez mayor y más destructivo.

La conclusión de todo este apartado referido al contexto es que las personas pueden verse inmersas en una «situación total» o una institución tal que producen una transformación de quiénes son y desafían la estabilidad, carácter y moralidad de la persona. La reacción normal a una situación anormal es una conducta anormal; en realidad, una conducta normal sería una reacción anormal en una situación anormal.

La muerte social de las víctimas

Hay estudios, como los de Dave Grossman, que han examinado la disposición a matar de los sujetos según la distancia con la víctima, desde la máxima distancia hasta el cara a cara. La máxima distancia se refiere a un alcance en el que el sujeto no puede percibir a las víctimas. En esa distancia máxima, Grossman no ha encontrado un solo individuo que rechace matar ni ha visto un solo caso de trauma psiquiátrico asociado a este tipo de asesinato. A medida que la distancia con la víctima disminuye y aumenta la cercanía, cada vez es más difícil matar.

Pero es más fácil matar cara a cara cuando la víctima ha sufrido una «muerte social». Cuando se produce una sanción moral, o una exclusión, el resultado es la muerte social de la víctima. La socióloga Helen Fein dice que una condición necesaria, aunque no suficiente, para el genocidio es la definición de la víctima como ajena al universo moral del agresor. Hay tres mecanismos que llevan a la muerte social de la víctima: a) el pensamiento Ellos/Nosotros; b) la deshumanización de las víctimas, y c) culpar a las víctimas.

El pensamiento Ellos/Nosotros

Ya hemos hablado de este fenómeno anteriormente y volveremos sobre él en otro capítulo, pero es tan importante que lo repetiremos continuamente a lo largo del libro. Es difícil exagerar la relación de esta tendencia humana a dividir el mundo en Ellos/Nosotros con los peligros de la moralidad. Los psicólogos sociales creen que este proceso de división Ellos/Nosotros comienza con la categorización social, que es algo que nuestra mente hace de forma tan natural como lo es respirar para los pulmones. Dividimos el mundo en un endogrupo (nosotros) y un exogrupo (ellos) y creemos que los miembros del endogrupo son más similares a nosotros que los del exogrupo. También creemos que todos los miembros del exogrupo son iguales. Si sabemos algo de un miembro del grupo exterior, ya sabemos todo sobre los demás. Y sobreestimamos las diferencias entre nosotros y ellos. ¿Cuál es el peligro de este pensamiento? Pues es evidente. Estas distorsiones no se hacen por malicia, son sesgos que en principio podrían ser neutros. Pero, desgraciadamente, esta categorización casi nunca es neutral. Nos gusta la gente que pensamos que es similar a nosotros y no nos gustan los que percibimos como diferentes. Así que el mero hecho de hacer la división en grupos crea un sesgo a favor del endogrupo y en contra del exogrupo y una discriminación que favorece al endogrupo.

Antes hemos hablado de Tajfel, que es famoso por sus experimentos del paradigma del grupo mínimo, una serie de investigaciones en las que intentaba aclarar cuáles eran las condiciones mínimas requeridas para que se produjera la discriminación entre grupos.[61] Lo curioso es que Tajfel empezó sus experimentos pensando que la exclusión social se debía a algún prejuicio u hostilidad que se desarrollaba entre los grupos. Pero se sorprendió al ver que la mera categorización en grupos daba lugar a la hostilidad sin que hubiera ninguna historia previa entre las personas de esos grupos. De hecho, Tajfel hizo esas divisiones tan mínimas, por sorteo o por cualquier tontería, porque creía que eso no tendría consecuencias, y a partir de ahí tenía la intención de ir complicando la relación en el grupo hasta que apareciera la hostilidad. Pero se encontró con que hasta la mera división al azar o por la tontería más mínima generaba discriminación. Tajfel pensó que la causa de este sesgo a favor del endogrupo era la autoestima. El grupo serviría para mejorar la autoestima del individuo, pero para ello el individuo debe creer que su grupo es superior a otros (no tiene mucho sentido estar en el grupo inferior).

61. Tajfel, H., «Experiments in Intergroup Discrimination», *Scientific American*, n.º 223, 1970, pp. 96-102.

En teoría, la discriminación a favor del endogrupo y en contra del exogrupo no deberían ser dos caras de la misma moneda. El grupo exterior nos podría producir indiferencia o hasta admiración, pero eso es más probable si no hay ningún tipo de competencia por medio o si el grupo es lejano y no tenemos contacto con él. Con un grupo vecino es muy raro.

Un aspecto de este pensamiento dicotómico es el moral: nuestro grupo es superior moralmente al grupo exterior. Nosotros somos buenos, ellos son malos. Nuestra causa es sagrada, la de ellos es el mal. Nosotros somos justos, ellos son injustos. Nosotros somos inocentes, ellos son culpables. Nosotros somos las víctimas, ellos son los victimarios.

La deshumanización de las víctimas

¿Cómo es posible que no reconozcamos al otro? ¿Cómo podemos llegar a considerar que el otro no es un ser humano? Erik Erikson avanzó un concepto muy interesante, el de la «pseudoespeciación», aunque nos referimos a él como deshumanización de las víctimas.[62] El ser humano se ha dividido a lo largo de la historia en diversos grupos territoriales, culturales o políticos que se han considerado a sí mismos como la verdadera especie humana —anteriormente hablábamos de los !kung san del Kalahari— y todos los demás son considerados menos que humanos. Más adelante, Erikson definió la pseudoespeciación como el proceso por el que la gente pierde el sentido de ser una sola especie y considera a los otros tipos de personas como no humanos, como menos que humanos. Y puedes matarlos sin sentir que has matado a alguien de tu especie.

Una vez que excluimos a alguien de la familia humana lo excluimos del universo moral de los seres humanos y de las obligaciones que ese universo moral contiene. Esto elimina todas las restricciones morales que impiden la agresión.

62. Erikson, E., «Pseudospeciation in the Nuclear Age», *Political Psychology*, vol. 6, n.º 2, 1985, pp. 213-217, DOI: 10.2307/3790901.

La deshumanización de la víctima, su exclusión de la especie humana, se refleja en el lenguaje. Los nazis hablaban de los judíos como bacilos, parásitos, plaga, cáncer, gusanos, excrementos, etc. Los hutus llamaban a los tutsis insectos o cucarachas. La deshumanización lingüística ha ocurrido en todas partes. Los nazis en los campos de exterminio mantenían a los internos en condiciones inhumanas como vivir entre orina y heces o hacer sus necesidades como los animales, lo que ayudaba a que los vieran realmente como animales y no como personas. La deshumanización provoca una distancia psicológica que permite asesinar en distancias cortas.

Pero hay que tener en cuenta que, por mucha potencia que tenga la deshumanización, no es necesaria para cometer el mal. En los experimentos de Milgram la víctima no estaba deshumanizada, era un hombre similar a los sujetos del experimento. Si la víctima hubiera sido deshumanizada, el nivel de obediencia habría sido mucho mayor, como se ha comprobado en otros experimentos. También ha habido desarrollos teóricos más recientes que ponen en cuestión la importancia que Waller u otros han concedido a la deshumanización. Hablaremos de ello en un apartado diferente.

Culpar a las víctimas

La categorización social en Ellos/Nosotros y la deshumanización convierten a las víctimas en un grupo subhumano, pero también implica que las víctimas se merecen, o incluso requieren, ser victimizadas. Hay un fenómeno psicológico que se conoce como la «creencia en un mundo justo».[63] La mayoría de las personas necesita creer que el mundo es justo, lo necesitamos para salir y para mandar a él a nuestros hijos. Pensar que el mundo no es justo nos desorienta y deprime. Culpar a la víctima reduce el sentido de culpa del agresor y mantiene la creencia de todos en que

63. Lerner, M., *The Belief in a Just World: A Fundamental Delusion*, Springer, 1980.

el mundo es justo. Cuando vemos a otros sufrir, la mejor manera de protegernos es pensar que la víctima ha hecho algo para que le ocurra lo que le está ocurriendo. Así nosotros nos mantenemos a salvo, con el control de nuestro mundo y tranquilos de que no nos puede pasar lo mismo.

Conclusiones

De estas concepciones sobre el mal de Baumeister y Waller yo destacaría algo esencial: no nos movemos todos en el mismo universo moral: nuestro universo moral llega hasta los límites de nuestro grupo. El ser humano divide el mundo en Ellos y Nosotros y esto da lugar a dos marcos morales, uno para Ellos y otro para Nosotros. Es posible incluso que dos grupos vivan en el mismo país pero que sean, a la vez, «naciones morales» diferentes. La división Ellos/Nosotros deshumaniza a los otros, lo que significa que la ley moral ya no se aplica a Ellos. De esa manera, incluso la gente normal y con valores morales puede hacer las cosas más horribles con una clara conciencia de lo que está haciendo. Es decir, nuestro instinto moral es tremendamente peligroso porque nos permite castigar, y castigar es hacer daño y generar sufrimiento. Esto es necesario para que una sociedad funcione, pero cuando los imperativos morales actúan pueden desbocarse y producir dolor y destrucción sin límite.

Todo esto no es algo lejano a cada uno de nosotros, no estamos hablando de cosas que ocurrieron en Alemania el siglo pasado, o en Burundi. Todo esto de lo que estamos hablando ocurre cada día en nuestra vida y las redes sociales son un ejemplo de ello. Todos estamos inmersos en una dinámica de Ellos/Nosotros: derecha contra izquierda y viceversa, feministas contra antifeministas y viceversa, nacionalistas contra no nacionalistas y viceversa, taurinos contra antitaurinos y viceversa... No digo que sea comparable lo que ocurre en la vida ordinaria con un genocidio o un asesinato en masa, pero cualitativamente sí hay una semejanza: el desprecio al que no piensa como nosotros y desearle incluso la muerte. Como hemos visto en las obras de Baumeister y Waller, ésa es la semilla, y si se dieran las circunstancias adecuadas y cambiaran la situación o el contexto, podría germinar y crecer. Cada vez que condenamos moralmente tenemos que estar alerta; cada vez que un imperativo moral nos empuja a actuar contra un individuo o un grupo tenemos que mirar hacia dentro, porque estamos emprendiendo un camino que nos puede llevar a lugares muy oscuros.

Soluciones

Waller acaba su libro con una visión pesimista en parte: no es de esperar que los genocidios y asesinatos de masas vayan a desaparecer en el futuro cercano. Tenemos una disposición en nuestra naturaleza para hacer el mal, y la cultura y las instituciones pueden reforzar esa tendencia. Pero tenemos también una disposición para la cooperación y la colaboración, lo que nos hace tener esperanza.

Es famoso el experimento del campamento de Robber's Cave que demostró lo fácil que fue enfrentar a unos estudiantes al dividirlos en dos grupos, los Rattlers y los Eagles. Pero el final de ese experimento fue muy positivo. Al final de la estancia los profesores pusieron a los estudiantes a trabajar para arreglar el sistema de suministro de agua y así se consiguió restablecer la armonía. Al compartir objetivos se redefinieron los límites de los grupos y se fundieron en un grupo mayor. «Ellos» pasó a ser parte del «Nosotros». Al final de las tres semanas se crearon amistades entre grupos distintos y la hostilidad disminuyó. Hay experimentos que muestran que cuando gente de diferentes razas[64] o grupos[65] trabajan juntos por un objetivo común las diferencias se borran. Si estamos todos remando juntos en el mismo barco y en la misma dirección no puedo considerar al otro como un extraño o como un enemigo.

64. Kurzban, R.; J. Tooby, y L. Cosmides, «Can Race be Erased? Coalitional Computation and Social Categorization», *Proceedings of the National Academy of Sciences*, vol. 98, n.º 26, pp. 15387-15392, DOI: 10.1073/pnas.251541498.

65. Pietraszewski, D.; L. Cosmides, y J. Tooby, «The Content of Our Cooperation, Not the Color of Our Skin: An Alliance Detection System Regulates Categorization by Coalition and Race, But Not Sex», *PLoS One*, vol. 9, n.º 2, 10 de febrero de 2014, DOI: 10.1371/journal.pone.0088534.

También, entender los mecanismos por los que se produce el mal nos puede ayudar a controlarlo o disminuirlo. Si humanizamos a los que no piensan como nosotros, si descategorizamos, vamos a poner frenos al mal. Es difícil maltratar a una persona que tiene identidad, de carne y hueso y con una familia, sin que suframos un malestar personal y una culpa. Es importante por ello entender las condiciones en que podemos ser transformados en auténticas máquinas de matar, como ocurrió en la Alemania nazi o en Ruanda.

Maldad y deshumanización

> Nuestros enemigos son humanos. Por eso queremos matarlos.
>
> TAGE SHAKTI RAI

Como acabamos de ver, uno de los procesos que se han utilizado tradicionalmente para explicar la maldad humana es el de la deshumanización, que consiste en privar a las personas de sus características humanas. Hemos resaltado que este fenómeno se manifiesta especialmente en el lenguaje. Los genocidas muchas veces tachan a sus víctimas de parásitos, gérmenes, plagas, ratas u otro tipo de epítetos que dejan claramente a la vista que no los consideran humanos al mismo nivel que ellos mismos. La razón por la que habría que deshumanizar a las víctimas es que los seres humanos tenemos una fuerte inhibición para matar a otros seres humanos. Si los consideramos menos que humanos, entonces no entraría en acción esa inhibición o rechazo a asesinar y nos sería más fácil actuar. Sin embargo, esta postura de que la deshumanización es un paso necesario para llegar a la violencia moralista ha empezado a recibir ataques de varios autores, por ejemplo, de Paul Bloom,[66] y creo que merece la pena tratar el asunto con cierto detalle.

66. Bloom, P., «The Root of All Cruelty?», *The New Yorker*, 17 de noviembre de 2017. Disponible en: <https://www.newyorker.com/magazine/2017/11/27/the-root-of-all-cruelty>.

La visión tradicional la tenemos en libros como el de David Livingstone Smith titulado *Less Than Human: Why We Demean, Enslave and Exterminate Others*, cuya idea central es que el genocidio ocurre cuando no apreciamos la humanidad de los otros, y pone como ejemplo el caso de los esclavistas norteamericanos que no consideraban a los negros verdaderos seres humanos.[67] El antropólogo Claude Lévi-Strauss también pensaba que la humanidad llega hasta los límites de la tribu, o del grupo lingüístico, y los que están más allá de ese límite ya no son humanos.

No obstante, hay razones para pensar que la verdad no es que matemos a los semejantes porque no son seres humanos, sino precisamente porque lo son. En muchos campos de fútbol se ha tratado a los jugadores de color como a monos con insultos o gestos como lanzarles plátanos. Pero los hinchas no piensan realmente que lo sean, sino que tratan de humillarlos y herirles. Para pensar que estas pullas van a hacerles daño hay que esperar que van a entender su significado y creer que se van a sentir avergonzados. Después de todo, lanzar un plátano a un mono no es ninguna humillación, por lo que hay que asumir que la gente no cree realmente lo que dice. De la misma manera, cuando Hitler se anexionó Austria en 1938 puso a los judíos de rodillas en las calles a limpiar el suelo con cepillos. Pero la gente que iba a verlo no pensaba tampoco que los judíos no tuvieran emociones humanas. Si consideraran que los judíos no tienen sentimientos, la multitud que presenciaba el espectáculo no habría tenido mucho que ver. Se habían juntado allí para verlos sufrir.

Por otro lado, la deshumanización no tiene que llevar necesariamente a la crueldad. No hay nada malo, por ejemplo, en que un cirujano vea al ser humano que está operando como un mero cuerpo. Puede ser importante que los médicos no tengan ciertas reacciones humanas como la ira, el asco o el deseo sexual cuando examinan a sus pacientes y, en cierta manera, los traten como objetos (esto no quiere decir que los médicos deban perder su humanidad ni mucho menos).

67. Smith, D. L., *Less Than Human: Why We Demean, Enslave, and Exterminate Others*, Martin's Griffin, 2012.

Uno de los libros que menciona Paul Bloom es *Virtuous Violence*, de Alan Fiske y Tage Shakti Rai, del que hablaremos al tratar la violencia moralista.[68] Y precisamente Tage Shakti Rai, que es psicólogo, publicó en 2017 un artículo donde aborda este tema.[69] La mayoría de las teorías, como hemos comentado, asumen que la violencia es motivada por razones instrumentales (un beneficio) o por impulsividad, y que las inhibiciones morales contrarrestan la violencia. Sin embargo, Rai plantea que la violencia es motivada por sentimientos morales, y que los autores de violencia moral desean herir a otros seres humanos. Rai diferencia entre violencia instrumental (el autor no desea herir a la víctima sino conseguir un objetivo, como quitarle el dinero) y violencia moral (el autor busca precisamente hacer daño a las víctimas porque piensa que se lo merecen). En la violencia motivada moralmente se busca herir a seres humanos completos, seres humanos que son capaces de pensar, sufrir vergüenza, dolor, de sentir emociones morales y de entender su significado. En una serie de experimentos, Rai demuestra que la deshumanización aumenta la violencia instrumental, pero no la violencia moral.

No obstante, Rai sí acepta un papel para la deshumanización en este fenómeno. Dice que la deshumanización lleva a la indiferencia, y esto puede conducir a que los espectadores de la violencia no intervengan, como plantea que ocurrió con el pueblo alemán cuando no reaccionó ante la violencia nazi contra los judíos. La deshumanización, al provocar indiferencia y apatía al sufrimiento, favorecería la violencia cotidiana al hacer que los observadores no intervengan y miren para otro lado.

Con todo, la autora que ha criticado de forma más sistemática a Smith y, en general la idea de que hay una relación causal entre la deshumanización y las atrocidades que como «no humanos» se infligirían a las personas, es la psicóloga Harriet Over, de la Uni-

68. Fiske, A. P., y T. S. Rai, *Virtuous Violence: Hurting and Killing to Create, Sustain, End, and Honor Social Relationships*, Cambridge University Press, 2014.

69. Rai, T. S.; P. Valdesolo, y J. Graham, «Dehumanization Increases Instrumental Violence, But Not Moral Violence», *PNAS*, vol. 114, n.º 32, 2017, pp. 8511-8516, DOI: 10.1073/pnas.1705238114.

versidad de York, especialmente en su artículo «Seven Challenges for the Dehumanization Hypothesis».[70] Smith ha descrito la deshumanización como «el lubricante psicológico para la maquinaria de la violencia», y defiende que desempeña un papel significativo en facilitar y motivar los casos de genocidio, guerra, esclavitud y otras formas de violencia de masas. Over pone en duda esa relación causal. No vamos a entrar en todos sus argumentos; por ejemplo, dice que muchas veces identificamos a nuestro grupo con animales, y no sólo a los del grupo rival (hay muchos ejemplos en el ámbito deportivo: los Chicago Bulls, los leones del Athletic...) y esa identificación con los animales no es necesariamente negativa. Pero sí me parece muy potente su argumento de que perseguimos a personas y grupos rivales precisamente por su humanidad. Los enemigos son traidores, criminales, violadores o asesinos y son responsables de sus actos. Nuestra respuesta contra ellos es una cruzada moral, es violencia moralista, y para ir contra ellos tenemos que juzgarlos responsables. No vamos de esa manera contra un animal que cometa una acción negativa, porque a los animales normalmente no les atribuimos responsabilidad moral. Y algo mucho más importante y triste: muchas veces torturamos y humillamos precisamente porque reconocemos la humanidad del adversario. Podemos exterminar ratas con veneno o por el método que sea, pero a una rata no la forzamos a que realice actos sexuales con otras ratas o a que vea cómo matamos a sus semejantes o las matamos para que sirva de advertencia para otras ratas y que cambien su conducta. Ese ensañamiento, ese deseo de castigar, sólo lo podemos sentir hacia otro ser humano porque sabemos que el estado mental de un humano no es el de un animal y sabemos el enorme sufrimiento que le podemos causar con estas barbaridades y humillaciones. Como dice Tage Shakti Rai, nuestros enemigos son humanos, por eso queremos matarlos.

¿Significa todo esto que no tenemos una inhibición para matar otros seres humanos? No creo. Tenemos inhibición para matar,

70. Over, H., «Seven Challenges for the Dehumanization Hypothesis», *Perspectives on Psychological Science*, vol. 16, n.º 1, enero de 2021, pp. 3-13, DOI: 10.1177/1745691620902133.

pero sólo si no hay una buena razón para hacerlo, y la moral es la mejor de las razones para poder hacerlo con la conciencia tranquila porque estamos matando a los malos, a los que impiden que tengamos un mundo mejor y feliz. Si reforzamos los motivos morales podemos superar cualquier aversión a la violencia. Todo esto nos lleva de nuevo al eje central de este libro: la moral —nuestro sentido del bien y del mal— es un arma de doble filo porque es la causa de todo lo bueno que hay en nosotros, pero también de todo lo malo. Lo mejor y lo peor de nosotros proviene de ver a los demás como humanos.

Capítulo 4

La división Ellos/Nosotros y el tribalismo moral

Formar grupos obteniendo un confort visceral y orgullo de los compañeros familiares, y defender al grupo entusiásticamente contra los rivales, están entre los universales absolutos de la naturaleza humana y por tanto de la cultura.

EDWARD O. WILSON

El problema más difícil al que nos enfrentamos para evitar la destrucción de la civilización y la humanidad es la costumbre diabólica que tiene la gente de dividirse en pequeños grupos, cada uno ensalzándose a sí mismo y acusando a sus vecinos.

ISAAC ASIMOV

La mayor parte de la evolución de la vida social humana, y argumentaré que, de la evolución de la psique humana, ha ocurrido en el contexto de una competición intra y entre grupos, la primera como resultado de la segunda.

RICHARD ALEXANDER

Es imposible exagerar la importancia de la tendencia del ser humano a dividir el mundo en Ellos y Nosotros en lo que respecta al tema de este libro: el lado oscuro de la moralidad. La mayoría de los peligros de la moralidad —y en especial la violencia moralista— tienen su origen en nuestra mente moral tribal. La discriminación, el odio y la guerra contra el diferente y el «enemigo» impregnan toda la historia humana. Según alguna estimación, más de ciento setenta millones de civiles fueron asesinados en el siglo XX en actos de genocidio, guerras y otras formas de conflicto intergrupal. Los acontecimientos políticos que vivimos todos los días indican que este problema no ha desaparecido y que la polarización y el enfrentamiento entre grupos persiste en todos los lugares del mundo. Es por ello por lo que debemos estudiar esta división y su relación con la moral si queremos tener un buen diagnóstico y plantearnos luego medidas de tratamiento, como intentaremos hacer al final del libro. Los seres humanos tenemos una tendencia o predisposición —que se ha observado en todas las culturas y por ello suele considerarse un universal antropológico— a diferenciar entre un «Nosotros» y un «Ellos», lo que supone una facilidad para generar divisiones y enfrentamientos entre grupos.

La idea de la división Ellos/Nosotros es del sociólogo William Graham Sumner y aparece en su libro de 1906 *Folkways*.[71] El concepto de Sumner es el de un Nosotros contra Ellos: los miembros de un grupo «Nosotros» están en una relación de paz, orden, ley, gobierno y demás. Sin embargo, la relación con los grupos externos es de guerra y expolio, salvo acuerdos. Sumner introdujo también el término *etnocentrismo* para hacer referencia al hecho de que el propio grupo se considera el centro de todo, y todos los demás se miden por referencia con él. En muchos pueblos primitivos se observa una tendencia a considerarse ellos mismos como «seres humanos»; los demás son otra cosa no bien definida, pero no «seres humanos» de verdad. Es algo que han recogido muchos antropólogos e historiadores. Por ejemplo, el

71. Sumner, W. G., *Folkways: A Study of Mores, Manners, Customs and Morals*, Cosimo Classics, 2007.

grupo de nativos americanos que la mayoría de la gente conoce como los comanches se llamaban a sí mismos *numunuu*, que se suele traducir como «los seres humanos».[72] El nombre «comanche» se deriva de la palabra *ute*, que significa «los que luchan contra nosotros todo el tiempo». En un pasado no muy lejano, muchos pueblos se llamaban a sí mismos —y sólo a sí mismos— «los seres humanos». Los nombres que los pueblos que se llamaban a sí mismos «los seres humanos» tenían para personas de otros grupos eran a menudo bastante poco favorecedores. Con frecuencia se traducen como «el enemigo» o «contra los que siempre luchamos», o denotan animales peligrosos o inmundos o inferiores de un tipo u otro, o se centran en algún supuesto rasgo del Otro, a menudo bastante poco atractivo.

Existen muchos experimentos donde se consigue enfrentar a unos grupos contra otros a partir de diferencias absolutamente ridículas. Desde luego, el más famoso es el de Sherif de 1954 en el campamento *scout* Robber's Cave State Park, donde dos grupos absolutamente artificiales, los Rattlers y los Eagles acabaron enfrentados.[73] Se consiguió resolver la situación haciendo trabajar a los dos grupos en una tarea común. Destacan también los trabajos en los primeros años setenta del siglo pasado del psicólogo social británico Henri Tajfel con su teoría de la identidad social y su paradigma del grupo mínimo.[74] Tajfel quería estudiar el origen de los conflictos intergrupales y empezó por dividir a los participantes en los estudios en grupos basándose en características mínimas para luego ir complicando la situación y ver cuáles eran las razones de los conflictos. Pero se encontró con que el mero hecho de categorizar a los sujetos en dos grupos (basándose en cosas tan triviales como que unos estimaban que ha-

72. Buchanan, A., *Our Moral Fate: Evolution and the Escape from Tribalism*, The Massachusetts Institute of Technology, 2020, p. 35.

73. Sherif, M.; O. J. Harvey; B. J. White; W. R. Hood, y C. W. Sherif, *The Robber's Cave Experiment: Intergroup Conflict and Cooperation*, Wesleyan University Press, 1988.

74. Tajfel, H., y J. Turner, «An Integrative Theory of Intergroup Conflict», en Hogg, M. A. y D. Abrams (eds.), *Key Readings in Social Psychology. Intergroup Relations: Essential Readings*, Psychology Press, 2001, pp. 94-109.

bía más puntos en una pantalla y eran «sobreestimadores», mientras que otros eran «subestimadores», o simplemente al azar lanzando una moneda al aire) ya creaba un sentido de identidad y de pertenencia que separaba a los dos grupos.

Identificarnos y coordinarnos con los otros miembros del grupo permite que demos respuesta a nuestras necesidades materiales y psicológicas y que hayamos creado todas las instituciones que apreciamos y que permiten nuestra convivencia. Sin embargo, vivir en grupo es un arma de doble filo. Incluso en las condiciones más normales, vamos a preferir a los miembros de nuestro grupo (endogrupo) frente a los miembros de grupos externos (exogrupo); vamos a tratar a los miembros de nuestro grupo de una manera más favorable; vamos a adjudicar más recursos a los miembros de nuestro grupo; y nos vamos a esforzar más por los objetivos de nuestro grupo. La otra cara de la moneda es que cuando entremos en contacto con otros grupos será muy fácil que se desaten el conflicto y la violencia.

Desde un punto evolucionista, esta psicología tribal humana podría ser una adaptación al problema adaptativo de haber vivido durante miles de años en grupos que competían con otros grupos por los recursos (comida, territorio...) de manera que resultó fundamental colaborar con los miembros del endogrupo para vencer a los grupos rivales. Una idea provocadora es la hipótesis del «altruismo parroquial» de Samuel Bowles y Herbert Gintis, dos teóricos de la cooperación.[75] Sus análisis de datos prehistóricos y de simulaciones de ordenador les llevaron a la conclusión —a la que se resistieron ellos mismos durante tiempo— de que la guerra pudo haber extendido el altruismo entre la humanidad, desempeñando un papel crítico en la evolución de la especie cooperativa que somos los humanos. El conflicto y la guerra pueden haber sido la «matrona», dice Bowles, de valores e instituciones humanas muy queridas como la democracia, el imperio de la ley y la propensión a ayudar a los demás. Es decir: la cooperación entre hombres siempre fue para derrotar a los hombres de otros

75. Bowles, S. y H. Gintis, *A Cooperative Species: Human Reciprocity and Its Evolution*, Princeton University Press, 2013.

grupos. Esto ya lo adelantó el propio Darwin en un pasaje muy famoso:

> Una tribu que incluya muchos miembros que —poseyendo un alto espíritu de patriotismo, fidelidad, obediencia, coraje y simpatía— estén siempre listos para ayudar al otro, y a sacrificarse por el bien común, resultará victoriosa sobre la mayoría de otras tribus; y esto sería selección natural. En todas las épocas unas tribus han desplazado a otras; y como la moralidad es un elemento importante en este éxito, el estándar de moralidad y el número de hombres bien dotados en él tenderá a crecer y aumentar.[76]

Un aspecto de esta división Ellos/Nosotros que debemos destacar es el de la empatía. Aunque la empatía es una emoción ancestral, no ha conseguido llegar a provocar una respuesta universal hacia todos los seres humanos, sino que es una emoción parroquial, como dice Paul Bloom.[77] Las personas sentimos menos empatía por extraños que pertenecen a otros grupos raciales, políticos o sociales comparada con la que sentimos por los que pertenecen a nuestro propio grupo. Es evidente lo que se llama el sesgo intergrupal de empatía.[78] Cuando se pone a unos grupos o equipos en un contexto competitivo, no sólo observamos una menor empatía hacia el grupo externo, sino que aparecen unas respuestas contraempáticas como la *Schadenfreude* y la *Glückschmerz*, es decir, la alegría por el sufrimiento o dolor ajeno y el malestar y dolor por el éxito ajeno. La *Glückschmerz*, en concreto, es muy parecida a la envidia o el resentimiento, pero la diferencia es que la envidia o el resentimiento son emociones crónicas dirigidas hacia un individuo específico, mientras que la *Glücksch-*

76. Darwin, C., *El origen del hombre, la selección natural y la sexual*, Austral, 2012.

77. Bloom, P., *Against Empathy: The Case for Rational Compassion*, Harper Collins, 2016.

78. Cikara, M.; E. Bruneau; J. J. van Bavel, y R. Saxe, «Their Pain Gives Us Pleasure: How Intergroup Dynamics Shape Empathic Failures and Counter-Empathic Episodes», *Journal of Experimental Social Psychology*, n.º 55, 2014, pp. 110-125, DOI: 10.1016/j.jesp.2014.06.007.

merz es un afecto negativo asociado a observar que a otra persona le sonríe la buena fortuna. Como decíamos, la emoción de la *Schadenfreude* se asocia a una actividad en los circuitos de recompensa (el estriado ventral) cuando, por ejemplo, un equipo rival tiene resultados negativos; y predice deseo de hacer daño a los hinchas del equipo rival.[79] Un aspecto que se observa en estos estudios es que este sesgo de empatía intergrupal se debe sobre todo a una antipatía contra el grupo exterior más que a una mayor empatía hacia el propio. Como decía Jorge Wagensberg: «Estar a favor une menos que estar en contra».[80] El placer por las pérdidas del rival es mayor que el placer por las ganancias del grupo propio.

Otro aspecto interesante de esta división Ellos/Nosotros es que sólo se puede ser leal a un grupo. Es algo que estudiaron en una serie de experimentos cuya evidencia convergente apoya la existencia de una norma social, así como de creencias individuales, de que sólo se puede ser leal a un equipo dentro de un conjunto de competidores.[81] La identificación con un equipo universitario fue asociada a la separación de la identidad del otro equipo, y la mayoría de los participantes consideró que las identidades de equipo universitario estaban separadas. Parece, por tanto, que uno puede tener múltiples identidades y filiaciones con diferentes tipos de grupos, pero se espera que limite la lealtad a una sola coalición dentro de un conjunto de grupos o equipos que compiten entre sí. La implicación es que, en distintos dominios, las personas que expresan filiaciones mixtas pueden ser consideradas menos dignas de confianza y con un mayor riesgo de deserción. Cualquier individuo que exprese lealtades mixtas puede ser visto como una posible amenaza, no como un ver-

79. Cikara, M.; M. M. Botvinick, y S. T. Fiske, «Us versus Them: Social Identity Shapes Neural Responses to Intergroup Competition and Harm», *Psychology Science*, vol. 22, n.º 3, 2011, pp. 306-313, DOI: 10.1177/0956797610397667.

80. Wagensberg, J., *A más cómo, menos por qué*, Tusquets, 2006.

81. Kruger, D. J.; M. M. Day; A. Duan *et al.*, «You Can't Root for Both Teams!: Convergent Evidence for the Unidirectionality of Group Loyalty», *Evolutionary Psychological Science*, n.º 5, 2019, pp. 199-212. Disponible en: <https://doi.org/10.1007/s40806-018-0178-0>.

dadero miembro del grupo, y puede ser rechazado o excluido. En general, estos resultados sugieren la existencia de una norma social según la cual la lealtad al grupo es indivisible entre los competidores. No se puede apoyar a la vez a dos grupos o equipos que compiten entre sí.

También en la división Ellos/Nosotros el fenómeno del valor moral de la lealtad está por encima del valor moral de la honestidad. En este estudio, las personas que mintieron para beneficiar a sus grupos juzgaron que su engaño fue ético, a pesar de que sus acciones perjudicaron a otros.[82] Los participantes consideraron sus propias acciones menos éticas cuando fueron sinceros, pero perjudicaron al grupo (cuando fueron desleales). Sin embargo, la valoración que se hace de una acción es diferente si uno es observador o si es el actor que actúa a favor de su grupo: los observadores independientes actuaron más como universalistas morales y juzgaron el engaño más duramente sin importar la causa. Esto es algo que vemos con frecuencia en el mundo de la política, donde mentir para beneficiar al partido de uno es relativamente frecuente.

Un último aspecto que merece la pena destacar de las relaciones entre grupos es lo que Waytz y sus colaboradores denominan «asimetría en la atribución de motivos» y que consiste en que atribuimos las agresiones de nuestro grupo al amor y las del grupo contrario al odio.[83] Muchos conflictos, como el palestino-israelí u otros de tipo étnico-religioso, dan la impresión de ser irresolubles, y una de las razones (más adelante veremos otras) es este sesgo. Si nuestro grupo piensa: «Lo que nosotros hacemos no es porque os odiemos, pero lo que vosotros hacéis sí», es más probable que disminuya la disposición a negociar o llegar a acuerdos y prospere la creencia en que el conflicto es inmanejable e irresoluble, con lo que se perpetuará.

82. Hildreth, J. A. D., y C. Anderson, «Does Loyalty Trump Honesty? Moral Judgments of Loyalty-Driven Deceit», *Journal of Experimental Social Psychology*, vol. 79, 2018, pp. 87-94.

83. Waytz, A.; L. L. Young, y J. Ginges, «Motive Attribution Asymmetry for Love vs. Hate Drives Intractable Conflict», *PNAS*, vol. 111, n.º 44, 4 de noviembre de 2014, pp. 15687-15692, DOI: 10.1073/pnas.1414146111.

Neurobiología de la división Ellos/Nosotros

Según diversos estudios, cuando nos encontramos con un individuo se activan tres categorías sociales —raza, sexo y edad— que codificamos automáticamente. Sabemos bastante acerca de las regiones cerebrales que registran la raza, el sexo o la edad. Por ejemplo, el cerebro empieza a registrar el sexo y la edad antes que la identidad de una cara: en 60-70 milisegundos empieza a descodificar la edad y el sexo de la persona y unos 30 milisegundos más tarde (a los 90 milisegundos) empieza a procesar la identidad de la cara.[84] Sin embargo, sabemos muy poco sobre los correlatos neurales de la división Ellos/Nosotros, es decir, la forma en que estos conceptos están representados en el cerebro, y sobre cómo se registran las coaliciones en el nivel neural. Comentaré brevemente algunas de las regiones cerebrales implicadas.[85]

Diversos estudios implican de manera consistente a la amígdala en la identidad social y en los procesos intergrupales. Parece que la amígdala es sensible a las diferencias en el contexto que afectan a la saliencia (es decir, la importancia) y a la capacidad de motivación de los estímulos. Por ejemplo, la amígdala es sensible a la raza si eso es lo que se destaca en un determinado contexto, pero en un grupo mixto racial la amígdala no reaccionará a la raza, sino a la novedad de los miembros. Es decir, que la amígdala está precondicionada para responder a estímulos que, por el contexto, son significativos desde el punto de vista de la motivación. Otra región implicada en la percepción social es el giro fusiforme, que está asociado con la identificación de las caras, y se ha observado que no procesa igual las caras de miembros del endogrupo que del exogrupo. Para finalizar, sólo vamos a mencionar otra región cerebral porque es muy importante. Me refiero al circuito de recompensa del cerebro. Dado que los individuos va-

84. Dobs, K.; L. Isik; D. Pantazis *et al.*, «How Face Perception Unfolds Over Time», *Nature Communications*, vol. 10, n.º 1258, 2019. Disponible en: <https://doi.org/10.1038/s41467-019-09239-1>.

85. Cikara, M., y J. J. van Bavel, «The Neuroscience of Intergroup Relations: An Integrative Review», *Perspectives on Psychological Science*, vol. 9, n.º 3, 2014, DOI: 10.1177/1745691614527464.

loran la pertenencia al grupo, ésta activa regiones relacionadas con la recompensa. Regiones como el estriado ventral se activan cuando percibimos o favorecemos a individuos del grupo. Los adolescentes muestran, por ejemplo, una mayor activación cuando sienten la aceptación de sus compañeros o iguales.

Tanto los niños como los mayores reconocen mejor, más rápido y con más confianza las caras de los miembros del endogrupo que las del exogrupo.[86] Los niños de tres y cuatro años ya agrupan a las personas por sexo y raza, tienen opiniones más negativas de los miembros de grupos externos y perciben las caras de las demás razas como más enfadadas que las de la propia. Una exposición de 50 milisegundos a la cara de alguien de otra raza activa la amígdala, mientras que no consigue activar el área facial fusiforme tanto como lo consiguen las caras de la misma raza.

Cuando a los niños blancos de tres meses se les muestran caras de estudiantes de diversos grupos étnicos, son capaces de diferenciarlas y distinguir los individuos de varios grupos étnicos.[87] No obstante, esta habilidad se pierde a los nueve meses. A partir de entonces, todos los miembros de otros grupos les parecen iguales. Los niños recién nacidos miran con igual atención las caras de diferentes etnias, pero a los tres meses los niños prefieren mirar las de su propio grupo étnico. Estos hallazgos son turbadores, porque indican que el sesgo Nosotros/Ellos está muy relacionado con la forma de nuestro cerebro de organizar el mundo y porque se pierde la capacidad de ver a la gente que no nos es familiar como individuos. Es interesante, con respecto a estas dicotomías y categorizaciones que hacen los niños, la relación entre la raza y la lengua. En este estudio, los niños de cinco años prefieren como amigos a otros niños que hablan su lengua materna antes que a los niños que hablan otra lengua o su misma lengua, pero con acento extranjero. También prefieren como amigos a

86. Corenblum, C. B., y A. Meissner, «Recognition of Faces of Ingroup and Outgroup Children and Adults», *Journal of Experimental Child Psychology*, vol. 93, n.º 3, 2006, pp. 187-206.

87. Marek, K., «Us and Them», *Aeon*, 10 de enero de 2013. Disponible en: <https://aeon.co/essays/if-we-love-our-friends-does-that-make-us-hate-our-enemies>.

niños de su propia raza cuando esos niños no hablan; sin embargo, prefieren a los niños de otra raza si éstos hablan su idioma con un acento nativo, en vez de con un acento foráneo.[88]

Diversos estudios encuentran que los niños en edad de ir a la guardería ya muestran preferencia por los miembros de su grupo frente a los de grupos externos. Niños de cuatro o cinco años ya muestran lealtad al grupo guardando secretos y evitando traicionarlo.[89] Es más probable que los niños pequeños ayuden y compartan con miembros de sus grupos sociales que con otros niños. Los niños muestran también preferencia por las historias o la información que favorecen a su grupo. Esto muestra que los niños no son sólo sujetos pasivos, sino que desempeñan un papel activo en la transmisión de las actitudes y los sesgos intergrupales. Incluso los niños de diecisiete meses esperan que, si una persona necesita ayuda y hay otro miembro de su grupo presente, éste la ayude, expectativa que no tienen si esas personas no pertenecen al mismo grupo. En todos estos hallazgos de los estudios con niños intervienen unos factores innatos que hacen que sea más fácil aprender unas cosas en lugar de otras, pero intervienen también sin lugar a dudas factores de aprendizaje social. Los datos sugieren que los niños muestran ya una predisposición a dividir el mundo en Ellos/Nosotros, pero es el ambiente y el aprendizaje los que les van a inclinar a considerar como «Ellos» a los individuos de una determinada raza, religión, lengua o cualquier otra característica.

En algunos estudios con neuroimágenes se ha analizado la respuesta de los hinchas del béisbol mientras ven partidos de sus equipos favoritos contra los rivales.[90] Los sucesos negativos (fa-

88. Kinzler, K. D.; K. Shutts; J. Dejesus, y E. S. Spelke, «Accent Trumps Race in Guiding Children's Social Preferences», *Social Cognition*, vol. 27, n.º 4, 2009, pp. 623-634. DOI: 10.1521/soco.2009.27.4.623.

89. Misch, A.; H. Over, y M. Carpenter, «I Won't Tell: Young Children Show Loyalty to Their Group by Keeping Group Secrets», *Journal of Experimental Child Psychology*, n.º 142, febrero de 2016, pp. 96-106, DOI: 10.1016/j.jecp.2015.09.016.

90. Cikara, M.; Botvinick, M. M., y Fiske, S. T., «Us Versus Them: Social Identity Shapes Neural Responses to Intergroup Competition and Harm», *Psychol Sci.*, 2011, 22 (3), pp. 306-313.

llos o fracasos del equipo propio y éxitos del equipo rival) activan la corteza cingulada y la ínsula, mientras que los resultados positivos (éxitos del equipo propio y fracasos del rival) activan el estriado ventral, que forma parte del circuito de recompensa. Y lo que es más importante: la actividad neural asociada al placer de ver los fracasos de los rivales estuvo correlacionada con la probabilidad reportada por los sujetos de hacer daño a los aficionados del equipo contrario, lo que sugiere que hay una relación entre la evaluación que se hace de los resultados y la voluntad de hacer daño. En definitiva, estos resultados sugieren que los sistemas neuronales primitivos que se desarrollaron para responder a los estímulos físicos placenteros o dolorosos han evolucionado para codificar las recompensas y los castigos a nivel de grupo. Este estudio coincide además con otros estudios sobre la *Schadenfreude* (recordemos: sentir placer por la desgracia o el dolor ajeno), emoción que también producen los fracasos no sólo de individuos sino de grupos rivales.

Varios estudios sobre la oxitocina, la llamada «molécula moral» o «péptido del amor», indican que ésta promueve el etnocentrismo, el favoritismo hacia el endogrupo, el grupo propio, ya que ayuda a ver a los miembros del propio grupo como más humanos.[91] La hormona favorece la confianza, la generosidad y la cooperación hacia los miembros de nuestro grupo y un comportamiento antagonista hacia los de otros grupos. La oxitocina contribuye a la construcción de la dicotomía Ellos/Nosotros.

Concluyo este apartado sobre los mecanismos neurobiológicos de la división Ellos/Nosotros con un estudio de los mecanismos neurales asociados a las creencias que justifican o consideran apropiado el uso de la violencia política.[92] Primero se les pregunta a los participantes sus creencias sobre determinados temas políti-

91. Zhang, H.; J. Gross; C. de Dreu, e Y. Ma, «Oxytocin Promotes Coordinated Out-Group Attack During Intergroup Conflict in Humans», *Elife*, vol. 8, n.º e40698, 25 de enero de 2019, DOI: 10.7554/eLife.40698.

92. Workman, C. I.; K. J. Yoder, y J. Decety, «The Dark Side of Morality—Neural Mechanisms Underpinning Moral Convictions and Support for Violence», *AJOB Neuroscience*, vol. 11, n.º 4, octubre-diciembre de 2020, pp. 269-284, DOI: 10.1080/21507740.2020.1811798.

cos y luego se les realiza una resonancia magnética funcional. Mientras están en la máquina se les muestra una serie de imágenes de protestas violentas que son congruentes o no con sus creencias políticas. Creer que la violencia es apropiada se asoció con aumentos en ciertos parámetros en la corteza prefrontal ventromedial, mientras que una convicción moral más fuerte se asoció con aumentos en el estriado ventral y, en conjunto, se correlacionaba negativamente con la activación de la amígdala. Lo que indican estos hallazgos es que las convicciones morales sobre temas políticos aumentan su valor subjetivo y hacen que se venza nuestra aversión natural a causar un daño interpersonal. Éste es el lado oscuro de la moralidad, su capacidad para llevarnos a hacer el mal.

Ideología y tribalismo: instintos coalicionales

Estamos viendo que, desde tiempos ancestrales, para los seres humanos ha sido esencial, al encontrarse con un nuevo individuo, ser capaces de identificar si éste era miembro de «Nosotros» o de «Ellos». Tan esencial como que era una cuestión de vida o muerte, y esa necesidad está en la raíz del mecanismo psicológico que estamos tratando. Para realizar esa identificación existen muchos tipos de marcadores: la ropa, las pinturas, los adornos y tatuajes, la lengua y otros. Pero hay un marcador de la identidad grupal de una enorme importancia al que no se le suele dar la importancia que tiene: las creencias o la ideología. La ideología es un marcador de la pertenencia a un grupo o una coalición de gran relevancia; las creencias confieren identidad grupal, nos abren las puertas de la pertenencia al grupo y señalan también esa identidad hacia el exterior. Las ideas y creencias no son sólo una cuestión personal, sino fundamentalmente grupal.

El pionero de la psicología evolucionista John Tooby explica muy bien la importancia de esta relación entre nuestro sentido de pertenencia al grupo y nuestras creencias con su concepto de los instintos coalicionales.[93] Tooby comienza diciendo que todos

93. Tooby, J., «Coalitional Instincts», Edge.org, 22 de noviembre de 2017.

los seres humanos —incluidos los científicos— tienen unos programas neurales para navegar el mundo de las coaliciones. Estos programas nos permiten mantener, unirnos, abandonar, reconocer, defender, detectar, explotar, resistir, desconfiar... y atacar coaliciones. ¿Qué son las coaliciones? «Las coaliciones son grupos de individuos que, según interpretan sus miembros y/o los demás, comparten una identidad abstracta (incluidas las propensiones a actuar como una unidad, defender intereses comunes y tener estados mentales compartidos y otras propiedades de los agentes humanos individuales como el estatus y las prerrogativas).»

¿Por qué vemos el mundo de esta manera, desde el punto de vista de las coaliciones? Porque en un determinado momento la capacidad de coordinarnos cognitivamente nos llevó a darnos cuenta de que dos pueden vencer a uno, de que tres pueden vencer a dos y así sucesivamente. La mayoría de las especies no funcionan así. En el caso de los elefantes marinos, por ejemplo, el macho alfa es el que acapara a todas las hembras y los demás machos no se reproducen. Esto es así a pesar de que, si se unieran el macho beta y el macho gamma conseguirían vencer al alfa, pero su desarrollo cognitivo no da para tanto. Sin embargo, en algún momento de nuestra historia evolutiva nos dimos cuenta —en la competencia por unos recursos limitados— de que un grupo puede vencer a un individuo y de que un grupo grande puede vencer a uno más pequeño. Esto dio lugar al nacimiento de un nuevo mundo, donde los grupos rivales compiten entre sí. Y nosotros, los seres humanos actuales, somos descendientes de los seres humanos mejor equipados con estos instintos coalicionales. Esos instintos hacen que proyectemos coaliciones, sobre todo, incluso donde no deberíamos proyectar coaliciones, como es el caso de la ciencia. Somos unos locos de la identidad.

La principal función de las coaliciones, por tanto, es la amplificación del poder de sus miembros en conflicto con otros no miembros. Por ejemplo, ancestralmente, si no formabas parte de una coalición te encontrabas desnudo y a merced de cualquiera,

---

Disponible en: <https://www.edge.org/conversation/john_tooby-coalitional-instincts>.

por lo que el instinto de pertenecer a una coalición cobró urgencia, se convirtió en algo básico en nuestra naturaleza. Y esto tiene unas consecuencias muy interesantes en todos los aspectos, pero especialmente el de las creencias. La relación entre las creencias y la pertenencia a un grupo es algo de lo que no solemos ser conscientes. En concreto, es muy llamativo que los intentos coalicionales sean la razón por la que las creencias de la gente, de los grupos, puedan llegar a ser tan raras, extrañas y absurdas. Y también influyen sobre el fenómeno de la moralización, es decir, el fenómeno por el que una cosa que antes no pertenecía al terreno del bien y el mal pasa a ser algo moralizado y catalogado de bueno o de malo moralmente.

De hecho, dejar mal moralmente a los rivales, deslegitimarlos, es un objetivo de la ideología de una coalición. Es por esto por lo que, cuando se llega a un acuerdo en algo (por ejemplo, en que la esclavitud está mal), ese asunto deja de ser un tema moralmente significativo porque ya no deja a los rivales en mal lugar, ya no sirve para diferenciarnos de ellos. Como ya no podemos deslegitimar a los rivales con ese tema, surge la necesidad de moralizar otro asunto para así poder tomar nosotros la posición moralmente superior y denigrar al adversario. Vemos así que los instintos coalicionales son uno de los factores que explican el proceso de moralización.

Pero, además, para ganarte la pertenencia a un grupo tienes que emitir señales que indiquen claramente que apoyas a ese grupo y no a otros, por lo que hay que apoyar y alabar las ideas del grupo y atacar las de los grupos rivales. Y ocurre que, cuanto más apartadas estén unas creencias de la verdad neutral, mejor funcionan para comunicar la identidad de la coalición, al generar una polarización que va más allá de los desacuerdos políticos reales. Es decir, la comunicación de verdades funcionales, de verdades neutras, de hechos claros y comprobados no sirve como señal diferencial, porque cualquier persona puede manifestarlas independientemente de la lealtad al grupo. Que alguien diga que dos más dos son cuatro o que la Tierra es redonda no le puede servir a una coalición como señal identitaria, porque eso lo puede decir cualquiera, sea o no de nuestro grupo. Por el contrario, unas creencias exageradas, inusuales, por ejemplo, creencias sobrenaturales (que Dios son tres personas y una), alarmismos, conspiraciones y muchas otras creencias que circulan ahora mismo por ahí —pero que, para no herir a nadie, no voy a mencionar— es muy improbable que se digan si no es como expresión de una identidad, porque no hay una realidad externa que motive a los no miembros a decir cosas absurdas.

Pero hay otro matiz muy curioso. Si un grupo, coalición o partido político basa su identidad en creencias, vamos a decir, irracionales, supernaturales, absurdas o como queramos llamarlas, resulta —paradójicamente— que se encuentra en mejor posición para revisar las «creencias racionales» o «normales» que formen parte de su ideología sin ningún problema. Por ejemplo, un grupo unido por su creencia en algo sobrenatural puede revisar su creencia en el calentamiento global sin ningún problema, porque lo que los une no está en cuestión. Si resulta que nuevos datos científicos demuestran que lo que existe es un enfriamiento global (esto lo digo a modo de ejemplo), ese grupo o partido político puede revisar su postura en ese tema, actualizarla, y no pasa nada. Pero si existiera un partido político o una coalición basada sólo en la creencia en el calentamiento global, el miembro de esa coalición que trajera los nuevos datos sobre un enfriamiento sería considerado un mal miembro de la coalición, un traidor, y corre el riesgo de perder su trabajo, sus amigos y su identidad de grupo. Esto congela la posible revisión de las creencias (aunque tal vez llevaría, se me ocurre, o a la disolución del grupo o a «sostenerla y no enmendarla», y pasar así a ser una coalición basada en la creencia irracional de que existe un calentamiento global).

Todo esto genera un problema enorme para la ciencia y los científicos, ya que los científicos son personas como todas las demás y también están equipados con los mismos instintos coalicionales, que hacen a los colectivos más estúpidos que a los individuos. Por ello, formar coaliciones alrededor de cuestiones científicas y objetivas es desastroso, porque confronta dos instintos: por un lado, nuestro instinto de buscar la verdad, que es importante, y, por el otro, nuestro instinto de ser un buen miembro de la coalición, un instinto prácticamente insuperable. Lo más probable es que gane el instinto coalicional. Como dice Tooby, una vez que las proposiciones científicas se moralizan el proceso científico queda herido, a menudo de muerte. Y esto es lo que estamos viendo y viviendo actualmente.

Merece la pena estudiar un poco más en profundidad las ideas de John Tooby y sus colaboradores sobre la relación entre los instintos coalicionales y las creencias falsas, dado que vivimos en la era de la posverdad, como se dice, y las noticias falsas (las famosas *fake news*) nos las encontramos por todos lados, hasta el punto de que ya no sabemos si creer nada de lo que vemos en los medios de comunicación. Su visión nos va a ayudar a comprender todo lo que está ocurriendo a nuestro alrededor. Pero antes conviene afianzar el concepto, poco conocido, de que existen dos tipos de creencias: unas creencias funcionales y otras creencias sociales, distinción que han realizado diversos autores, como vamos a ver en el siguiente apartado. Es muy importante comprender la diferencia.

Creencias funcionales y creencias sociales

> La gente es aceptada o rechazada según sus creencias, luego una función de la mente puede ser sostener creencias que procuren al que las sostiene el mayor número de aliados, protectores y discípulos, más que creencias verdaderas.
>
> STEVEN PINKER

> Es peligroso tener razón en materias en las que las autoridades establecidas están equivocadas.
>
> VOLTAIRE

> Es difícil conseguir que un hombre entienda algo cuando su sueldo depende de no entenderlo.
>
> UPTON SINCLAIR

La visión tradicional sobre las creencias es que sólo estamos motivados para formar creencias verdaderas, creencias que se correspondan con el mundo exterior y que, si nos hacen ver que son erróneas, utilizaremos la razón para corregirlas. Esto es verdad sólo en parte. Kevin Simler nos abre los ojos a una realidad un poco más compleja.[94] Simler plantea que deberíamos considerar las creencias en el cerebro como los empleados en una compañía. Los empleados son contratados para hacer un trabajo, a saber, ayudar a la compañía a conseguir sus objetivos. Si el empleado cumple este trabajo, se queda; si no lo cumple, es despedido. De la misma manera, podemos pensar que las creencias han sido contratadas por el cerebro para hacer un trabajo, que es proporcionar una información precisa acerca del mundo: necesitamos saber dónde hay leones (para evitarlos), qué plantas se pueden comer y cuáles son venenosas, con quién se puede ligar porque está libre, etc. Cuanto más acertadamente reflejen nuestras creencias la realidad, mejores acciones emprenderemos en el mundo real y mayores serán nuestra supervivencia y nuestro éxito reproductivo. Si una creencia modela mal el mundo exterior, deberíamos deshacernos de ella. Hasta aquí todo claro, no podemos actuar basándonos en falsas creencias. A estas creencias «realistas» las vamos a llamar «creencias funcionales».

Pero hay más. Imaginemos una compañía llamada Acme Corp. instalada en una pequeña ciudad llamada Nepotsville (de *nepotismo*). En esa ciudad existe una regla no escrita según la cual para poder hacer negocios allí las compañías deben contratar a amigos y familiares de los políticos del ayuntamiento. Las compañías que cumplen la regla reciben permisos y se adjudican contratos, y las que no cumplen la norma reciben demandas judiciales y al final se les impide trabajar. En este tipo de ambiente, Acme se enfrenta a dos tipos de incentivos: uno pragmático y otro político. Por un lado, como toda compañía, tiene que hacer proyectos, presupuestos, etc., y para ello necesita seguir una meritocracia, es decir, contratar empleados eficaces, buenos trabajadores y despedir a los malos. Pero, al mismo tiempo, Acme necesita templar gaitas con los políticos, y caer en un «amiguismo» por el

94. Simler, K., «Crony Beliefs», *Melting Asphalt* [blog], 2 de noviembre de 2016. Disponible en: <https://meltingasphalt.com/crony-beliefs/>.

que va a contratar a empleados «bien conectados» políticamente con el ayuntamiento y tiene que evitar que se despida a estos empleados, aunque lo hagan mal, es decir, tiene que olvidarse de la meritocracia. Imaginemos que Acme contrata a un tal Robert, que es sobrino del alcalde, y que a los seis meses lo va a evaluar. Robert es un trabajador terrible, pero se le trata con guantes de seda porque es el sobrino del alcalde. Desde luego, no se le despide. Está claro que Robert es un empleado diferente, con él no rige la meritocracia. Y esto es lo que sostiene Simler que ocurre con creencias muy locas y extrañas que tenemos los humanos: conspiraciones, álienes, creencias religiosas, políticas... Estas creencias no serían contratadas para que nos representen el mundo de forma fidedigna, sino por sus ventajas sociales y políticas, y las vamos a llamar «creencias sociales».

Robin Hanson lo explica de una manera parecida comparando las creencias con la ropa.[95] La ropa que vestimos tiene que mantenernos calentitos, protegernos de heridas, ayudarnos a llevar cosas encima, etc. Ése es su lado funcional. Pero la ropa también nos sirve para identificarnos con un grupo u otro, para señalar nuestra riqueza, profesión, estatus social, etc. Es decir, la ropa tiene una función social. Con las creencias, repite Hanson, ocurre lo mismo: también sirven para identificarnos con grupos, para señalar nuestra riqueza, profesión y estatus social.

La cuestión de fondo es que la función del cerebro no es encontrar la verdad, sino ayudar a los genes a hacer más copias de sí mismos. Por ello, si el cerebro prevé que va a ser recompensado por adoptar una determinada creencia, no tendrá ningún problema en hacerlo y no se preguntará si la recompensa viene por un motivo pragmático (porque ayuda a tomar mejores decisiones en el mundo real) o por un motivo social (porque va a ser mejor tratado por sus iguales) o por una mezcla de los dos. Está claro que la separación entre estos dos tipos de creencias no es total y que hay un solapamiento. Por ejemplo, las creencias sociales son funcionales porque llevan a los resultados pragmáticos de una mayor supervivencia,

95. Hanson, R., «Are Beliefs like Clothes?». Disponible en: <https://mason.gmu.edu/~rhanson/belieflikeclothes.html>.

pero mantener la distinción de que unas creencias son más útiles en el mundo real físico y otras en el mundo social es importante, porque normalmente nos olvidamos de las creencias sociales y no nos damos cuenta de lo relevantes y omnipresentes que son. En cualquier sitio que miremos nos encontramos con presiones para adoptar creencias sociales. En el trabajo nos recompensan si creemos cosas buenas acerca de la empresa. En la Iglesia nos recompensan si tenemos fe y nos excomulgan si adoptamos una herejía. En la política ocurre exactamente lo mismo, y se recompensa seguir la línea del partido y se castiga no seguirla, etc. En definitiva, los incentivos sociales tienen el potencial de distorsionar las creencias.

Hasta ahora hemos establecido que el cerebro «responde a los incentivos», lo que le adjudica un papel pasivo. Pero hay que adoptar también otra perspectiva, la de que el cerebro adopta activamente creencias sociales para influir en otra gente. En otras palabras, usamos las creencias sociales para posar o «posturear». Unas veces nos puede interesar adoptar unas creencias para pasar desapercibidos, otras para hacernos notar y señalar lo independientes que somos, otras para adular al que manda, otras para señalar lo buenos que somos y nuestra superioridad moral (el *virtue signalling* o señalamiento de virtud tan generalizado en las redes sociales), etc. Hay que tener presente también que tenemos que posturear ante diferentes públicos y que las creencias que nos vienen bien ante los amigos quizá nos perjudican ante nuestros compañeros de trabajo o de partido, por ejemplo. Así que la interacción entre estas dos creencias es complicada.

Simler aventura la hipótesis de que los incentivos sociales son la raíz de todos nuestros grandes errores de pensamiento. Imaginemos que en vez de *Homo sapiens* fuéramos la especie «solo sapiens», una especie igual de inteligente que la *Homo*, pero sin vida social. En este caso, nuestra mente sería una limpia y eficaz máquina de procesar información que intenta simplemente hacer el mejor modelo del mundo posible. Seguro que produciría errores debido a los factores normales: información imperfecta, tiempo limitado, capacidad de procesamiento reducida, etc. Pero estos errores serían pequeños y corregibles. Nada que ver con los groseros, sistemáticos y terribles errores de las creencias sociales.

Vivimos con otra gente y el problema es que los demás nos recompensan por creer falsedades y nos castigan por creer la verdad.

¿Tenemos alguna manera de saber cuáles de nuestras creencias son sociales? Parece lógico que nuestra mente debería saber de alguna manera que una creencia es social para no descartarla creyendo que es una mala creencia funcional y arriesgarnos así a un grave costo social. Simler da algunas pautas para diferenciar entre ambos tipos de creencias:

- Con una creencia funcional no hay problema en que nos digan que estamos equivocados y corregirla. Si me dicen que el partido de fútbol de mi hijo no es a las seis de la tarde, como yo creía, sino a las cinco, pues yo encantado, ningún problema. Pero las creencias sociales son otro asunto. Como no buscan reflejar bien la realidad, no tenemos necesidad de desear que nos las critiquen, sino todo lo contrario. Es más, las creencias sociales necesitan ser protegidas de las críticas, porque no serían capaces de soportarlas. Por ello, debemos esperar que nuestro cerebro adopte una actitud de protección y defensa de nuestras creencias sociales.
- Las creencias funcionales tienen valor porque reflejan bien el mundo y nos ayudan a elegir buenas acciones. Si una acción (como votar) no produce beneficios materiales de algún tipo, entonces es una creencia social.
- Beneficio de la duda. Cuanto más nos ciega una idea (religiosa, política, etc.), más probabilidad de que sea social.
- Visibilidad. Cuanto más destacada y manifiesta, cuanto mayor sea nuestra necesidad de hablar de esa creencia, de exhibirla como un pin, más probable es que sea social.
- Exceso de confianza. Las creencias sociales tienen más valor social cuanta más confianza tengamos en ellas.
- Resistencia a apostar. Apostar por una creencia es como actuar basándonos en ella. Si no estamos dispuestos a apostar por ella es que alguna parte de nuestra psique sabe que es poco probable que sea verdad.
- Emociones fuertes. El signo más distintivo de una creencia social es que da lugar a unas fuertes emociones, como sen-

tirnos orgullosos de esa creencia o sentir angustia ante la necesidad de tener que cambiarla, o ira si somos criticados. Estas emociones no tienen sentido en una creencia funcional, pero por supuesto tienen todo el sentido en una creencia social, ya que necesita especial protección porque no resistiría el desafío propio de una meritocracia.

Simler utiliza un argumento muy provocador e interesante —aunque discutible— para intentar convencernos de que muchas de las creencias que nosotros consideramos fruto de la lógica y el razonamiento son en realidad creencias sociales. Él lo aplica a la creencia sobre el cambio climático, pero el argumento funciona con otras creencias. El planteamiento de Simler es que el mecanismo de recompensa de esa creencia es social. ¿Por qué? Porque no hay forma de actuar basándonos en esa creencia. Es decir, no hay acciones que yo pueda emprender cuya recompensa (para nosotros como individuos) dependan de que esa creencia sea verdadera o falsa. Éste sería el caso, por ejemplo, de un inversor de un *hedge fund* que hubiera puesto dinero en que el clima va a evolucionar de una manera u otra. Para la mayoría de nosotros, nuestros incentivos por esa creencia respecto al cambio climático provienen completamente de otra gente, no de la verdad o falsedad de la creencia. Pero este argumento sobre el cambio climático vale para otros tipos de creencias diferentes: creencias políticas, religiosas, éticas, sobre los grupos de identidad... El argumento de Simler —controvertido, aunque da que pensar— es que puesto que es imposible actuar basándonos en estas creencias, no hay fuentes legítimas de recompensa para ellas. Sin embargo, nuestro grupo nos otorga enormes recompensas sociales por profesarlas.

Un enfoque más filosófico de este tema, pero también muy interesante, es el del filósofo Daniel Williams sobre lo que él llama «creencias socialmente adaptativas».[96] Williams aborda el fenómeno por el que la formación de nuestras creencias es sensible

96. Williams, D., «Socially Adaptive Belief», *Mind & Language*, vol. 1, n.º 22, 2020. Disponible en: <https://doi.org/10.1111/mila.12294>.

a castigos y recompensas sociales y, aun a riesgo de repetir ideas similares a las de Simler o Hanson, creo que la importancia del tema lo justifica.

Williams analiza estas «creencias socialmente adaptativas» (CSA) y la hipótesis que defiende es que la formación de creencias en los seres humanos es sensible a las recompensas y castigos sociales, de modo que las creencias se forman a menudo sobre la base de las expectativas inconscientes de sus probables efectos sobre los demás, agentes que frecuentemente nos recompensan cuando tenemos creencias sin fundamento y nos castigan cuando tenemos creencias razonables. Somos una especie donde existe un escrutinio social importante de las creencias y, por tanto, formar creencias de una manera que sea sensible a sus probables efectos sobre otros agentes conduce a un éxito práctico en la vida.

Como decía Simler, cuando realizamos actividades que tienen que ver con el mundo físico real, es importante manejar información fiable y creencias que reflejan o se corresponden con el mundo real. Por ejemplo, si vamos a ir de vacaciones, necesitamos información fiable de destinos, lugares, precios, climas, tiempos de viaje, etc. Nuestras representaciones internas y creencias son como mapas por los que nos guiamos, y es fácil entender que necesitamos que reflejen con seguridad el mundo exterior. Pero es un hecho observable que las personas tenemos muchas creencias irracionales. La pregunta es por qué los seres humanos tenemos con tanta frecuencia creencias irracionales y por qué la evolución ha dado lugar a un organismo que es sistemáticamente irracional.

Lo que hasta ahora no se había tenido en cuenta es que en nuestra especie nuestras creencias son objeto de un intenso escrutinio. Otros agentes tienen acceso a lo que creemos y frecuentemente nos recompensan por creencias sin fundamento real y nos castigan cuando tenemos creencias razonables. Esto crea poderosos incentivos para que individuos por lo demás razonables formen creencias de manera que sean sensibles a esas recompensas y castigos. Muchas veces capitulamos ante estos incentivos sociales, pero hay que tener en cuenta que el alejamiento de la racionalidad no se debe a una irracionalidad lógica, sino a una búsqueda muy bien calibrada de nuestro propio interés. Esto es importante porque, como veremos, para combatir las creencias irracionales no nos va a servir de mucho dar razones; deberemos tener en consideración la función social que tienen esas creencias irracionales.

Habría dos mecanismos por los que podemos llegar a creencias irracionales. Uno consiste en las limitaciones de tiempo, recursos, potencia computacional, en definitiva. Llegar a una creencia correcta sobre el mundo requiere esfuerzo, tiempo y dedicación, y muchas veces hay que decidir antes de poder estudiar con todo detenimiento un problema. Aplicamos un heurístico o una regla general que funciona bien la mayoría de las veces y seguimos adelante. La segunda fuente de creencias irracionales sería por influencias motivacionales, las cuales surgen cuando los individuos eligen y procesan información para llegar a conclusiones a las que quieren llegar por razones independientes de la verdad. A estas influencias motivacionales se las ha llamado «cognición motivada» en la psicología o «utilidad basada en la creencia» en las ciencias sociales. ¿Por qué iban los individuos a asignar valor a las creencias por razones independientes de la verdad? La respuesta más simple es que las creencias generan efectos que Williams llama «no epistémicos». Efectos epistémicos son aquellos que se refieren al contenido informativo o de conocimiento de las creencias y que nos informan del estado del mundo. Pero las creencias tienen efectos más allá de simplemente informar nuestras deliberaciones. Por ejemplo, tienen un importante impacto emocional, nos hacen sentir felices, orgullosos, avergonzados o deprimidos. Y también influyen en que seamos aceptados o no por el grupo. Así que la cognición motivada es aquella que ocurre cuando los individuos están motivados para llegar a ciertas creencias por razones independientes de su verdad o falsedad. Las creencias adaptativas socialmente serían un tipo de razonamiento motivado, en este caso por razones del efecto de las creencias sobre nuestra integración y éxito en el grupo.

Según Williams, habría tres características de la vida social humana que socavan la conexión entre las creencias verdaderas y el éxito práctico. La primera es que los demás tienen acceso a nuestras creencias. Aunque de una manera imperfecta, somos capaces de leer la mente de los demás a partir de lo que dicen, de su lenguaje corporal y de cómo se comportan. Esta capacidad no es infalible, pero existe. En segundo lugar, a los demás les importa lo que creemos y responden de diferente manera según lo que creemos, y esto tiene efectos dramáticos sobre nuestro bienestar. Nuestro éxito en la vida depende de la impresión que causemos a los demás, y las creencias que tengamos son muy relevantes para esta impresión. Finalmente, no ocurre sólo que nuestras creencias tengan efectos determinantes sobre nuestro éxito social, sino que el tipo de creencias que tienen efectos positivos sociales son muy diferentes del tipo de creencias que tendríamos si no existieran esos efectos sociales. Más en concreto, unas creencias sin fundamento pueden dar lugar a respuestas deseables por parte de los demás, y unas creencias razonables pueden dar lugar a efectos no deseables. El ejemplo más obvio es el fenómeno por el que las personas son condenadas al ostracismo o incluso asesinadas por no creer los mitos religiosos o políticos de las comunidades que las rodean.

Formar creencias que son sensibles a las recompensas y castigos sociales conduce al éxito en la vida; los que lo hagan van a tener más éxito que los que no lo hagan. Pero también es una cuestión de costes y beneficios, y esto depende del contexto social concreto en el que nos encontremos. Los beneficios de tener creencias socialmente adaptativas aumentan en proporción al escrutinio social de las creencias, es decir, sólo es muy importante tenerlas en ambientes donde a los demás les importan mucho. También, cuanto más se recompense socialmente las creencias irracionales, más beneficio tendrá sostenerlas.

Podríamos plantearle a Williams, por lo menos, un par de objeciones. En primer lugar, podríamos pensar que sería más práctico engañar a los demás: fingir que tenemos unas creencias, pero no tenerlas realmente. Ésta sería la jugada perfecta, porque tenemos las ventajas sociales, pero a la vez tenemos las ventajas de seguir dentro de la realidad y saber cómo son las cosas en verdad. Es evidente que esto ocurre, y la gente miente y engaña acerca de sus creencias, pero hacerlo tiene un coste, y en determinados ambientes es letal si te descubren. Así que Williams sostiene que hay casos en los que tener creencias genuinamente irracionales compensa y que pueden existir mecanismos psicológicos para formarlas. La segunda objeción es que estoy hablando todo el rato de formar creencias usando la misma expresión que utiliza Williams, y esto puede dar la impresión de que él sugiere que podemos elegir nuestras creencias a voluntad. Por supuesto, hay que aclarar que no es eso lo que Williams piensa, sino que es una forma de hablar. El individuo no razona: «Si creo P, voy a tener grandes ventajas sociales y voy a triunfar, por tanto, voy a creer P». Williams plantea que las creencias socialmente adaptativas son un tipo de cognición motivada y de la cual no somos conscientes, es decir, que el origen de las creencias adaptativas socialmente sería inconsciente.

Williams ilustra su artículo con tres ejemplos de creencias socialmente adaptativas: las confabulaciones, las ilusiones positivas estudiadas por Shelley Taylor[97] (que el pensamiento humano normal tiene un sesgo hacia el optimismo y nos autoengañamos) y la cognición protectora de la identidad, a la que me voy a referir. La cognición protectora de la identidad es la tendencia de los individuos a elegir y procesar información de maneras destinadas a proteger su estatus como miembros de un grupo o subcultura deseable. Aparece cuando ciertas creencias se asocian fuertemente con coaliciones a las que los individuos quieren pertenecer (los instintos coalicionales de Tooby). En muchas coaliciones religiosas o políticas tener ciertas creencias es parte de los criterios de pertenencia, y la disensión lleva a la exclusión, el ostracismo o la muerte. Cuando estas creencias no coinciden con los datos y la evidencia, el individuo tiene el fuerte incentivo de procesar la información de manera que no lo lleve a la verdad, sino a las creencias más convenientes para su admisión e inclusión en el grupo. Aquí vemos que Williams se solapa con toda esta literatura que estamos revisando y que contempla las creencias como señales de

97. Taylor, S., *Positive Illusions: Creative Self-Deception and the Healthy Mind*, Basic Books, 1991. Versión castellana de Patricia Shelly, *Seamos optimistas*, Martínez Roca, 1991.

identidad y pertenencia. Dados los altos niveles de escrutinio social, hay que creer aquello que señale al grupo nuestra pertenencia, es decir, los alicientes para tener creencias que nos integren en el grupo son mayores que para tener creencias que se correspondan con la evidencia científica.

Y todavía podemos darle una vuelta de tuerca más a la relación entre las creencias y la pertenencia al grupo: cuanto más raras son las creencias, mejor funcionan para señalar la lealtad al grupo. Robert Kurzban y John Christner han formulado precisamente la hipótesis de que las creencias raras o incluso falsas son un dispositivo para el compromiso con el grupo, algo que va en la misma línea que las hipótesis de Tooby.[98] Un parámetro clave que un grupo examinaría a la hora de aceptar a un miembro sería su probabilidad de cambiar de bando si las cosas se ponen feas o aparecen oportunidades mejores en otros grupos. Esto sugiere que la capacidad para señalar que uno no quiere —o mejor aún, que uno no puede— cambiar de bando sería muy beneficioso para el individuo porque le haría más valioso para el grupo. Y una forma de resolver este problema del compromiso podría ser mantener una creencia que haga al sujeto incapaz de pertenecer a todos los grupos excepto al que quiere señalar su lealtad. Muchos grupos religiosos tienen éxito porque las creencias que les hacen distintos provocan el ridículo, el aislamiento o la persecución. Con esas creencias no se puede ir a ningún sitio, no se puede salir del grupo. Casi podríamos decir que lo raro de muchas creencias se debe precisamente a este mecanismo. Como otros grupos religiosos pueden tener creencias más normales o menos extremas, hay que recurrir a creencias cada vez más extrañas para poder diferenciarse.

Sobre este asunto de la función social de las creencias volveremos a lo largo del libro, pero si Williams, Simler y otros tantos tienen razón —y todo indica que la tienen—, una moraleja clara de este planteamiento es algo que ya decía Jonathan Swift: «No

98. Kurzban, R., y J. Christner, «Are Supernatural Beliefs Commitment Devices for Intergroup Conflict?», en Forgas, J. P., A. W. Kruglanski, y K. D. Williams (eds.), *The Sydney Symposium of Social Psychology*, vol. 13: *The Psychology of Social Conflict and Aggression*, Psychology Press, 2011, pp. 285-299.

puedes disuadir con razones a nadie de algo de lo que no fue convencido por razones». Es decir, combatir con razones algo que no tiene su origen en las razones (sino en las motivaciones sociales y coalicionales del individuo) es absolutamente estéril y a donde tenemos que mirar es al mundo social y a la dinámica de grupos en la que el individuo se encuentra inmerso. Como es fácil sospechar, las intervenciones que puedan conseguir cambios van a ser muy difíciles de implementar.

Vamos a ver ahora más en detalle la relación entre la mentira y la falsedad con los instintos coalicionales, con el tribalismo de nuestra mente moral.

La psicología evolucionista del conflicto y las funciones de la mentira

> Cuando se declara la guerra, la verdad es la primera víctima.
>
> Arthur Ponsonby

Estamos viviendo una época donde las falsedades y las mentiras se extienden a mayor velocidad que las verdades. Creemos que es una característica de los nuevos tiempos, pero la relación entre la mentira y el conflicto es muy antigua. El hecho de que los conflictos entre grupos hayan sido muy frecuentes en la historia evolutiva de nuestros ancestros ha construido motivaciones psicológicas en la mente humana para diseminar información que: movilice al grupo interno (endogrupo) contra el grupo externo (exogrupo); facilite la coordinación de la atención y de los esfuerzos dentro del grupo; y señale el compromiso con el grupo de los miembros de ese grupo.

John Tooby y sus colaboradores señalan que la psicología humana está diseñada para seleccionar y diseminar información que sea eficaz para conseguir estos objetivos, no información que sea verdadera.[99] Es decir, los seres humanos, en caso de conflicto

99. Petersen, M. B.; M. Osmundsen, y J. Tooby, «The Evolutionary Psychology of Conflict and the Functions of Falsehood», en Barker, D. C. y E. Su-

con otros grupos, están psicológicamente preparados para priorizar la falsedad sobre la verdad.

La visión tradicional sobre las creencias es que sólo estamos motivados para formar creencias verdaderas, creencias que se correspondan con el mundo exterior. Esto es verdad en parte, como veíamos en el apartado anterior. Es cierto que es adaptativo y eficaz tener creencias correctas acerca de dónde hay agua o animales para cazar, o dónde hay peligros de todo tipo. Pero la generación, adopción y propagación de creencias evolucionaron para servir a otras funciones, y parte de estas funciones se pueden cumplir creando, adoptando o diseminando información falsa. Como vamos a ver, la verdad de una creencia no es relevante para cumplir con estas otras funciones.

Uno de los problemas principales a los que se enfrentaron nuestros ancestros fueron los conflictos con otros grupos, y la existencia de estos conflictos ha seleccionado, según los autores que citamos, unos mecanismos psicológicos diseñados para propagar falsas creencias. La circulación de falsedades y mentiras puede haber servido para que unos grupos derroten a otros.

Conflictos en animales no humanos

Cuando dos animales de la misma especie tienen un conflicto (por comida, territorio, parejas, etc.), suelen seguir una serie de pasos para valorar si tienen probabilidades de victoria y no meterse en una batalla que pueden perder y sufrir las graves consecuencias derivadas de ello. En la mayoría de los casos, el mejor predictor de la capacidad de lucha es el tamaño y la fuerza física. De manera que la selección natural ha construido mecanismos en la mente de los animales para evaluar el tamaño y la fuerza del competidor. Por ejemplo, en el caso de los ciervos, una posible pelea suele comenzar con unos berridos a distancia, ya que hay una correlación entre el tamaño físico y el volumen de los

hay (eds.), *The Politics of Truth in Polarized America Concepts, Causes and Correctives*, Oxford University Press, próximamente.

berridos. Después pasan al «paseo en paralelo», en el que pueden valorar quién es más grande y más fuerte. La idea es no pelear con alguien más fuerte.

Pero lo que ocurre en estas peleas es que emitir señales que exageran nuestra fuerza y tamaño tiene beneficios adaptativos, y precisamente esto es lo que ha hecho la selección natural: construir mecanismos para engañar y para instilar falsas representaciones en la mente de nuestros adversarios. Si el oponente piensa que somos más grandes de lo que somos, se retirará de una pelea que en realidad podría haber ganado. Un mecanismo muy conocido es el de la piloerección. A muchos animales se les eriza el pelo cuando pelean para emitir la señal de que son más grandes físicamente de lo que realmente son.

La idea esencial con la que quedarnos es que los animales manipulan las representaciones mentales de sus adversarios cuando hay conflicto. También es importante tener en cuenta que esto ocurre porque previamente existen unos sistemas de comunicación en los que hay emisores y receptores de señales. Como la manipulación de estas comunicaciones puede ser beneficiosa o adaptativa, la selección natural la ha implementado. Debemos señalar que la conducta de los demás es un recurso tan importante para nosotros como el agua o la comida, y conseguir que esa conducta sirva a nuestros intereses es esencial en nuestra especie. La manipulación de la mente de los demás es evidentemente la forma de manipular su conducta.

Los conflictos entre grupos humanos y la selección de instintos coalicionales

En la evolución humana (aunque no sólo en la humana) hay un salto que lo cambia todo: el momento en que se descubre que la asociación de varios individuos permite vencer a otros que son más fuertes. Hay especies cuyos miembros van por el mundo de forma aislada, y los individuos más débiles no se dan cuenta de que si se unieran podrían derrotar a los más fuertes. En los chimpancés y otros primates ya se producen alianzas entre dos o más machos para desplazar al macho alfa, o entre grupos de hembras. Y, en los seres humanos, esta colaboración entre individuos no emparentados alcanza un desarrollo mayor. En algún momento se descubre que, en la competición con los demás, formar coaliciones es un arma ganadora, que dos vencen a uno, que tres pueden vencer a dos, etc. Ya hemos hablado de esos importantes instintos coalicionales. El resultado de este salto cualitativo es que si tú no tienes una coalición, estás desnudo y a merced de cualquiera que la tenga. Pertenecer a una coalición se convirtió en algo tan imperativo como la comida o el aire que respiramos. Y esto cambió nuestra psicología. El instinto de pertenecer a una coalición tuvo una urgencia psicológica que la colocó por encima de otras necesidades, como la de la verdad de nuestras creencias. El contenido de las creencias de un grupo es a menudo menos importante que el hecho de que todos los miembros del grupo tengan las mismas creencias, ya que de esta manera producen un grupo unido con unas obligaciones mutuas.

Además, los conflictos humanos casi nunca son individuales. Aunque lo sean en un principio, los observadores, los amigos, los familiares, etc., acaban implicados. Y en las sociedades modernas los conflictos entre grupos ocurren no sólo entre individuos, sino que implican a amigos, vecinos, pueblos, etnias, organizaciones políticas y naciones enteras. En los conflictos entre grupos es esencial la cohesión y una buena coordinación de las acciones y de los esfuerzos entre todos los miembros del grupo. En igualdad de condiciones, el grupo que resuelva mejor estos problemas de coordinación de la acción y de la cooperación será el vencedor. Y esto da lugar a una característica esencial de los conflictos entre grupos humanos que no se da en otras acciones colectivas, como puede ser la caza. La acción colectiva de cazar supone superar un umbral de coordinación que es *absoluto*. Lo que hay que hacer para cazar un mamut o un ciervo siempre es más o menos lo mismo. Es verdad que el animal puede ser más o menos grande y las circunstancias del entorno pueden ser diferentes, pero el nivel de ejecución y eficacia al que debe llegar el grupo es conocido de antemano. En los conflictos con otros grupos humanos la diana es móvil, por así decirlo, y el umbral de eficacia y coordinación que debemos superar es *relativo* a la capacidad y competencia del grupo rival.

Conviene señalar, ya que hablamos del problema de la coordinación, el papel que desempeñan los líderes. Según la psicología evolucionista, la existencia de los líderes es un mecanismo de respuesta a este problema de coordinación.[100] Si cuando aparece el grupo enemigo por la colina no somos capaces de coordinar nuestras acciones, vamos a morir todos. Es necesaria una autoridad que dirija, y por eso se suele recurrir a líderes autoritarios en tiempos de conflicto. Pero conviene matizar un aspecto. Existe la visión de que la gente o la masa es muy manipulable y sigue a ciegas las consignas de cualquier demagogo. Hay bastante literatura que critica esta idea; la realidad es que la gente no es tan crédula como solemos pensar, y que por lo general los líderes no crean desde la nada algo que no existe, sino que se aprovechan y navegan una ola que ya estaba allí.[101]

El caso es que los conflictos entre humanos han sido una presión evolutiva más fuerte que otras acciones colectivas para desarrollar habilidades de coordinación y valoración de las capacidades y recursos, tanto los de nuestro propio grupo como los del grupo rival. Según este razonamiento, al igual que los animales desarrollaron estrategias para hacer creer al adversario que son más grandes y fuertes de lo que realmente son, los grupos humanos también han desarrollado estrategias para señalar a los grupos rivales que son más numerosos, más fuertes y que están más unidos de lo que realmente son y están. Todo esto se observa en acciones como los gritos de batalla, las danzas de los pueblos primitivos, los desfiles militares en naciones más modernas y todo tipo de exhibiciones que puedan intimidar al rival.

En este contexto es donde apreciamos que las mentiras y falsedades pueden ser procesos esenciales en los conflictos, porque pueden mejorar la coordinación del endogrupo y engañar al exo-

100. Petersen, M. B., «The Evolutionary Psychology of Mass Mobilization: How Disinformation and Demagogues Coordinate rather than Manipulate», *Current Opinion in Psychology*, n.º 35, octubre de 2020, pp. 71-75, DOI: 10.1016/j.copsyc.2020.02.003.

101. Mercier, H., «How Gullible Are We? A Review of the Evidence from Psychology and Social Science», *Review of General Psychology*, vol. 21, n.º 2, 2017, pp. 103-122. Disponible en: <https://doi.org/10.1037/gpr0000111>.

grupo. Los autores señalan en concreto tres funciones que pueden cumplir:

1. Compartir información falsa puede resolver problemas de coordinación.
2. Manifestar o estar de acuerdo con creencias falsas puede señalar de una forma efectiva el compromiso de un individuo con la causa del grupo.
3. Los líderes pueden demostrar su capacidad, su potencial de ayudar al grupo y su dominancia compartiendo información falsa.

Vamos a ver cada uno de los puntos por separado.

Las falsedades como herramientas para la coordinación

En su libro *The Deadly Ethnic Riot*, Horowitz revisa un gran número de estudios acerca de lo que ocurre durante y después de las matanzas étnicas a lo largo del tiempo y en todos los lugares del mundo.[102] Una de las herramientas que se observa es la circulación de rumores: las informaciones no verificadas —y no verificables— desempeñan un papel central en las masacres étnicas. Y prevalecen sobre las verdades, porque los rumores ayudan a coordinar, organizar y a motivar para la acción que ya está en curso o que se va a poner en marcha en breve. Los contenidos de los rumores suelen ser que el enemigo desvaloriza a nuestro grupo, que el enemigo es muy poderoso y que está a punto de atacar. Suelen circular rumores de terroríficas atrocidades cometidas por los miembros del exogrupo contra los del endogrupo: matar niños, envenenar pozos de agua, violar mujeres, etc. Según Horowitz, cuanto más terroríficos son los rumores, más horribles son las masacres subsiguientes. Los rumores comuni-

102. Horowitz, D. L., *The Deadly Ethnic Riot*, University of California Press, 2003.

can un sentido de urgencia: «Hay que hacer algo y hay que hacerlo ya».

Otro elemento de estos rumores o falsedades es que suelen gravitar hacia información que no se puede confirmar (conspirativa) y que exagera la realidad. Hay sucesos que están ocurriendo en secreto (lo vemos ahora con las teorías con protagonistas como Bill Gates, Soros, etc.) en lugares ocultos, con intenciones ocultas y, por eso mismo, imposibles de confirmar. Como es inverificable, se puede presentar a modo de apuesta: «No sé si es verdad, pero...», lo que genera la duda. Hay muchos estudios sobre el razonamiento motivado, el sesgo de confirmación y el «sesgo de mi lado» que señalan que, cuando una información coincide con nuestras creencias o nuestros intereses, desconectamos nuestra mente crítica y nuestros criterios de objetividad y la asumimos como cierta.

En resumen, hay razones para creer que, en el contexto de un conflicto entre grupos, la mente humana prioriza la información falsa sobre la verdadera. Esta priorización no ocurre porque la mente humana esté valorando la veracidad de la información y eligiendo entre lo verdadero y lo falso. La prioridad es el potencial de movilización, y la veracidad no es una dimensión relevante. En este contexto, la información falsa y extrema es con frecuencia más útil.

Las mentiras como señal de lealtad

Hemos mencionado previamente la hipótesis de Kurzban y Christner, y Tooby y sus colaboradores coinciden totalmente con ella. La coordinación requiere un conocimiento común y una coordinación mental del grupo. Uno tiene que emitir las señales que revelan que «está en la pomada», que sabe lo que se está cociendo, que comparte lo que los otros saben y la misma visión común. En este sentido, emitir información que yo puedo encontrar fuera de la coalición es una mala señal, porque no indica que yo estoy con la coalición y formo parte de ella. Pero si emito las señales que circulan en el grupo (por muy extremas y falsas que sean), entonces sí estoy señalando a mis compañeros que estoy con ellos. Este mecanismo de «exclusividad» explica que se puedan llegar a creer las cosas más peregrinas y locas.

Las mejores creencias para señalar el compromiso con el grupo son las creencias que el otro grupo condenaría. Por ello, un componente de esta psicología de las coaliciones es la motivación para adoptar precisamente las creencias contrarias a las del grupo rival. En las ciencias políticas se ha demostrado repetidamente que, cuando a los individuos se les informa de que una creencia o posición es sostenida por el partido rival, ellos la condenan y adoptan la contraria. Por el contrario, si les informan de que algo lo ha dicho o lo mantiene un líder de su grupo, entonces lo aprueban y lo comparten, aunque en realidad sea una creencia del grupo contrario. Los psicólogos están encontrando también que este mecanismo psicológico se acentúa cuando los individuos se sienten amenazados y tienen miedo. Las creencias se radicalizan, entran en una espiral descontrolada y llegan a extremos trágicos, como hemos visto en algunas sectas o grupos religiosos, por ejemplo. Como la función de las creencias es señalar la pertenencia y compromiso al grupo, cuanta más necesidad de señalar el compromiso, más extremas y costosas (en el sentido de entrar en conflicto con la realidad) se volverán las creencias, y sólo los más devotos serán capaces de adoptarlas.

Las falsedades como señal de dominancia

Hacer declaraciones que contengan falsedades no sólo pueden señalar tu motivación para ayudar al grupo en un conflicto. También pueden señalar tus capacidades para llevar al grupo a la victoria. La psicología humana en tiempos de conflicto está diseñada para promocionar a los líderes que tienen las características personales que les permiten solucionar los problemas eficazmente.

Una de estas características es la dominancia (hablamos de la dominancia y el prestigio en el segundo capítulo), que es la capacidad para inducir el cumplimiento de una acción por medio de la intimidación y la coerción. La investigación señala que la gente tiene una preferencia por líderes dominantes en tiempos de guerra y conflictos (lo que probablemente refleja la motivación para escalar la agresión contra el exogrupo).[103] Y es importante señalar que mantener creencias extremas, o incluso falsas, puede por sí mismo señalar dominancia. La dominancia se manifiesta esencialmente desafiando a los demás. Como venimos diciendo, una función de las creencias es servir como insignias o señales de pertenencia al grupo, por lo que una manera de desafiar a los demás es simplemente negar sus creencias. Cuanto más contradiga una afirmación las creencias del otro grupo, mejor servirá como señal de dominancia. Hay que ser fuerte para atreverse a desafiar al enemigo, y las falsedades pueden, por tanto, ser una señal de que el que las manifiesta reúne las cualidades para guiar al grupo. Investigadores como Hahl y sus colaboradores se han encontrado con la paradoja de que los políticos que mienten de forma más obvia son los que parecen más auténticos, porque se atreven a desafiar las normas.[104]

Conclusiones sobre la función de la mentira

No hay duda de que tener un sistema perceptivo fiable que estime la «verdad» o realidad de las cosas es adaptativo: es eficaz calcular bien la distancia o velocidad de una bola o una presa, si queremos atraparla. Además, los seres humanos somos animales sociales y nuestros intereses pueden entrar en conflicto con los de nuestros semejantes, y es beneficioso disponer de mecanismos psicológicos que eviten que seamos engañados. No hay duda de esto. Pero, a la vez, las situaciones de conflictos entre grupos con las que han tenido que convivir nuestros ancestros a lo largo de nuestra evolución como especie han dado lugar a mecanismos psicológicos que ponen la pertenencia a una coalición por enci-

103. Lausten, L., y M. B. Petersen, «Perceived Conflict and Leader Dominance: Individual and Contextual Factors Behind Preferences for Dominant Leaders», *Political Psychology*, n.º 38, 2017, pp. 1083-1101. Disponible en: <https://doi.org/10.1111/pops.12403>.

104. Hahl, O.; M. Kim, y E. W. Zuckerman Sivan, «The Authentic Appeal of the Lying Demagogue: Proclaiming the Deeper Truth about Political Illegitimacy», *American Sociological Review*, vol. 83, n.º 1, 2018, pp. 1-33.

ma de la verdad. Estos mecanismos hacen que crear, mantener y diseminar información falsa pueda ser más beneficioso que sostener creencias más acordes con la realidad. Este mecanismo psicológico no sería un fallo de la mente humana, sino una característica de su diseño. Favorecer la rápida acción colectiva ha sido clave en la supervivencia de nuestros ancestros y las falsedades desempeñan en ello un papel facilitador.

Hemos tratado tres formas en que las falsedades pueden servir a una función adaptativa: favorecer la coordinación, señalar que estamos comprometidos con el grupo y señalar dominancia. En definitiva, es importante entender que no todas las creencias cumplen la función de representar el mundo fielmente. Algunas creencias están gobernadas por mecanismos psicológicos que tienen exclusivamente una función social. Cuando un contexto como el de los conflictos intensifican esta función social, las falsas creencias y las mentiras abundan. No es una casualidad que la primera víctima en las guerras sea la verdad. Ha sido siempre así desde tiempos inmemoriales, y lo es ahora en estos tiempos de conflicto y polarización. Pero la causa no es la propaganda de los políticos o los demagogos, sino que, más bien, lo que posibilita que esto ocurra y que estos políticos y estos demagogos tengan éxito es la estructura de nuestra psicología humana en tiempos de conflicto entre grupos, de la que ellos se sirven.

El tribalismo intrasocietal y su conexión con la ideología

> El odio es el más accesible y completo de todos los agentes unificadores. [...] Los movimientos de masas pueden surgir y extenderse sin la creencia en un Dios, pero nunca sin la creencia en un diablo.
>
> Eric Hoffer

> Estar a favor une menos que estar en contra.
>
> Jorge Wagensberg

Entendida la predisposición humana a generar divisiones entre Ellos y Nosotros, debemos pasar ahora a entender las consecuencias desde el punto de vista moral de esta mente tribal humana. Lo que observamos es tremendamente importante y grave: los límites de nuestras normas morales llegan hasta los límites de nuestro grupo, es decir, no aplicamos las mismas normas morales a los miembros de nuestro grupo que a los individuos que no pertenecen a nuestro grupo. La historiadora Claudia Koonz cuenta en su libro *La conciencia nazi* que durante el Tercer Reich los oficiales del Partido Nazi dijeron a los maestros de escuela lo importante que era inculcar a los pupilos unos valores morales, incluida la regla de oro, pero con el matiz de que esa regla sólo se aplica a los «camaradas raciales».[105] Si los «no arios» no tienen el mismo estatus moral, entonces no hay ninguna incoherencia en tratar a tus compañeros «arios» como iguales mientras que se puede tratar a los «no arios» como peligrosos o bestias. Pero es fácil caer en el error de creer que estas cosas sólo las hacen los nazis porque fueron unos monstruos morales cuya naturaleza moral no tiene nada que ver con la nuestra. Nada más lejos de la realidad. Algunas religiones, por ejemplo, no tratan igual a los miembros de su religión, los fieles, que a los infieles, y no se suele considerar que tengan el mismo estatus moral. Lo mismo ocurre con los nacionalismos en general, los cuales extienden el reconocimiento de un mismo estatus a todos aquellos que son considerados miembros de la nación, mientras relegan a las personas de otras naciones a un estatus inferior. El nacionalismo es a menudo un tipo de tribalismo. Esta división Ellos/Nosotros y las consecuencias morales que acarrean es probablemente el factor individual más grave de todos los que hemos tratado hasta ahora, y el principal por el que nuestra mente moral puede generar el mal convencida de que está haciendo el bien. Veíamos todo esto en el capítulo anterior al hablar del mito del mal puro y de cómo la gente se convierte en genocida.

105. Koonz, C., *La conciencia nazi: la formación del fundamentalismo étnico del Tercer Reich*, Paidós, 2005.

Pero hasta ahora hemos hablado principalmente del tribalismo intersocietal, el que ocurre entre sociedades, naciones o grupos diferentes, el tipo de tribalismo que da lugar a las guerras, conflictos étnicos y genocidios. En este apartado vamos a hablar del tribalismo intrasocietal, el que se produce dentro de un mismo grupo o sociedad o dentro de la misma nación. Este tribalismo se ha desbocado en nuestras sociedades occidentales actuales y vamos a ver la tremenda amenaza que representa. Voy a ilustrar el problema con el caso de Estados Unidos, que está sufriendo una polarización política muy grave, pero lo que voy a explicar se aplica en buena medida a España y otros países de nuestro entorno. En las sociedades occidentales nos estamos dividiendo en tribus, y el motor principal de esa división es la ideología política. Primero voy a dar algunos datos de lo que está ocurriendo en Estados Unidos y luego voy a hacer una exposición teórica del asunto siguiendo al filósofo Allen Buchanan, que trata el tema en su libro *Our Moral Fate*.

Con respecto a Estados Unidos, los investigadores encuentran en varias encuestas de opinión que un número creciente de estadounidenses justifican el uso de la violencia contra el otro partido para conseguir sus objetivos políticos. Algunos de los datos son éstos:

- Entre los estadounidenses que se identifican como demócratas o republicanos, uno de cada tres cree ahora que la violencia estaría justificada para avanzar en los objetivos políticos de sus partidos, un aumento sustancial en los últimos tres años.
- En septiembre de 2020, el 44 por ciento de los republicanos y el 41 por ciento de los demócratas dijeron que la violencia estaría por lo menos «un poco» justificada si el candidato del otro partido ganara las elecciones. Esas cifras eran más altas que las de junio, cuando el 35 por ciento de los republicanos y el 37 por ciento de los demócratas expresaron la misma opinión.
- Del mismo modo, el 36 por ciento de los republicanos y el 33 por ciento de los demócratas dijeron que estaría por lo

menos «un poco» justificado que su lado «utilice la violencia para avanzar en los objetivos políticos», frente al 30 por ciento tanto de los republicanos como de los demócratas en junio.

- En las encuestas previas a las elecciones de noviembre de 2020 hubo un aumento aún mayor de la proporción de demócratas y republicanos que creían que la violencia estaría «muy justificada» si su partido perdiera en noviembre. La proporción de republicanos que ven una justificación sustancial de la violencia si su partido pierde saltó del 15 por ciento en junio al 20 por ciento en septiembre, mientras que la proporción de los demócratas saltó del 16 al 19 por ciento.
- Estas cifras son aún más altas entre los partidarios más ideologizados. De los demócratas que se identifican como «muy liberales», el 26 por ciento dijeron que la violencia estaría «muy justificada» si su candidato pierde la presidencia, en comparación con el 7 por ciento de los que se identifican como simplemente «liberales». De los republicanos que se identifican como «muy conservadores», el 16 por ciento dijo que creen que la violencia estaría «muy justificada» si el candidato republicano pierde, comparado con el 7 por ciento de los que se identifican como simplemente «conservadores». Esto significa que los extremos ideológicos de cada partido son de dos a cuatro veces más propensos a considerar justificada la violencia que los miembros de la corriente principal de su partido.[106]

Si a estos datos añadimos otros, como que el 38 por ciento de los demócratas y el 38 por ciento de los republicanos dijeron que se sentirían algo o muy molestos ante la perspectiva de que su hijo se casara con alguien del partido opuesto,[107] o que, según la

106. Diamond, L.; L. Drutman; T. Lindberg; N. P. Kalmoe, y L. Mason, «Americans Increasingly Believe Violence is Justified if the Other Side Wins», *Politico*, 1 de octubre de 2020. Disponible en: <https://www.politico.com/news/magazine/2020/10/01/political-violence-424157>.

107. Opzoomer, I.; «America Speaks: What do They Think About Cross-Party Marriages?», YouGov, 24 de septiembre de 2020. Disponible en:

encuesta de octubre de 2020 «Singles in America Reports», el número de personas que buscan pareja, pero que creen que no es posible salir con una persona de afiliaciones políticas opuestas, ha aumentado de alrededor de un tercio en 2012 a más de la mitad en 2020, con un incremento de cuatro puntos porcentuales sólo en los últimos doce meses, el panorama que presenciamos es muy grave.[108] Otras investigaciones utilizan una escala o termómetro de sentimientos que va desde 0 grados (sentimientos muy fríos) pasando por 50 grados (sentimientos neutros) hasta 100 grados (afecto muy cálido) para valorar el «calor» o afecto positivo que uno siente hacia su propio partido y el partido rival. Y lo que encuentran es interesante: el afecto por el propio grupo se ha mantenido en el mismo rango, unos 70-75 grados, desde el año 1980 hasta el año 2020, pero el afecto por el partido contrario se ha desplomado desde el 40 por ciento hasta el 20 por ciento actualmente. Es decir, no es que se ame más al grupo propio, sino que se odia más al rival.[109]

Así que parece claro que estamos ante un ejemplo de lo que Allen Buchanan denomina tribalismo intrasocietal, es decir, que se ha generado una división Ellos/Nosotros dentro de una misma sociedad o grupo y cada grupo relega al otro a un estatus inferior, una respuesta tribal y excluyente contra gente de nuestra propia sociedad, no contra miembros de otras sociedades. Vemos que han surgido dos identidades morales —se produce hasta un emparejamiento selectivo: los individuos de una tribu no se casan con los de la otra— y esto da lugar a dos «naciones

---

<https://today.yougov.com/topics/lifestyle/articles-reports/2020/09/24/america-speaks-what-do-they-think-about-cross-part>.

108. Luscombe, B., «Would You Date Someone with Different Political Beliefs? Here's What a Survey of 5,000 Single People Revealed», *Time*, 6 de octubre de 2020. Disponible en: <https://time.com/5896607/dating-political-ideology/>.

109. Finkel, E. J.; C. A. Bail; M. Cikara; P. H. Ditto; S. Iyengar; L. Mason; M. C. McGrath; B. Nyhan; D. G. Rand; L. J. Skitka; J. A. Tucker; J. J. van Bavel; C. S. Wang, y J. N. Druckman, «Political Sectarianism in America», *Science*, vol. 370, n.º 6516, 30 de octubre de 2020, pp. 533-536, DOI: 10.1126/science.abe1715.

morales» dentro de una misma nación, hasta el punto de que se justifica el uso de la violencia contra el grupo rival. Pero la cosa es incluso más grave: no es que los dos partidos estadounidenses no compartan una misma realidad moral, sino que ya no comparten la misma realidad. Hay diferencias no ya en la interpretación de los hechos, sino en la existencia de los propios hechos. Jay Van Bavel y sus colaboradores han estudiado el funcionamiento de la mente partidista y encuentran que nuestra identificación con un partido afecta a nuestras creencias, valores, procesamiento de la información y razonamiento (con tendencia al razonamiento motivado) e incluso a la percepción.[110] Estamos hablando de que los dos bandos ya no perciben la misma realidad. Vamos a analizar el fenómeno, pero antes de empezar es importante ser conscientes de una reflexión que nos tiene que hacer sentir humildes: esta forma de tribalismo está ganando los corazones y las mentes de algunas de las personas más inteligentes y con niveles de estudios más elevados de algunos de los países más democráticos y que más respetan los derechos humanos del mundo.

Bien, el tribalismo puede tener dos formas: el tribalismo intrasocietal y el tribalismo intersocietal. Voy a utilizar este término —que es una traducción literal del inglés que suena muy rara— porque ya se está usando en español en el campo de la sociología y porque es muy económico. De otra manera tendría que referirme a tribalismo dentro de una misma sociedad o intrasociedad frente a tribalismo entre sociedades o tribalismo interno frente a externo, términos que no son tampoco muy satisfactorios. Sobre el tribalismo intersocietal podemos decir que es el original y más ancestral; a lo largo de la historia los seres humanos se han agrupado en tribus, bandas, reinos, Estados, etc., y han competido con otras tribus y Estados. Según el enfoque evolucionista, esto es lo que ha hecho que nuestra mente haya incorporado mecanismos psicológicos como la tendencia a la división Ellos/Nosotros, ya

110. Van Bavel, J. J., y A. Pereira, «The Partisan Brain: An Identity-Based Model of Political Belief», *Trends in Cognitive Science*, vol. 22, n.º 3, marzo de 2018, pp. 213-224, DOI: 10.1016/j.tics.2018.01.004.

que era vital al encontrarse con un individuo poder catalogar si era miembro de «Nosotros» o de «Ellos». Pero en las sociedades modernas occidentales no nos encontramos en un ambiente de guerras con otros países o algo por el estilo. Salvo los atentados llevados a cabo por terroristas de otros países o la hostilidad hacia los emigrantes, no vemos tribalismo intersocietal en los países desarrollados.

El tribalismo intrasocietal ocurre cuando grupos que anteriormente eran considerados miembros de nuestra sociedad pasan a ser excluidos y considerados extraños y peligrosos. Este tipo de tribalismo, según Buchanan, puede adoptar dos formas: el tribalismo intrasocietal impuro y el tribalismo intrasocietal puro.

El tribalismo intrasocietal impuro se refiere al tipo de tribalismo que no surge de la nada, no se crea desde cero, sino que se basa en resucitar divisiones ya existentes en la sociedad (por ejemplo, entre yanquis y sureños por la guerra civil en Estados Unidos; entre cristianos y judíos, etc.) y volver a considerar extraños y enemigos a esos grupos. Los conflictos que tuvieron lugar tras la ruptura de la federación yugoslava en los años noventa del siglo pasado serían un ejemplo de este tribalismo impuro. Personas de etnia serbia o croata, que incluso habían sido buenos amigos y vecinos y se veían como iguales, pasaron a verse como extranjeros y enemigos. Por supuesto que existe una «construcción social» de esas diferencias, pero se parte de una base en la que líderes como Slobodan Milošević reaniman divisiones y odios.

En el caso del tribalismo intrasocietal puro, la división se crea sin ninguna base o realidad previa. Se construye socialmente un «Otro» desde la nada. Dado que no se apoya en divisiones étnicas, religiosas o de otro tipo, ¿de dónde sale este tribalismo intrasocietal? Buchanan plantea que lo que nos está dividiendo en las sociedades modernas occidentales es la ideología; las creencias son capaces de generar una división Ellos/Nosotros y vamos a hablar en profundidad de ello. Así que todo tribalismo implica una construcción social del Otro, dado que siempre hay una parte de invención y exageración de la amenaza que supone (que transmiten enfermedades y valores que van a acabar con nuestra sociedad, que quieren destruir todo lo que más queremos, que son unos parásitos, etc.), pero en el caso del tribalismo intrasocietal puro se imagina y se crea un nuevo grupo dentro de la sociedad, un grupo que no había sido identificado antes.

Conviene tener presente que, para que en una sociedad se produzca una regresión al tribalismo, no es necesario que las amenazas que el otro grupo supone sean ciertas, lo único que se necesita es que se crea que es así. Es decir, se pueden producir respuestas tribales y excluyentes por percepciones erróneas de amenazas que simplemente no están ahí o que no lo están con la gravedad que se cree. Lo importante no es la realidad, sino lo que la gente cree que es la realidad. Y, por supuesto, es evidente que ciertas personas pueden tener intereses en generar respuestas tribales para conseguir poder o mantener el que ya tienen. Así que en algunos casos el tribalismo procede de amenazas que la gente vive como reales, pero, en otros casos, fomentar el tribalismo es algo puramente estratégico. Es importante señalar una característica trágica de los humanos: somos criaturas que nos movemos por las creencias (especialmente por las convicciones morales) y que, a la vez, estamos predispuestos a graves errores y sesgos en la formación de nuestras creencias y convicciones. Y si creemos falsamente que el Otro es una amenaza, actuaremos de forma tan contundente y negativa como si nuestra creencia es verdadera. Son las creencias, y no los hechos, lo que importa.

¿Cuáles son las causas, por qué se está produciendo una regresión al tribalismo en nuestras sociedades? La respuesta corta es que no lo sabemos, pero podemos aventurar algunas hipótesis que no son excluyentes entre sí:

- Hay datos de que en tiempos de incertidumbre y crisis económica se produce un incremento de la xenofobia, de los sentimientos negativos hacia los inmigrantes, del racismo, del antisemitismo y de otras formas de exclusión tribal. La tendencia innata a la división Ellos/Nosotros está siempre de fondo y puede reactivarse.
- La ausencia de un enemigo exterior, en el caso de Estados Unidos la desaparición de la URSS. Parece que no pode-

mos tener una identidad si no es contra alguien, que no podemos vivir sin un Ellos al que oponer un Nosotros. Una parte muy importante de la identidad, para prácticamente todo el mundo, es su pertenencia a un grupo y saber quiénes no somos parece ser tanto o más importante que saber quiénes somos.

- La competición por el poder dentro de una sociedad es uno de los motores del tribalismo. Y aquí tenemos varios aspectos. Por un lado, ya hemos comentado el caso de Milosevic o de otros líderes nacionalistas que recurren a fomentar al tribalismo para mantener o tomar el poder: aprovecharse de esa tecla de nuestra naturaleza humana puede ser rentable en términos de conseguir poder. También, en caso de emergencia o amenaza, los miembros de las sociedades igualitarias están dispuestos a otorgar el poder a ciertos individuos —lo estamos viendo en la pandemia de la COVID-19—, aunque sólo sea temporalmente hasta salir de la crisis. Pero, por otro lado, en toda sociedad hay una competición entre grupos por el poder económico, por el poder político (entre partidos) y por el poder cultural, por imponer la cultura y los valores predominantes en una sociedad. Y ocurre que esta competencia entre grupos en las sociedades modernas no se lleva a cabo por medios violentos, sino que se produce principalmente por una competición entre sistemas de creencias y valores. Hablaremos de ello a continuación.
- La desaparición de la religión tradicional. Buchanan apenas menciona la religión en su libro, pero yo creo que desempeña un papel muy importante, por lo que comentaré más adelante algunos aspectos, aunque creo que necesita ser más investigado. Uno de ellos es que cuando nos fijamos en algunos de los temas que están dividiendo la sociedad estadounidense, y que trataremos más adelante, como la política identitaria, la cultura de la cancelación, el movimiento de la justicia social y lo que se llama *wokeness*, etc., vemos que son fenómenos con un fuerte componente moral que han surgido en la izquierda, en la extrema izquierda y entre personas seguramente ateas. Y comprobamos que

> con respecto a estos temas no existe nada parecido —por lo menos por ahora— en el mundo del islam, en China o en la antigua URSS. Probablemente tampoco existen entre los estadounidenses religiosos. No creo que esto sea una casualidad. El componente religioso que tienen estos fenómenos es evidente: sólo tenemos que observar los rituales de arrodillarse o del lavado de pies y otros que han ocurrido durante las protestas antirracistas tras la muerte de George Floyd. La hipótesis es, lógicamente, que estos movimientos están llenando un vacío.

Y esto puede estar ocurriendo por la siguiente razón. Cuando los ciudadanos modernos dejan de ser religiosos no dejan de ser morales, siguen teniendo la misma mente moral y los mismos impulsos y necesidades morales que antes canalizaban por medio de la religión. Siguen teniendo la misma necesidad de una identidad moral, de un norte moral y de señalar esa identidad y su disponibilidad para la cooperación a los demás. Lo que antes se hacía en misa o en las fiestas y rituales religiosos ahora se hace en Twitter y demás redes sociales. Al desaparecer la religión, el marcapasos moral pasa a la sociedad laica y aparecen innovadores y pioneros morales que compiten por asumir ese papel que ha quedado vacante.

Pero esto ocurre con una circunstancia agravante, a saber, que la religión institucionalizada tradicional servía para contener nuestros instintos morales y encauzar nuestra mente moral impidiendo que ésta contaminara el resto de las facetas de la vida normal, y eso es algo que no pueden hacer las nuevas religiones laicas. En la religión tradicional había concilios ecuménicos y otro tipo de reuniones donde la Iglesia cambiaba su doctrina, pero ocurrían con décadas o siglos de distancia entre unos y otros. La velocidad a la que ocurren los cambios morales actualmente no tiene nada que ver con eso; los cambios ahora ocurren casi de un año para otro, de manera que casi cuesta seguirlos. Por poner un ejemplo, hace unos años circulaba el eslogan «Las palabras son violencia» entre los seguidores del movimiento de la justicia social. Este año ya se ha convertido en «El silencio es violencia»: ya es pecado no sólo manifestarte en contra de los dogmas y creencias de esa nueva religión, también lo es no manifestarse a favor y obedecerlos.

Para acabar de momento con la religión y pasar al siguiente punto me gustaría señalar una diferencia muy importante entre estas nuevas religiones y la religión tradicional: la ausencia de perdón. Son iguales en cuanto a la existencia del pecado, pero en las nuevas religiones no hay perdón. Da igual que reconozcas tus malas acciones o comportamiento, o que el supuesto pecado ocurriera hace cuarenta años, cuando tenías quince, es igual: tienes que pagar, y los sacerdotes que dictan la penitencia van a intentar acabar con tu trabajo, tu reputación y provocar tu muerte social de forma cruel e irremediable. Como decía, trataremos el papel de la religión en un capítulo posterior.

La ideología es un factor esencial para Buchanan y lo vamos a analizar con mayor profundidad. Buchanan propone una definición de ideología según la cual se trata de un sistema de creencias y las correspondientes actitudes que:

- Orienta a los individuos al proveerles un mapa del mundo social caracterizado de forma simplificada (lo cual es necesario, porque necesitamos un mapa sencillo de nuestro mundo social).
- Incluye un diagnóstico de lo que está bien o mal, de lo que es bueno o malo en ese orden social existente, mientras que apela a las identidades morales grupales y las refuerza.
- Aporta recursos para justificar moralmente diversas acciones cooperativas por parte del grupo a partir del diagnóstico de lo que está bien y mal.

Tal vez no todas las ideologías son como las está describiendo Buchanan y unas son más divisivas que otras, pero alguna definición hay que utilizar y todas tienen problemas. Buchanan considera que las ideologías son adaptaciones, un producto de la selección y evolución cultural, y que están ahí porque facilitan la competición exitosa contra otros grupos. Las ideologías, por tanto, crean una división en la sociedad en Ellos y Nosotros, atribuyendo todo lo malo a Ellos y todo lo bueno a Nosotros, que es muy difícil, si no imposible, de superar.

¿Cuáles son las funciones sociales y psicológicas de las ideologías? Como decimos, orientan al individuo al aportarle un mapa social reduciendo así la complejidad de las sociedades modernas hasta unas generalizaciones muy simples (en casos extremos, patentes falsedades). Esto es psicológicamente satisfactorio porque convence al individuo de que todo tiene sentido y de que puede predecir por lo menos algunos resultados. A fin de cuentas, cierto grado de simplificación es necesario para procesar la gran cantidad de información y poder actuar de forma operativa. Este mapa simplificado deja claro también «en qué lado estoy yo» en un amplio rango de disputas políticas y morales.

También es importante que la ideología coordina la acción de todos los miembros que la comparten. La coordinación es tanto epistémica (las creencias comparadas acerca de cuáles son los hechos en una sociedad) y moral (el diagnóstico compartido de lo que está bien y mal). Esta doble coordinación es vital para la cosa más importante que hacen las ideologías: permitir una acción colectiva y unificada, una respuesta coordinada ante los conflictos y problemas sociales percibidos. Las ideologías facilitan la cooperación entre los miembros de un grupo identitario al coordinar sus creencias y valores y al unificarlos en una narrativa que provee un diagnóstico moral del mundo exterior y de lo que es necesario hacer. La parte negativa, evidentemente, es que las ideologías suponen un serio obstáculo para la cooperación con otros grupos. Debido a que las ideologías conectan con la identidad moral, la gente está dispuesta a hacer grandes sacrificios, incluso hasta el punto de dar sus vidas en aras de mantener esas creencias ideológicas. Esta misma estrecha conexión con la identidad moral explica también por qué las ideologías pueden motivar a la gente a hacer cosas terribles a otra gente.

La identidad moral de grupo ocupa un lugar central en las ideologías. Es crucial en esta concepción de las ideologías que refuerzan y fomentan (y quizá a veces incluso crean) las identidades de grupo, y más específicamente aquellas que tienen una dimensión moral. Como ya hemos comentado, los seres humanos tienen un profundo deseo —una necesidad irreprimible— de una identidad moral. Tienen también una poderosa necesidad de pertenencia, de reconocerse como miembros de algún grupo o grupos, y no sólo como un hecho más en su vida entre otros miles, sino como un hecho en el que reside el núcleo de su identidad. Las identidades de grupo que tienen un considerable componente moral satisfacen ambas necesidades. Las ideologías divisivas acentúan (o incluso crean) las identidades morales de grupo, y lo hacen contrastando el grupo que es central para nuestra identidad con otro grupo que suele ser caracterizado de una manera amenazante. Nosotros somos la fuente de todo lo que es bueno y justo en una sociedad debido a nuestras admirables virtudes, mientras que Ellos son la fuente de todo lo que es malo y erróneo debido a sus vicios. El dibujante e ilustrador escocés Tom Gauld lo ha reflejado magistralmente en la viñeta «Our Blessed Homeland» para *The Guardian*.[111] En la viñeta observamos dos grupos o comunidades, una a cada lado del río. Ambos lados son iguales, con los mismos edificios, barcos y el mismo paisaje. Sin embargo, al describir los elementos de nuestro bando todo es bueno y cuando se trata del adversario todo es malo. Por ejemplo, nuestro jefe es «nuestro glorioso líder», el de ellos es «su malvado déspota»; nuestra religión es «nuestra gran religión», la de ellos, «su primitiva superstición»... De lo que no nos damos cuenta es de que la visión que nosotros tenemos de ellos y de sus instituciones y costumbres es exactamente la misma que ellos tienen de nosotros. Si Nosotros conseguimos moldear la sociedad según nuestros virtuosos valores, todo irá bien. Si Ellos triunfan y preservan el orden social que respalda sus valores, las cosas irán muy mal.

De manera que las ideologías son heurísticos, una especie de atajos mentales para orientarnos sin tener que estudiar cantidades ingentes de información, lo que nos impediría actuar, dadas las criaturas finitas que somos. Por ejemplo, las ideologías nos indican a quién escuchar y a quién no. Si es uno de Nosotros,

111. Gauld, T., «Our Blessed Homeland» [viñeta], *The Guardian*, 28 de febrero de 2015. Disponible en: <https://www.theguardian.com/books/gallery/2015/dec/31/tom-gaulds-year-in-literary-cartoons-in-pictures>.

pues se merece que le escuchemos; si el que habla pertenece al Ellos, entonces ya sabemos que está contaminado por todos los defectos de «esa gente» y no hay que escucharle. O bien no tiene información o bien no es honesto. Además, ocurre otra cosa: si tú escuchas a los miembros de lo que tu grupo considera Ellos, eres sospechoso para los miembros de tu grupo. Rehusar escucharlos a Ellos es una clara señal de identidad y solidaridad con el grupo. Si escuchas podrías contagiarte de sus ideas patógenas y tu propia disponibilidad a escuchar indica que puedes ser desleal. Así que las ideologías funcionan como una especie de sistema inmune anticreencias que te aísla y te protege de creencias que podrían falsear las tuyas lo mismo que el sistema inmune te protege de patógenos.

Buchanan plantea que el tribalismo intrasocietal es un fenómeno moderno, y cuando dice moderno quiere decir de menos de diez mil años. A lo que se refiere es a que en las sociedades de cazadores-recolectores las interacciones son cara a cara y todos se conocen, así que al que se aprovecha de la cooperación de los demás se le identifica fácilmente y se le castiga o excluye. Uno demuestra que es un buen socio con el que cooperar con acciones y no con creencias. Es decir, la cooperación en estas sociedades simples no requiere un sistema complejo de creencias. Por otro lado, la identificación de alguien como perteneciente a Nosotros o a Ellos es relativamente fácil a simple vista por la indumentaria, adornos corporales, lenguaje, etc. Todo esto cambia a raíz de la agricultura y la ganadería y el crecimiento de las ciudades. Es en esta época cuando se cree que aparecen los llamados grandes dioses, dioses morales que se meten en nuestra vida privada, muy distintos a los dioses o espíritus de las sociedades de cazadores-recolectores. Según diversos autores —véase, por ejemplo, *Big Gods*, de Ara Norenzayan—, la religión servía para señalar a los demás que eres un buen cooperador.[112] Al implicarte en una serie de creencias y rituales que son costosos estás demostrando que se puede confiar en ti.

112. Norenzayan, A., *Big Gods: How Religion Transformed Cooperation and Conflict*, Princeton University Press, 2015.

La cooperación en las grandes sociedades ya no se podía seguir basando en el parentesco, en el matrimonio y las alianzas que genera o en la etnicidad, así que la cooperación empezó a basarse en complejos sistemas de creencias. Por eso Buchanan sugiere que la ideología es una adaptación cultural, una característica que existe porque facilitó la cooperación en sociedades complejas, y, más en concreto, un producto de una selección de grupo, probablemente. Y al igual que las formas previas de conseguir la cooperación, se asoció también a la identidad.

También parece probable que, si las sociedades conseguían períodos de paz y seguridad en los que no estaban enfrentadas a otras sociedades rivales, un motor de esta evolución cultural fuera la competición dentro de la sociedad por el poder. Habría competición económica, por el poder político y por el poder cultural. Realizar esta competición por medio de armas o guerras tendría un coste muy alto, incluido el de poner en riesgo la propia supervivencia de la sociedad. Es por ello por lo que la competencia se pudo haber trasladado a las creencias y las ideas, y que surgieran también nuevas formas de identificación para distinguir a Ellos de Nosotros. Pero conviene recordar que, aunque las ideologías tienden a florecer en condiciones de una razonable paz, siempre llevan consigo el potencial de la violencia, porque se apoyan en las mismas respuestas tribales que en las sociedades ancestrales motivaban a las personas a matar a los miembros de los grupos con los que competían.

Una forma en la que se puede conseguir la victoria en esta competición entre grupos por el poder dentro de la sociedad es convertirse en el primero que identifica una amenaza o supuesta amenaza. Por ejemplo, la ideología nazi, que puso a los judíos en la diana, permitió a los nazis expropiar riqueza material o puestos en la sociedad a los judíos, pero tal vez más importante que eso es que permitió a los nazis vencer a otros grupos políticos rivales. Al presentarse como el único partido que había reconocido esta amenaza, aparecían también como los únicos que saben manejarla y solucionarla. La ideología nazi les ayudó a vencer a grupos políticos rivales y tomar el poder. Esta estrategia de identificar (o inventar) amenazas para las que el propio grupo se presenta como la solución (la emigración, la extrema derecha, la extrema izquierda, el patriarcado, el cambio climático, etc.) es una parte esencial del juego político en nuestras sociedades. El partido rival no es capaz de solucionar ese problema porque ni siquiera sabe que existe, pero aquí estamos nosotros. Como todo lo que estamos comentando en este capítulo (y en todo el libro) este mecanismo tiene un lado positivo: se pueden identificar problemas reales que requieren una solución. Pero también puede tener un lado muy negativo: crear problemas que no existen y derivar así recursos hacia problemas inexistentes y que estarían mejor empleados en solucionar otros problemas. Así que es dudoso que la sociedad en su conjunto se beneficie en muchos casos de este funcionamiento, pero lo que es seguro es que el grupo que logra vender su ideología consigue recursos y poder.

Unido a lo anterior, como ya hemos señalado repetidamente, las ideologías suponen obstáculos para la cooperación entre grupos, son un buen invento para la cooperación entre los miembros de un grupo, pero limitan gravemente las posibilidades de cooperación entre grupos distintos. Por un lado, las ideologías son un sistema inmune de creencias que impide de entrada que escuches a las personas de otros grupos, te aísla de creencias foráneas. Por otro lado, las ideologías aumentan la brecha entre Ellos y Nosotros. Un mecanismo es que generan estereotipos, como que todos los sujetos pertenecientes al grupo Ellos son iguales y no vamos a ver que no todos son iguales y que tal vez con algunos sí podríamos cooperar. Por último, como las ideologías incluyen un elemento moral, las disputas ideológicas son impermeables al compromiso y al acuerdo. No hay que olvidar que las ideologías son también formas de justificar las acciones, especialmente las colectivas, lo que ocurre que las justificaciones que da el grupo rival no nos van a convencer nunca y nos van a parecer estúpidas, y las nuestras a Ellos.

Si reflexionamos sobre todo esto que estoy desgranando se nos hace evidente una paradoja. Resulta que la evolución cultural produce ideologías que nos unen a los miembros del grupo, pero nos separan de otros grupos —es decir, crean un Ellos y un Nosotros— con lo que, de alguna manera, repite lo que hacen los genes en la evolución biológica. El parentesco biológico nos divide y el parentesco ideológico resulta que también. La paradoja está en que una herramienta que nació supuestamente para superar las divisiones Ellos/Nosotros (de grupos de parentesco, familiares o étnicos), y conseguir así cooperación a una mayor escala, acaba creando una nueva forma de tribalismo, el tribalismo ideológico, con lo que reproduce así esa división Ellos/Nosotros a un nivel superior, que parece repetirse de manera similar a los fractales.

He dejado para el final una forma de justificar el tribalismo en general que se suele utilizar: el concepto de «emergencia suprema», que es un concepto que emplea Michael Walzer en su libro sobre guerras justas e injustas.[113] Walzer apoya tentativamente la idea de que en una emergencia suprema auténtica puede estar permitido violar uno de los principios más importantes de la guerra justa: la prohibición de matar inocentes (habitualmente entendidos como los no combatientes) de forma deliberada. Walzer sugiere que el régimen nazi era tan malvado que pararlo justificaba violar la prohibición básica, si no había otra manera de evitar la catástrofe de la victoria de la Alemania nazi. La situación sería la siguiente: si tú crees que la propia vida civilizada está amenazada por algún grupo y no tienes otra manera de pararlo que usar la coerción contra él, entonces concluirás que pararlo es un imperativo moral y que los medios permitidos para hacerlo están exentos de las restricciones morales habituales (así es como muchos estadounidenses y británicos justificaron los terroríficos bombardeos aliados de Alemania o Japón durante la Segunda Guerra Mundial).

Este argumento tiene muchos problemas. Uno de ellos es el de quién toma la decisión de que algo es una «emergencia suprema», cómo se identifica o decide eso. ¿Existe alguna manera objetiva de verificar una «emergencia suprema»? Otro problema es

113. Walzer, M., *Just and Unjust Wars: A Moral Argument with Historical Illustrations*, Basic Books, 2015. Versión castellana de Tomás Fernández y Beatriz Eguibar, *Guerras justas e injustas: un razonamiento moral con ejemplos históricos*, Paidós, 2005.

el de caer en una pendiente resbaladiza y empezar justificando los bombardeos contra poblaciones civiles de Alemania basándose en la amenaza de la destrucción de nuestra civilización y acabar viviendo como una amenaza para la civilización las opiniones o políticas del partido rival en Estados Unidos o en otras naciones occidentales. Como decía anteriormente, lo importante no son los hechos, sino las creencias, y basta la creencia de que algo es una «emergencia suprema» para que lo sea.

Conviene volver a señalar cuál es el problema del tribalismo, aun a riesgo de resultar repetitivo. El problema no es que el tribalismo anule nuestra mente moral y nos lleve a actos inmorales destructivos, no. El problema del tribalismo es que utiliza nuestra mente moral, se sirve de la fuerza destructiva de nuestras convicciones morales, que son vividas como mandatos morales (como vimos en el apartado de la psicología de las convicciones morales) y la dirige hacia la exclusión, la discriminación o incluso la violencia. El problema es que el tribalismo aprovecha los principios morales existentes y el poder de motivación y de compromiso de nuestra identidad moral y de nuestras convicciones morales para producir un resultado inmoral. El tribalismo es nuestra mente moral en acción, nuestra moralidad cometiendo actos inmorales. Esto es lo que hace que la retórica del tribalismo sea tan efectiva, y tan peligrosa. Más que vencer o anular nuestros principios morales básicos, los absorbe, los incorpora y los redirige hacia objetivos inmorales explotando la motivación y la mente moral al servicio de la inmoralidad.

Merece la pena volver a un ejemplo que ya puse antes, el que cuenta la historiadora Claudia Koonz sobre la enseñanza de la regla de oro por los maestros en la Alemania nazi. La propaganda nazi no intentó efectuar cambios morales en los maestros de la enseñanza pública alemana para convertirlos en seres amorales. Si lo hubiera hecho, habría desaprovechado una potente fuente de motivación: las identidades morales de esos maestros. Lo que hicieron fue no tocar esos principios morales básicos y explotar su compromiso con ellos. Se les exhortó a instilar la regla de oro a sus alumnos, pero con la salvedad de aplicarla a sus camaradas de raza. La moralidad fue explotada con fines tribales. Dado que las mayores atrocidades a gran escala no son cometidas principalmente por psicópatas, sino por gente moralmente normal, y dado que el tribalismo aprovecha y redirige nuestros compromisos morales, es un error describir el fenómeno del genocidio, como hace el psicólogo moral Albert Bandura, como un caso de «desconexión moral».[114] Heinrich Himmler, el jefe de las SS, sabía esto. Cuando sus subordinados, que estaban llevando a cabo las matanzas de hombres, mujeres y niños en Polonia, le contaron que los soldados que las ejecutaban sufrían graves problemas psicológicos, Himmler hizo una visita a estas fuerzas, las *Einsatzgruppen*, y les dio una charla motivacional. Les dijo que entendía su aversión a disparar contra mujeres y niños, pero que debían ser fuertes; debían cumplir su deber moral para ayudar a crear un mundo mejor para las nuevas generaciones. No les dijo que no había nada malo en matar mujeres y niños, ni intentó convertirlos en meros consecuencialistas, gente que piensa que los derechos individuales pueden ser ignorados cuando ello aumenta la utilidad moral social. Lo que les dijo fue que, en este caso, matar era una excepción a las reglas morales que se aplican en circunstancias normales, porque se trataba, en efecto, de una «emergencia suprema». El poder del tribalismo es el poder de la moralidad; en los genocidios y otros actos inmorales la moral sigue conectada.

Voy a concluir esta incursión por las complejidades del tribalismo intrasocietal recalcando el peligro que las ideologías suponen para la convivencia y la democracia. Un ingrediente esencial del juego democrático es ver a nuestros adversarios ideológicos como potenciales copartícipes en el proceso de determinar entre todos cuál es el bien común y cuáles son los caminos para conseguirlo. Es decir, implica contemplar a los que piensan diferente como seres razonables, como personas decentes y honestas que tienen otras ideas. Pero yo haría a los lectores la siguiente pregunta ahora mismo: ¿cuántos de vosotros creéis que las personas que piensan de una manera diferente a vosotros son personas razona-

114. Bandura, A., *Moral Disengagement: How People Do Harm and Live with Themselves*, Worth Publishers, 2016.

bles? ¿Creéis que es posible ser razonable y pensar de forma distinta a la vuestra? Porque, si fuera razonable pensar de la manera contraria, entonces los que no sois razonables sois vosotros... La democracia requiere aceptar que en una sociedad hay diferentes visiones y opciones legítimas y que la gente va a votar y elegir entre ellas. Pero el ambiente que se ha generado en muchas de nuestras sociedades modernas es que sólo hay una opción legítima, sólo se puede pensar una cosa y los que piensan de forma diferente son una amenaza, hasta el punto de que está creciendo la convicción de que estaría justificado recurrir a la violencia para impedir esas otras opciones que ya no son legítimas. Pero si ya sabemos cuál es la verdad, ¿para qué necesitamos la democracia? Hagamos un régimen totalitario de partido único. Jonathan Rauch dice en su libro *Kindly Inquisitors*: «Una sociedad liberal se sostiene sobre el principio de que todos debemos tomar en serio la idea de que podemos estar equivocados. Esto significa que no debemos poner a nadie, ni siquiera a nosotros mismos, fuera del alcance de la crítica; significa que debemos permitir que la gente se equivoque, incluso cuando el error ofende y molesta, como a menudo sucede».[115]

El tribalismo intrasocietal movido por la ideología está haciendo que la democracia sea imposible al minar el respeto entre iguales que requiere. Parece que esto es lo que está ocurriendo en Estados Unidos, como hemos visto, así como en otros lugares. La democracia no funciona si ves a la gente que piensa de forma diferente como irracional, en el mejor de los casos, o como la encarnación del demonio, en el peor, y, por tanto, como gente con la que no sólo no se puede colaborar, sino que son una fuerza peligrosa que hay que derrotar. Yo diría que el espíritu de nuestros tiempos no es ya el que describe Rauch, de humildad epistemológica y de cooperación en la búsqueda de la verdad, sino una mentalidad de suma cero en la que el ganador se lleva todo y no podemos dejar que el rival gane. El tribalismo ideológico pone a nuestras sociedades ante un riesgo muy grande de violencia y ruptura.

115. Rauch, J., *Kindly Inquisitors: The New Attacks on Free Thought*, University of Chicago Press, 1995.

Más allá del tribalismo y del Ellos/Nosotros

Todos los datos tratados en este capítulo, creo, nos permiten concluir que somos criaturas tribales, que el tribalismo forma parte de nuestra naturaleza. No fuimos diseñados para razonar de forma desapasionada acerca del mundo, sino que fuimos diseñados para razonar de maneras que promuevan nuestros intereses y los de las coaliciones a las que pertenecemos (que son también los nuestros). Este sesgo tribal es natural y es una característica cognitiva de nuestra mente que no podemos erradicar y a la que ningún grupo es inmune.[116] Los grupos son un principio organizativo de nuestra psicología y de nuestra conducta, y nuestra tendencia a dividir el mundo entre Ellos y Nosotros es la fuente de nuestros mayores triunfos, pero también de nuestras mayores tragedias.

Tajfel comenta que es deprimente la similitud de este fenómeno y la regularidad con la que se repite en todo el mundo. En su artículo de 1970 sobre los experimentos de creación de grupos en el laboratorio cuenta que un amigo esloveno le describió los estereotipos y las características atribuidas por los eslovenos a los inmigrantes bosnios.[117] Cuando regresó a Oxford, les pidió a sus alumnos que adivinaran quién utilizaba esos estereotipos y contra quién. Los estudiantes fueron unánimes en señalar que era lo que pensaban los ingleses de la gente «de color» como los pakistaníes o los indios. Parece claro que es un patrón que se repite y que la conducta hacia los exogrupos o grupos externos muestra una similitud monótona en todas las sociedades, y es importante aceptarlo y partir de una buena valoración de la realidad.

Pero reconocido todo lo anterior, conviene señalar algo trascendental: nuestra mente moral es tribal, pero no sólo tribal, y se debe tener en cuenta y colocarlo al lado de lo anterior. En el mismo experimento de Robber's Cave fue posible revertir esa divi-

116. Clark, C. J.; B. S. Liu; B. M. Winegard, y P. H. Ditto, «Tribalism Is Human Nature», *Current Directions in Psychological Science*, vol. 28, n.º 6, 2019, pp. 587-592, DOI: 10.1177/0963721419862289.

117. Tajfel, H., «Experiments in Intergroup Discrimination», *Scientific American*, n.º 223, 1970, pp. 96-102.

sión Ellos/Nosotros poniendo a trabajar a los dos equipos en una misma tarea, a solucionar un problema con la transmisión de agua, en concreto. Hay experimentos que demuestran también que incluso la raza puede ser una característica irrelevante cuando se trabaja juntos por un objetivo común.[118] Cuando se comparten fines, esfuerzos y estilos de vida, las personas se sienten unidas en una misma coalición.[119]

Y no hay que olvidar que si hemos dominado el planeta es por nuestra capacidad de cooperar. Martin Nowak y Roger Highfield describen a los seres humanos como una especie supercooperadora, y esa característica es la base de nuestro éxito.[120] Somos complejos, somos egoístas y somos altruistas y somos tribales, pero también somos capaces, en las condiciones adecuadas, de superar ese tribalismo. El reto al que nos enfrentamos es encontrar objetivos y tareas en las que todos podamos unirnos, es decir, ser capaces de diseñar un ambiente, un entorno, unas sociedades que saquen de nosotros nuestra predisposición a la unidad y la cooperación, y no nuestra predisposición a la división y la violencia.

Si nos paramos a considerar el mero hecho de tomar un café, veremos que en este cotidiano placer, aparentemente trivial, han participado un montón de personas de diferentes países: los granos se han cultivado en Colombia, el azúcar tal vez en Brasil, la leche procede de una granja local, la cafetera de Italia, la energía eléctrica utilizada procede quizá del petróleo de algún país árabe o del gas procedente de Argelia, los materiales para empaquetarlo probablemente de China y miles de personas han transportado todo ello por todo el mundo. Lo que quiero decir es que casi cualquier objeto que utilizamos a diario, desde un bolígrafo a un móvil o un ordenador, es fruto de la cooperación de miles de personas.

118. Kurzban, R. *et al.*, «Can Race Be Erased?».

119. Pietraszewski, D. *et al.*, «The Content of Our Cooperation, Not the Color of Our Skin».

120. Nowak, M., y R. Highfield, *Supercooperators: Altruism, Evolution, and Why We Need Each Other to Succeed*, Free Press, 2012.

No está del todo explicado cómo ha evolucionado en nuestra especie esta capacidad de cooperar con extraños. Michael McCullough le ha dedicado todo un libro, *The Kindness of Strangers*, y en él recopila razones tanto de orden biológico (la selección de parentesco, el altruismo recíproco, la selección de grupo) como culturales.[121] Una cuestión es interesante: podemos redefinir lo que constituye nuestro grupo. A lo largo de la historia hemos considerado como pertenecientes a nuestro grupo a los miembros de nuestra tribu, o de nuestro reino o de nuestra nación. Siempre hay un Ellos y un Nosotros, pero puede redefinirse quiénes son Ellos y quiénes somos Nosotros. Esto explica en parte que las sociedades hayan podido crecer. El comercio desempeña también un papel importante, y por supuesto la moral, que ya hemos definido desde el principio como una herramienta para la colaboración. En concreto, diversos autores inciden en la importancia que ha tenido para la cooperación con extraños la reciprocidad indirecta que vimos en el capítulo anterior. La reputación permite que podamos fiarnos de personas desconocidas para nosotros, pero de los que tenemos información indirecta.

No vamos a entrar en este interesante asunto, pero no quería cerrar el capítulo sin aportar una nota de esperanza. Mucho de lo que hemos visto en él es muy sombrío y pinta una imagen poco favorecedora de nuestra especie. Todo ello es cierto y preocupante, pero también hay que tener en cuenta que nuestra naturaleza tiene zonas más luminosas y que hay razones tanto para el pesimismo como para el optimismo con respecto al futuro.

121. McCullough, M. E., *The Kindness of Strangers: How a Selfish Ape Invented a New Moral Code*, Basic Books, 2020.

Capítulo 5

La moralidad en el mundo moderno

Tras haber estudiado el tribalismo moral, en este capítulo vamos a ver otros fenómenos —relacionados todos ellos con la moralidad— que están ocurriendo en nuestras sociedades. Algunos de ellos son por ahora más prevalentes en la denominada angloesfera (Estados Unidos, Reino Unido, Canadá y Australia), pero prácticamente todos han llegado ya a nuestro entorno —sobre todo a las redes sociales, donde los tuits o los posts no tienen limitaciones de fronteras— o lo harán en breve. La mayoría de ellos se caracterizan por una preocupación real por la justicia y la igualdad y por conseguir un mundo mejor, pero muchos —junto o independientemente de ello— tienen que ver con el deseo y la necesidad de parecer virtuosos ante los demás, de señalar nuestra integridad moral a los otros. En conjunto, creo que no es exagerado decir que la moral se ha desbocado, que hay una pandemia de moralidad; la preocupación por lo moral afecta a todas las esferas de la vida: la universidad, la vida laboral, los medios, las redes sociales, etc. Vamos a hacer un repaso de algunos de los más significativos.

La cultura del victimismo

Son muchos los autores que han señalado que vivimos en una cultura del victimismo, pero voy a centrarme en la visión de Bradley Campbell y Jason Manning que han desarrollado esta teoría en su libro *The Rise of Victimhood Culture.* Los autores sitúan la aparición del fenómeno de las microagresiones que ha estallado en las universidades estadounidenses en los últimos años en una evolución moral que nos ha llevado desde la cultura de la dignidad, en la que vivíamos hasta ahora, a una cultura del victimismo, y lo contrastan también con la cultura previa del honor.[122] Merece la pena resumir el análisis sociológico que hacen estos autores.

Derald Wing Sue define las microagresiones como «las breves y cotidianas indignidades verbales, conductuales y ambientales, intencionadas o no intencionadas, que comunican una actitud hostil, negativa o despectiva en temas raciales, de género u orientación sexual, e insultos leves religiosos contra individuos o grupos».[123] Sue pone como ejemplo de microagresión que alguien le pregunte de dónde es y no se quede satisfecho con la respuesta «De Portland». Otros ejemplos son decirle a un norteamericano asiático que habla muy bien inglés, agarrar el bolso cuando un afroamericano entra en el ascensor o quedarse mirando las muestras de afecto de gais y lesbianas en público. El término apareció en los años setenta del siglo pasado, pero es ahora cuando se ha puesto de moda con varias webs dedicadas a denunciar el problema, donde la gente puede remitir sus ofensas.

Las microagresiones tienen algunas características, como la dependencia de terceras partes. Alguien que se siente ofendido puede reaccionar de diversas maneras: agresivamente, cortando la relación con el ofensor sin confrontación, hablándolo con el ofensor, etc. Sin embargo, la característica principal de las webs

122. Campbell, B., y J. Manning, *The Rise of Victimhood Culture: Microaggressions, Safe Spaces and the New Culture Wars*, Palgrave Macmillan, 2018.

123. Sue, D. W., *Microaggressions in Everyday Life: Race, Gender, and Sexual Orientation*, Wiley, 2010.

de microagresiones es que airean los agravios y animan a difundirlas a todo el mundo, a personas que nada tienen que ver con el asunto. Podemos decir que se trata de un cotilleo masivo. Las personas siempre han cotilleado (cotilleo: charla evaluativa acerca de alguien que no está presente) sus problemas a amigos, familiares y conocidos, pero no de forma indiscriminada. Los niños presentan sus quejas a los adultos y los adultos a los tribunales del sistema judicial. Explicar las microagresiones, por tanto, requiere explicar las condiciones que llevan a las personas a trasladar sus problemas a terceras partes.

Estas webs se dedican a buscar y mantener apoyos para lanzar cruzadas morales contra injusticias que presentan como muy graves y sistemáticas exagerando, o falsificando incluso, muchas veces las ofensas. Se produce también una «sobredependencia legal», una atrofia de la capacidad para manejar pequeños problemas interpersonales. En el fondo se trata de conseguir el suficiente apoyo para obligar a las autoridades a que actúen. Lo curioso, también, es que estas quejas florecen entre las poblaciones más educadas y pudientes de las universidades estadounidenses, y no entre las más pobres. Parece que cuanto más igualitaria es una sociedad, más agraviados nos sentimos por cosas cada vez más pequeñas. En definitiva, el marco en el que aparecen las microagresiones es el de una sociedad diversa culturalmente, igualitaria, en la que hay unas terceras partes poderosas (autoridades legales, académicas, administradores). Pero un ingrediente necesario son las redes sociales (Facebook, Twitter), ya que sin ellas no sería posible difundir las ofensas de la forma masiva que se requiere. Pero ¿cómo explicamos este fenómeno?

Campbell y Manning hablan de que se ha producido una evolución en la cultura moral de Occidente. En los siglos XVIII y XIX la mayoría de las sociedades de Occidente pasaron de la cultura del honor a la cultura de la dignidad. En las culturas del honor es la reputación lo que hace que alguien sea honorable o no, y uno debe responder agresivamente a los insultos, las agresiones y los desafíos, porque si no lo hace pierde el honor. No luchar se considera una debilidad moral. La gente honorable es muy sensible a los insultos y responde inmediatamente. Las culturas del honor aparecen en lugares donde no existe una autoridad legal fuerte y uno mismo tiene que sacarse las castañas del fuego.

Pero al pasar a la cultura de la dignidad se considera que, en vez de honor, las personas tienen dignidad, que es inherente a ellas, por lo que no puede ser alienada por otros, ni tiene que ser demostrada. La dignidad existe independientemente de lo que otros piensen, por lo que la reputación social es menos relevante. Los insultos pueden ser importantes, pero ya no destruyen el honor y la reputación de una persona como ocurría anteriormente. Incluso está bien visto tener la piel dura e ignorar esas provocaciones. Esta cultura aparece cuando hay una autoridad fuerte y un sistema legal que funciona. Las ofensas graves (robos, asaltos, incumplimientos de contrato, etc.) se llevan a los tribunales y las ofensas menores se arreglan personalmente, hablando y discutiendo el problema, o se ignoran.

Pero ahora, según Campbell y Manning, se está produciendo la transición desde una cultura de la dignidad a una cultura del victimismo, cuyas características no encajan ni con la cultura del honor ni con la de la dignidad. La gente ahora es muy sensible al insulto, como en las culturas del honor, pero no responde personalmente, sino que busca la ayuda de terceras partes. Esto sería anatema en una cultura del honor. Por otro lado, las personas integradas en una cultura de la dignidad entienden lo de recurrir a terceras partes, pero no para ofensas menores. Así que es como una remezcla de ambas culturas. El victimismo es una forma de atraer simpatías, y ser víctima confiere un estatus moral más elevado (a la vez que se rebaja el estatus moral del ofensor) de manera que se produce así una espiral de competencia, un «victimismo competitivo» para ver quién es más víctima. Se habla de las «Olimpiadas de la Opresión» como del proceso por el que se determina quién es la persona o grupo más oprimido en función de la raza, el género, la orientación sexual, etc.

El hecho es que sí parece existir una competición, porque sólo puede haber una víctima. En las últimas décadas, en las sociedades occidentales hemos sido testigos de una creciente tendencia entre los grupos minoritarios a presentarse como víctimas para conseguir un reconocimiento social. En ese contexto se ha visto un fenómeno que consiste en que los miembros de una minoría expresan actitudes negativas hacia otra minoría, a pesar de que esa otra minoría no es en absoluto responsable de su pasada victimización. Por ejemplo, Khalid Muhammad, de la Nación del Islam, dijo que «el holocausto negro fue cien veces peor que el llamado Holocausto judío».[124] Este fenómeno ha sido caracterizado por algunos autores como una competición por un reconocimiento simbólico, por la declaración de víctima definida como la creencia de que «hemos sufrido más que el otro grupo».

Este fenómeno de la competición entre víctimas lo han estudiado De Guissmé y Licata, y señalan que en él tenemos tres protagonistas: por un lado tenemos dos grupos, llamémosles A y B, que compiten por el reconocimiento de víctima, y luego una tercera entidad C, que puede ser la sociedad, el gobierno o la comunidad internacional, que es la que tiene el poder de otorgar el reconocimiento.[125] Y el intríngulis del problema es que el mero hecho de que C reconozca como víctima a A crea actitudes negativas en B hacia A y un conflicto y una posible escalada entre A y B, que va a impedir la paz entre ellos. Pero hemos de tener en cuenta que A no le ha hecho nada a B, no es responsable directo de nada de lo que le pasó a B. Simplemente es que, como A ha sido considerada víctima (y B no), ahora B es enemigo de A. Por ejemplo, Bilewicz y Stefaniak descubrieron que los polacos que pensaban que habían sido más victimizados que los judíos en la Segunda Guerra Mundial mostraban más actitudes negativas hacia los judíos (que no eran responsables del sufrimiento de los polacos).

124. Freedman, S. G., «Laying Claim to Sorrow Beyond Words», *The New York Times*, 13 de diciembre de 1997. Disponible en: <https://www.nytimes.com/1997/12/13/movies/laying-claim-to-sorrow-beyond-words.html>.

125. De Guissmé, L., y L. Licata, «Competition over Collective Victimhood Recognition: When Perceived Lack of Recognition for Past Victimization Is Associated with Negative Attitudes Towards Another Victimized Group», *European Journal of Social Psychology*, n.º 47, 2017, pp. 148-166, DOI: 10.1002/ejsp.2244.

¿Por qué ese deseo insaciable o esa necesidad desesperada de reconocimiento? Axel Honneth, famoso por sus investigaciones sobre la teoría del reconocimiento, dice que es una necesidad fundamental porque es un constituyente de la identidad. Los seres humanos sólo existen plenamente cuando son reconocidos. Si experimentamos una falta de reconocimiento se produce una lucha para obtenerlo. En las sociedades occidentales actuales, además, se busca el estatus de víctima porque las víctimas son percibidas como moralmente superiores, como autorizadas a una mayor consideración y simpatía y se les confiere también una protección frente a las críticas. En la teoría de Honneth, el reconocimiento implica amor, respeto, autoestima y desde luego un mayor estatus. Quizá merezca la pena señalar en este contexto que los estudios revelan que las personas que poseen características de la «llamada tríada oscura» (narcisismo, psicopatía y maquiavelismo) tienen más tendencia a señalar que son víctimas virtuosas.[126]

Pero hay que tener en cuenta que todo este planteamiento sólo es válido si consideramos que el reconocimiento de la calidad de víctima es un recurso limitado, es decir, si creemos que la entidad que otorga el reconocimiento sólo tiene una «cantidad limitada» de reconocimiento para distribuir entre un grupo y otro, y que otorgárselo a uno es quitárselo a otro. Dicho de otra manera, todo este razonamiento se basa en considerar que estamos ante un juego de suma cero. Para entender esto conviene recordar la teoría diádica que vimos en el segundo capítulo —y el fenómeno del encasillamiento moral—, donde explicamos que nuestra plantilla mental de la moralidad sólo contempla un perpetrador y una víctima, y por ello nos cuesta aceptar que diferentes personas o colectivos pueden sufrir desventajas y discriminaciones. Nuestra psicología parece llevarnos hacia el punto de fuga de que sólo puede haber una víctima y, si hay más de una, entonces es que la que ha sido

126. Ok, E.; Y. Qian, B. Strejcek, y K. Aquino, «Signaling Virtuous Victimhood as Indicators of Dark Triad Personalities», *Journal of Personality and Social Psychology*, 2 de julio de 2020, DOI: 10.1037/pspp0000329.

considerada víctima no lo es tanto. Es un juego de suma cero, como decíamos.

Aparte del planteamiento teórico, en el trabajo aludido se realizan tres experimentos sobre esta competición por la categoría de víctima intentando evidenciarla. Los autores son belgas, y en el primer experimento estudian a inmigrantes subsaharianos procedentes de la República Democrática del Congo, Ruanda, Burundi y otros países africanos. El resultado de las pruebas es que la percepción de haber sido víctimas se asocia a mayores actitudes negativas hacia los judíos. El estudio tiene el problema de que estos países fueron víctimas del colonialismo belga en el pasado y algunos han llegado a hablar de un genocidio en el Congo en tiempos del rey Leopoldo II. Esto contamina a la entidad que da el reconocimiento, los belgas, y en el estudio aparecen actitudes negativas hacia los naturales de ese país, así que el diseño no es muy limpio. Para intentar arreglarlo, en el segundo estudio buscan una situación que no tenga nada que ver con los belgas y escogen a sujetos musulmanes residentes en Bélgica con el razonamiento de que ningún pueblo musulmán ha sufrido el colonialismo belga. El problema es que estudian también su antisemitismo, y no se dan cuenta de que el conflicto palestino-israelí está muy presente en la conciencia de ambos pueblos. Esa historia de conflicto entre los musulmanes y los judíos contamina de nuevo el diseño y limita las conclusiones que podemos sacar. Por último, en el tercer estudio recurren al típico experimento de la psicología social con estudiantes en el que hacen tres grupos y el que otorga el reconocimiento son las autoridades académicas. Resumiendo mucho, les hacen la misma faena a todos, pero luego dan ventaja a uno de los grupos, el de Derecho, a los que les dejan repetir un examen para ver la respuesta de los otros. Los resultados pueden apoyar lo que dicen los autores, pero lógicamente un planteamiento de este tipo no es comparable en gravedad con el colonialismo, la esclavitud, las guerras o los genocidios.

Así que tenemos un estudio que describe un fenómeno que parece real, a juzgar por lo que observamos en la sociedad, con un planteamiento teórico interesante, pero con una evidencia experimental muy débil. No obstante, sería interesante retomar el problema de por qué el reconocimiento se vive como un recurso limitado. ¿Por qué creen los grupos minoritarios que están ante un juego de suma cero? En principio no parece lógico. Podríamos pensar que la compasión no es limitada, que podemos tener compasión y sintonizar con el sufrimiento de más de una víctima. Pero, por otro lado, el reconocimiento no es sólo algo simbólico. Por ejemplo, en el tercer estudio a los estudiantes de Derecho se les deja repetir un examen, y en la vida real esto puede suponer aprobar una carrera, tener más ingresos, etc. Es decir, el reconocimiento se traduce en recursos y ventajas materiales. A un nivel general en nuestra sociedad, a las víctimas se les compensa con inversiones y recursos, y el dinero sí es un recurso limitado: lo que se gasta en unas cosas no se gasta en otras. Entonces, parece que los grupos no van muy descaminados al ver el problema como un juego de suma cero. Esta competición por el reconocimiento de la categoría de víctima recuerda mucho a la que puedan tener dos hermanos por la atención y los cuidados de la madre (a los celos y la envidia). La atención es también un recurso limitado: si se atiende a uno de los hijos no se atiende al otro y, como dice el refrán, «el que no llora no mama». El que quede en segundo lugar tiene que esperar su turno, y tal vez para cuando le toque la comida se ha acabado o le toca lo peor, por lo que siempre conviene ser el primero. A pesar de las debilidades del estudio, me parece que el fenómeno es real y que esa competición victimista existe y va en aumento en nuestra sociedad. La percepción actual en nuestra cultura parece ser que sólo puede haber una víctima.

Resumiendo, estamos viviendo ahora un choque entre la dignidad y el victimismo de la misma manera que antes lo hubo entre el honor y la dignidad. En las sociedades actuales, atomizadas e igualitarias, las pequeñas ofensas generan una gran angustia y se recurre a terceras partes. Si añadimos a la mezcla las nuevas tecnologías de la comunicación, especialmente las redes sociales, el resultado es la emergencia de una cultura del victimismo que probablemente se irá extendiendo.

La creciente hipersensibilidad al daño

Nick Haslam publicó un artículo en 2016 donde propone que algunos conceptos psicológicos que se refieren a aspectos negativos de la experiencia humana han sufrido una expansión en su significado, un «deslizamiento de concepto» (*concept creep*), de manera que actualmente abarcan un mayor rango de fenómenos que antes.[127] Esta expansión tiene dos formas: una vertical y otra horizontal. En la expansión vertical, el significado del concepto se hace menos riguroso, menos exigente, y se extiende a variantes más leves que no entraban en la definición original. Por ejemplo, el concepto de trastorno mental ha sufrido una expansión vertical de modo que los criterios diagnósticos engloban fenómenos clínicos menos graves e incapacitantes. La expansión horizontal ocurre cuando el concepto se extiende a una nueva clase de fenómenos —cualitativamente diferentes— o se aplica en un nuevo contexto. Por ejemplo, el concepto de refugiado se ha expandido para incluir a gente desplazada por catástrofes ambientales, cuando antes se refería sólo a personas desplazadas por conflictos.

Haslam analiza en su largo artículo seis conceptos: abuso, acoso (*bullying*), trauma, trastorno mental, adicción y prejuicio. Luego analiza los aspectos positivos y negativos de esta expansión de los conceptos psicológicos para tratar al final las posibles causas de este fenómeno. Cualquier explicación de esta expansión debe dar cuenta del hecho de que los cambios se dan en conceptos negativos y de que los cambios conceptuales implican expansión y no contracción. Para abreviar, yo voy a analizar sólo, a modo de ejemplo, el caso del trauma y pasaré después a la discusión y valoración de este hecho.

En un principio, el concepto de trauma hacía referencia a heridas físicas (*trauma* procede de la palabra griega para «herida»). Su causa era un suceso externo y sus efectos eran orgánicos,

127. Haslam, N., «Concept Creep: Psychology's Expanding Concepts of Harm and Pathology», *Psychological Inquiry*, vol. 27, n.º 1, 2016, pp. 1-17. Disponible en: <https://www.tandfonline.com/doi/full/10.1080/1047840X.2016.1082418>.

aunque se podían manifestar con síntomas psicológicos. Este significado era el vigente en el DSM-I (1952), donde se habla de trastornos cerebrales asociados a traumas, por lo que se refiere, resumiendo, a un agente físico que causa una patología orgánica cerebral. En el DSM-III (1980) se produce un viraje y aparece el trastorno por estrés postraumático (TEPT) como trastorno mental. Según el manual diagnóstico, el TEPT es un conjunto de síntomas ligados a un acontecimiento traumático, pero, a diferencia del DSM-I, estos síntomas no se entienden como debidos a una herida orgánica en el cerebro, sino a una herida psicológica en la mente. Esto sería una expansión horizontal.

Lo que se considera trauma, o acontecimiento traumático, ha ido cambiando con el tiempo. En el DSM-III se habla en uno de los criterios de un suceso que «originaría síntomas y malestar en casi todo el mundo» y se refiere a experiencias «fuera del rango de la experiencia humana habitual» que pueden causar heridas graves o la muerte. Se aplica a violaciones, combates militares, desastres naturales, torturas, accidentes graves de tráfico... Por tanto, no entrarían en esta definición las enfermedades crónicas, el duelo, las pérdidas en los negocios o un conflicto de pareja. El DSM-III-R amplía esta definición para incluir traumas que sufren familiares o amigos, es decir, la exposición indirecta al trauma. El DSM-IV continúa incluyendo las exposiciones indirectas (por ejemplo, diagnóstico de enfermedad en un hijo) y aumenta el énfasis en la subjetividad al introducir un nuevo criterio referido al estrés sufrido en respuesta a la exposición al agente traumático. Esta tendencia sería una expansión vertical.

En años recientes, los expertos en el trauma han propuesto incluir el parto, el acoso sexual, la infidelidad, el abandono del cónyuge o un cambio o pérdida del hogar. Estas extensiones se justifican porque estos sucesos dan lugar a síntomas de TEPT. Y para ver adónde está llegando la cosa, aquí tenemos una definición reciente de trauma, la de la Administración de Salud Mental y Abuso de Sustancias de Estados Unidos: «El trauma individual resulta de un suceso, conjunto de sucesos, o conjunto de circunstancias, que es experimentado por el individuo como emocionalmente perjudicial o amenazante y que tiene efectos duraderos adversos en el funcionamiento del individuo y en su bienestar físico, social, emocional o espiritual».

Es decir, el suceso traumático ya no necesita ser una amenaza a la vida, ni estar fuera del rango de la experiencia humana normal, no tiene por qué crear malestar en casi cualquier persona. Sólo es necesario que la persona lo viva como perjudicial. Bajo esta definición, el concepto se ha hecho mucho más amplio y mucho más subjetivo.

Vamos a dar por demostrado que en los otros cinco conceptos que analiza Haslam ocurre lo mismo que en el caso del trauma que hemos visto con un poco más de detalle. Por otra parte, la hipersensibilidad al daño es un fenómeno que no sólo ocurre con los conceptos psicológicos, sino que afecta a la vida cotidiana. En los años cincuenta en Estados Unidos los niños podían jugar en la calle, ir en bicicleta a casa de un amigo y andar por ahí con la condición de que llegaran a casa para la hora de cenar. Hoy en día los padres que permitan estas conductas en sus hijos pueden ser arrestados. Y en nuestro medio las cosas también han cambiado radicalmente. Resumiendo, ha aumentado la sensibilidad a las experiencias y conductas negativas, y también se tienen más en cuenta los daños por omisión, ya no por comisión, y se han ido aceptando cada vez más los criterios subjetivos para decidir si hay que aplicar un concepto. Como hemos visto con el trauma, si yo me siento traumatizado, he sufrido un trauma, aunque objetivamente la intensidad de ese hecho no sea como para traumatizar a otras personas.

Bien, hasta aquí la descripción de los hechos. Pero ahora viene la pregunta del millón: ¿por qué está ocurriendo esto? Y aquí creo que el artículo de Haslam no nos ofrece una respuesta satisfactoria, respuesta que tampoco es fácil encontrar en otra parte. Haslam propone dos hipótesis. La primera sería una explicación «darwinista» en el sentido de que unos conceptos psicológicos triunfan y se expanden más que otros, de la misma manera que unas especies tienen más éxito que otras. La segunda hipótesis se acerca más, a mi modo de ver, a la realidad del fenómeno. En ella Haslam abandona la psicología (los conceptos que él ha analizado son conceptos psicológicos) para salir al campo de las tendencias culturales en general y al campo de la moral. Probablemente el fenómeno es más moral que psicológico. Haslam se apoya en las tendencias históricas que ha señalado Steven Pinker, donde se aprecia una disminución de la violencia en todos los aspectos de la vida. Pinker señala una mayor sensibilidad a nuevas formas de daño y una creciente repugnancia a la violencia.

La hipersensibilidad al daño se puede ver como una expansión del «círculo moral» (Peter Singer) y del pilar del daño según la teoría de los fundamentos morales de Jonathan Haidt: se identifican más tipos de experiencias como perjudiciales y a más tipos de personas como perjudicadas, como víctimas que necesitan cuidado y protección. Las implicaciones pueden ser tanto positivas como negativas. Por un lado, lo podemos ver como un «progreso moral»: nos ayuda a identificar formas de abuso o discriminación, que previamente eran toleradas, como inaceptables y podemos dar ayuda profesional a personas cuyo sufrimiento estaba siendo ignorado.

Pero, por otro lado, podemos aumentar el número de personas que se encasillan como víctimas y que pierden así su capacidad de ser agentes morales para ser sólo pacientes morales (la teoría del encasillamiento de Gray y Wegner que vimos en el capítulo segundo y que propone que hay una relación inversa entre ser paciente moral y ser agente moral). Es decir, se define a las víctimas por su sufrimiento, vulnerabilidad e inocencia, pero se disminuye su capacidad para salir de su situación por sus propios medios. La otra cara de la moneda es que se aumenta también el encasillamiento de los villanos morales, los abusadores, *bullies* o traumatizadores como únicos agentes morales.

Identificar la intimidación en el trabajo como acoso y combatirlo es un paso adelante para crear ambientes de trabajo más sanos y humanos, sin duda. Pero la extensión de la moral basada en el daño tiene también una cara oscura. Por un lado, la gente que sufre traumas, abusos sexuales o enfermedades graves puede pensar que se trivializa su sufrimiento cuando el concepto se diluye para abarcar acciones muy leves. Por otro lado, como decíamos, extender conceptos como enfermedad mental, adicción o trauma a experiencias vitales más normales puede psiquiatrizar o psicologizar problemas de la vida y hacer que la gente los vea de forma más pesimista y se crea incapaz de superarlos por sí misma. También se corre el riesgo de que se vea en la psicología y la psiquiatría un interés en ampliar su campo de acción, en inflar los trastornos mentales en su propio beneficio y dar lugar a un sobrediagnóstico y un sobretratamiento.

Por último, la dilución de los conceptos en formas cada vez más leves (agresión > microagresión > ¿nanoagresión?) y el énfasis en lo subjetivo nos puede llevar a una espiral o círculo vicioso moral que puede conducir a acusaciones injustificadas, a denuncias y pleitos legales y a un entorno de cada vez mayor temor e inseguridad moral que afecte negativamente al ambiente en el que se desarrollan nuestras interacciones sociales.

La práctica de la difamación ritual

Existe un consenso bastante generalizado en que estamos presenciando en las sociedades modernas fenómenos propios de épocas medievales como las cazas de brujas o los linchamientos. En las redes sociales asistimos continuamente a auténticos linchamientos con un trasfondo moral contra personas que se salen de la ortodoxia en cuestiones relacionadas con el sexo, la raza, la justicia social o cualquier otro tema. Un caso famoso fue el despido de James Damore por Google, pero los ejemplos se han multiplicado y muchas personas han sido atacadas por un comentario o tuit y han acabado no sólo perdiendo su trabajo, sino que en algunos casos han terminado suicidándose (el suicidio es un fenómeno complejo que no puede atribuirse a una única causa, pero creo que puede haber pocas dudas de que la angustia y el estrés generado por un linchamiento mediático es un factor que puede contribuir al suicidio). Algunos ejemplos de estos linchamientos están recogidos en el libro de Jon Ronson *Humillación en las redes*.[128] Aquí

128. Ronson, J., *Humillación en las redes*, Ediciones B, 2015.

voy a centrarme en una forma de enmarcar este fenómeno, que es el concepto de «difamación ritual» de Laird Wilcox.[129]

La difamación es la destrucción, o intento de destrucción, de la reputación, estatus o carácter de una persona o grupo de personas por medio de lenguaje o publicaciones injustas. El elemento central de la difamación es la represalia por las actitudes, opiniones o creencias, reales o imaginarias, de la víctima con la intención de silenciar o neutralizar su influencia y de que sirva de ejemplo a los demás para evitar que otros muestren una independencia o «insensibilidad» similar y no observen los tabús debidos. Es diferente en naturaleza y grado de la crítica o del desacuerdo porque es organizada, agresiva y cuidadosamente aplicada, a menudo por una organización o representante de un grupo con intereses especiales, y porque consiste en una serie de elementos característicos.

La difamación ritual no es ritualista porque siga una doctrina religiosa o mística, ni porque se base en un documento o escritura en concreto. Es ritual porque sigue un patrón predecible y estereotipado que liga una serie de elementos como en un ritual. Los elementos de la difamación ritual son éstos:

- En una difamación ritual, la víctima debe haber violado un tabú concreto de alguna manera, habitualmente por expresar o identificarse con una actitud, opinión o creencia prohibida. No es necesario que haya hecho algo al respecto, basta con que se implique en algún tipo de expresión o comunicación.
- El método de ataque en una difamación ritual es el asalto al carácter de la víctima y nunca se atacan más que superficialmente sus opiniones o creencias. La herramienta principal es el asesinato de la personalidad.
- Una regla importante en la difamación ritual es evitar meterse en cualquier tipo de debate acerca de la verdad de lo que se

129. Wilcox, L., «The Practice of Ritual Defamation—How Values, Opinions, and Beliefs Are Controlled in Democratic Societies», *The Social Contract*, vol. 20, n.º 3, 2010. Disponible en: <https://www.thesocialcontract.com/artman2/publish/tsc_20_3/tsc_20_3_wilcox_defamation.shtml>.

ha expresado, sólo se condena. Debatir implica abrir el tema para examinarlo y discutirlo, ver qué evidencias lo apoyan o no, y esto es lo que el difamador trata de evitar. El objetivo primario de la difamación ritual es la censura y la represión.

- La víctima suele ser algún personaje público, alguien que es vulnerable a la opinión pública. Puede ser un maestro, un escritor, un empresario o un mero ciudadano. La visibilidad aumenta la vulnerabilidad a la difamación ritual.
- Se intenta, a veces con éxito, que se impliquen otros en la difamación. Si la víctima es un estudiante, por ejemplo, se anima a otros estudiantes a que lo denuncien.
- Para que la difamación ritual tenga éxito, la víctima debe ser deshumanizada de modo que sea identificada con la actitud o creencia ofensiva, y además de una manera distorsionada, presentando esas actitudes o creencias en su forma más extrema. Por ejemplo, si la víctima es considerada «subversiva», se identifica con las peores imágenes de subversión, como el espionaje, el terrorismo o la traición. Si se la difama como «pervertida» se la identificará con las peores imágenes de perversión, como el abuso infantil o la violación. Si se la difama como racista o antisemita, se la identificará con las peores imágenes de racismo y antisemitismo, como los linchamientos o las cámaras de gas.
- Para tener éxito, la difamación ritual también debe ejercer presión sobre la víctima y humillarla desde todos los sitios posibles, incluidos la familia y los amigos. Si es un empleado, la víctima puede ser despedida de su trabajo, y si pertenece a clubes o asociaciones, se presiona a otros miembros para que pidan la expulsión de la víctima.
- Cualquier explicación que la víctima pueda ofrecer, incluida la afirmación de que ha sido malentendida, es considerada irrelevante. Usar la verdad como defensa en el caso de un valor políticamente incorrecto es interpretado como un desafío o no hace más que agravar el problema. La difamación ritual no trata sobre si un asunto es correcto o incorrecto, sino de «insensibilidad» y de no observar los tabúes sociales.

Un aspecto interesante de la difamación ritual es su universalidad. No es específica de ningún valor, opinión o creencia ni de un grupo o subcultura. Puede ser usada contra cualquier grupo político, étnico, nacional o religioso. Puede ser utilizada, por ejemplo, por los antisemitas contra los judíos, o por los judíos contra los antisemitas, o por gente de derechas contra los de izquierdas y viceversa.

El poder de la difamación ritual reside completamente en su capacidad para intimidar y aterrorizar. Aprovecha algunos elementos de las creencias supersticiosas primitivas como las maldiciones. Se basa en el miedo subconsciente de la mayoría de la gente a ser abandonada y rechazada por la tribu o la sociedad y a ser excluida de los sistemas de apoyo sociales y psicológicos.

Es importante reconocer e identificar los patrones de la difamación ritual. Como toda campaña de propaganda y desinformación, es llevada a cabo principalmente por medio de la manipulación de las palabras y símbolos. No se usa para persuadir, sino para castigar. Aunque tenga elementos cognitivos, su empuje es primariamente emocional. La difamación ritual se usa para herir, intimidar, destruir y perseguir, y para evitar el diálogo, el debate y la discusión de los que depende una sociedad libre. Por ello, debe ser combatida sin que importe quién trata de justificar su uso, y debemos también evitar ser arrastrados a ella por nuestra propia indignación moral.

La indignación moral en la era digital

> Quizá no haya ningún fenómeno que contenga tantos sentimientos destructivos como la «indignación moral», que permite actuar a la envidia o el odio bajo la apariencia de la virtud. El «indignado» tiene por una vez la satisfacción de despreciar y tratar a una criatura como «inferior», unida al sentimiento de su propia superioridad y rectitud.
>
> Erich Fromm

La indignación moral es una poderosa emoción que motiva a la gente para avergonzar y castigar a los que se portan mal. Tiene un lado positivo: aumentar la cooperación y controlar a los malos. Pero el castigo tiene también un lado negativo: empeora el conflicto social al deshumanizar a los otros y lleva a una escalada en las contiendas. La indignación moral es tan antigua como la civilización, pero los medios digitales, internet y las redes sociales han cambiado por completo la expresión de la indignación moral de tres maneras principales: 1) exacerban la expresión de la indignación moral al inflar los estímulos que la desencadenan; 2) reducen los costes de la expresión de la indignación moral, y 3) amplifican los beneficios personales.

Disparadores de la indignación moral

La gente se indigna cuando piensa que una norma moral ha sido violada. Pero en la vida diaria no se observan muchas violaciones de las normas. Un estudio en Estados Unidos y Canadá revela que en menos del 5 por ciento de las experiencias de la vida diaria se experimenta o presencia un acto inmoral. Pero internet nos expone a grandes cantidades de actos inmorales, desde las prácticas corruptas de Wall Street al tráfico de niños en Asia o al genocidio en África, y la lista sería interminable. El bombardeo de actos inmorales es continuo. Antes de internet era el cotilleo el que extendía las noticias de las malas acciones, pero su alcance era limitado. Hay estudios de que en internet se comparten más las noticias que disparan emociones morales como la ira, por lo que compartir ese tipo de material genera beneficios en el sentido de *likes* y retuits.[130]

Me detengo un momento para recordar un concepto que ya hemos abordado en el libro y que señalan autores como Molly

130. Brady, W. J.; J. A. Wills; J. T. Jost; J. A. Tucker, y J. J. van Bavel, «Moral Contagion in Social Networks», *Proceedings of the National Academy of Sciences*, vol. 114, n.º 28, 2017, pp. 7313-7318, DOI: 10.1073/pnas.1618923114.

Crockett, el de los estímulos supernormales.[131] Molly Crockett plantea que las redes sociales son estímulos supernormales para la indignación moral y la disparan en mayor medida que los estímulos de la vida diaria. Esto me parece especialmente cierto de la red Twitter, y hay que reconocer que no todas las redes sociales son iguales. Los medios digitales transforman la indignación moral al cambiar tanto la naturaleza como la prevalencia de los estímulos que la disparan. En cierta manera podemos decir que las redes sociales hacen negocio con nuestra indignación moral igual que las webs de pornografía hacen negocio con nuestra sexualidad: se aprovechan de una tecla de la naturaleza humana.

La experiencia y expresión de la indignación moral

La violación de las normas morales hace que la gente experimente indignación moral y la exprese por la vía del cotilleo, la culpabilización y el castigo. Los medios digitales pueden alterar esta expresión de maneras contrapuestas. Por un lado, es posible que se produzca una fatiga al estar expuesto continuamente a los estímulos de actos inmorales, pero, por otro lado, hay estudios que indican que dar rienda suelta a la ira engendra más ira, es decir, la expresión de indignación moral favorece la subsiguiente expresión de más indignación moral. Hacen falta más estudios para saber cuál de estas dos posibilidades predomina.

La gente expresa su indignación moral de diversas maneras según el esfuerzo que se requiera y las limitaciones que existan. En la vida real hay que cotillear o enfrentarse a los malos o incluso llegar a la agresión física, lo que implica riesgos. Pero en el mundo digital se puede expresar la ira tecleando una frase en un momento desde la comodidad de nuestra habitación. Por tanto, el umbral para expresar la ira es seguramente mucho más bajo

131. Crockett, M. J., «Moral Outrage in the Digital Age», *Nature Human Behaviour*, n.º 1, 2017, pp. 769-771. Disponible en: <https://doi.org/10.1038/s41562-017-0213-3>.

que en el mundo real. Por otra parte, expresar la indignación en persona requiere una proximidad física, pero en internet la expresión de la indignación no está limitada por la ubicación geográfica, la hora ni otras consideraciones.

Esta facilidad plantea la intrigante posibilidad de que la gente pueda expresar indignación moral incluso sin sentirla, es decir, sin que experimenten realmente la indignación que su conducta en la red implica. Por supuesto, es también posible que la gente busque simplemente señalar la virtud ante los demás de forma interesada, y de todo ello vamos a hablar más adelante. Igual que hay gente que picotea continuamente sin tener hambre, se podría expresar indignación moral sin sentirla. También se da otra circunstancia interesante, y es que las recompensas en las redes (en forma de *likes*, retuits, etc.) ocurren de forma impredecible y es sabido que ese patrón de refuerzo promueve las conductas adictivas.

Costes y beneficios de la indignación moral

Como decíamos, la expresión de la indignación moral implica riesgos. En la vida real, al castigar puede haber una represalia, pero en el mundo digital es diferente. La gente suele estar aislada en cámaras donde intercambia información principalmente con gente de su misma cuerda, y además uno se pierde en la masa cuando son muchos los que muestran la indignación. Otro coste de la expresión de la indignación es el malestar empático: culpar y castigar a los demás implica hacer daño a otro ser humano, lo que es desagradable para nosotros de forma natural. El mundo digital reduce este estrés al presentar a las personas por iconos bidimensionales y así su sufrimiento es menos visible. Es más fácil castigar a un avatar que a alguien cuya cara y dolor estamos viendo en persona.

A pesar de los costes, la gente está motivada para castigar. Una razón es que expresar indignación beneficia al sujeto, ya que señala su calidad moral a los demás. El hecho de que uno está más dispuesto a castigar cuando otros están mirando indica una preocupación por la reputación que alimenta nuestro apetito por la indignación moral. Obviamente, las redes amplifican enormemente el efecto sobre la reputación, porque en el mundo real sólo van a observar nuestra virtud unas pocas personas, mientras que en internet será toda la red social e incluso puede tener impacto en otros medios. Un simple tuit puede llegar a millones de personas.

Expresar indignación moral no sólo beneficia a los individuos, sino que puede beneficiar a toda la sociedad al señalar a todo el mundo las conductas que son inaceptables. Pero los medios digitales limitan los beneficios potenciales de la indignación moral de varias maneras. Primero, la separación en cámaras que decíamos hace que el mensaje no llegue a las dianas deseadas y que cambien su conducta porque ellos están en otro submundo digital. Segundo, al bajar el umbral para la expresión de la indignación se puede perder la distinción entre lo que es sólo desagradable y lo realmente odioso. Tercero, expresar indignación online puede hacer que la gente se implique menos en las causas sociales en el mundo real, por ejemplo, con donaciones o voluntariados. Por último, existe el serio riesgo de que la indignación en la era digital profundice las divisiones. Tenemos tendencia a deshumanizar a los infractores de las normas, cuando aparece un deseo de castigar a alguien tenemos tendencia a deshumanizarlo, a considerarlo menos que humano. Por ello, si los medios digitales exacerban la indignación moral, pueden aumentar la polarización social al deshumanizar a los del otro bando, a las dianas de nuestra indignación. La polarización está aumentando a un ritmo alarmante en Estados Unidos y en muchos otros lugares con una disminución asociada en la confianza. Si los medios digitales aceleran este proceso, corremos un gran riesgo si lo ignoramos.

Si la indignación moral es un fuego, internet y las redes sociales son su gasolina. Los medios digitales explican en buena parte la gran explosión moral que estamos presenciando. Evidentemente, no explica el fenómeno en su totalidad, pero no olvidemos que el mundo real es cada vez más una extensión del mundo digital y no al revés. Lo que ocurre en el mundo real se ha cocinado antes en internet, se retransmite mientras ocurre y se cuenta y analiza después de que ha ocurrido en las redes. La televisión, por ejemplo, refleja y amplifica cada vez más lo que está ocurriendo en las redes. Cada vez vivimos más en y para el mundo digital, y las nuevas tecnologías pueden transformar las emociones sociales ancestrales y que dejen de ser fuerzas para el bien común para convertirse en herramientas para la autodestrucción colectiva.

Hay otro aspecto relacionado con la indignación moral que es muy importante: expresar indignación moral —siempre que vaya acompañado de conductas prosociales— hace atractivas como parejas, para una relación a largo plazo, a las personas que la expresan.[132] Y esta indignación moral resulta atractiva especialmente para las mujeres. La indignación moral tiene una función de señal y atracción de parejas (también de señal a los demás de que somos unos buenos socios de coalición con los que se puede colaborar). La indignación moral señala integridad moral, benevolencia y respeto a las normas, cualidades todas ellas deseables en una pareja a largo plazo. Resulta especialmente atractiva para las mujeres porque el coste de la reproducción es mayor para ellas, y por eso es más importante que identifiquen futuras parejas que estén dispuestas a invertir y que sean fiables. Así que la indignación moral podría tener menos que ver con promover el cambio social que con señalar a los demás el valor social de la persona que lo expresa y resultar atractiva como pareja. Éste es un aspecto de nuestra psicología en el que ha hecho un énfasis especial el psicólogo evolucionista Geoffrey Miller.

Geoffrey Miller es principalmente conocido por su libro *The Mating Mind*, donde defiende que las principales capacidades de la mente humana (el lenguaje, la moral, la creatividad y las capacidades artísticas) evolucionaron por selección sexual, esa teoría de Darwin olvidada hasta los años ochenta del siglo pasado y lue-

132. Brown, M.; L. A. Keefer; D. F. Sacco, y F. L. Brown, «Demonstrate Values: Behavioral Displays of Moral Outrage as a Cue to Long-Term Mate Potential», 22 de mayo de 2020. Disponible en: <https://doi.org/10.31234/osf.io/qc8sk>.

go vuelta a olvidar.[133] En un artículo suyo de 1996 titulado «Political Peacocks», plantea la hipótesis de que la publicidad que damos a nuestra ideología política (y por tanto la indignación moral que mostramos contra los adversarios políticos) funciona como una demostración para atraer parejas sexuales, de forma análoga a como funciona la cola del pavo real o el canto de un ruiseñor.[134] Se ha extendido ya en el lenguaje público la expresión «señalamiento de la virtud» (*virtue signalling*) y otras similares como «exhibicionismo moral» o «postureo moral», de lo que luego hablaremos, que coinciden todas en señalar que exhibimos nuestra integridad moral como los pavos reales machos exhiben su bonita cola.

Lo que Miller plantea es que los réditos que paga la ideología en general y las ideas políticas en particular son principalmente reproductivos. Señala que la mayoría de la gente en el mundo moderno no tiene prácticamente poder político, y a pesar de ello muestra fuertes convicciones políticas que transmiten insistente, frecuente y ostentosamente (sólo hay que asomarse por Twitter). Esta conducta es sorprendente para los economistas que ven un gasto de tiempo y energía enorme sin beneficio político para el individuo. La explicación de Miller es que los beneficios de expresar la ideología política no son políticos, sino sociales y sexuales.

Hay estudios que revelan que tratamos la orientación política de una persona como un indicador de sus rasgos de personalidad. El conservadurismo indicaría una personalidad ambiciosa y egoísta que va a ser buena protegiendo y aprovisionando a sus hijos. El liberalismo (en el sentido estadounidense) indica una persona que se preocupa de los demás, empática, y que por tanto va a destacar en las relaciones con los hijos y construyendo redes sociales. De modo que no sorprende que los hombres prefieran mujeres que expresan ideologías liberales y que las mujeres prefieran hombres más conservadores. Los hombres expresarían

133. Miller, G., *The Mating Mind: How Sexual Choice Shaped the Evolution of Human Nature*, Vintage, 2001.

134. Miller, G. F., «Political Peacocks», *Demos Quarterly*, n.º 10, 1996, pp. 9-11.

por medio de su ideología conservadora su dominancia económica y social, y las mujeres con sus ideas liberales sus capacidades maternales y cuidadoras. El cambio de ideología política en la edad mediana reflejaría un importante aumento de poder y capacidad de generar recursos y ganancias para una pareja, y no sólo un cambio en los propios intereses.

La hipótesis de Miller es arriesgada, pero en la selección sexual ocurre con frecuencia un fenómeno que se llama «selección desbocada» (*runaway selection*) por el que un rasgo que es atractivo sexualmente se va exagerando hasta extremos grotescos. Es lo que ocurre con la misma cola del pavo real u otros atributos de los machos. Mientras en los machos se transmite el rasgo físico, en las hembras se transmite la preferencia por ese rasgo, lo que hace que en cada generación el tamaño del rasgo aumente. El tope en ese proceso lo marca el nivel a partir del cual ese aumento de tamaño puede ser negativo para la supervivencia, y se dice, por ejemplo, que la extinción del ciervo gigante o alce irlandés se debió al exagerado aumento de los cuernos (aunque igual no es verdad). Pues bien, no sé si Miller tiene razón o no, pero creo que en el campo de la moralidad estamos asistiendo a un fenómeno de selección desbocada donde surgen continuamente nuevas normas morales que hay que cumplir si quieres resultar atractivo y estar a la última. Creo que la velocidad a la que se están moralizando fenómenos que antes no entraban dentro de la esfera moral es cada vez mayor, y la universidad estadounidense, que es un poco el laboratorio del que surgen las novedades, se ha convertido en un hervidero de señalamiento de la virtud moral, y parece que todo el mundo esté compitiendo para ver quién es el más virtuoso y santo en un mundo en el que surgen continuamente nuevas formas de señalar la virtud: no comer carne, el altruismo efectivo, condena de la apropiación cultural, etc.

Puede que Miller tenga razón, pero es también probable que no la tenga. Es verdad que cualquier capacidad mental humana puede ser utilizada como ornamentación sexual para conseguir pareja. Usamos la ropa o la casa como ornamentación sexual, pero eso no quiere decir que la ropa o las casas surgieran para el cortejo sexual. Las cosas podrían haber ocurrido al revés, y capacidades que aparecieron para algo útil desde el punto de vista adaptativo se utilizan secundariamente para ligar, dicho coloquialmente. Pero, de todos modos, el dato real es bastante sólido y conviene tenerlo en cuenta: la indignación moral y las cualidades que señala nos hacen atractivos como socios colaboradores y como posibles parejas.

Moralización en las redes sociales y violencia política

Cabe preguntarnos si toda esta indignación moral en las redes sociales tiene consecuencias en el mundo real o es algo que ocurre en el mundo digital y, con no utilizar internet y mantenernos alejados de ello, podemos estar a salvo. La relación entre el mundo online y el mundo offline es cada vez más estrecha. Ya hemos hablado de las difamaciones rituales y de los linchamientos en las redes, y es cada vez más claro que las redes como Twitter son una especie de tribunales morales y de justicia que tienen una gran influencia sobre la vida social y política. Ciudadanos de la calle y también celebridades están pagando con la pérdida del empleo y con la experiencia de todo tipo de acosos y persecuciones las sentencias dictadas en estos tribunales. Y no hay forma de escapar de ellos. Antes de la era de internet, siempre podía uno irse a otra ciudad o a otro país. Hoy en día no hay ningún lugar en el que ponerse a salvo de las difamaciones rituales, y las condenas, la humillación y la vergüenza quedan en las redes para siempre a un simple clic de distancia. Es muy fácil para cualquier empresa o institución hacer una búsqueda y localizar cualquier incidente o conflicto en el que una persona puede haber estado implicada, como señala Ronson en su libro.[135] Como dice Douglas Murray, en la sociedad actual tenemos que convivir toda la vida con nuestro peor chiste. En las redes los «delitos» no prescriben, un tuit poco afortunado publicado a los catorce años puede suponer la ruina de la reputación moral de una persona veinte años después.

Pero las consecuencias de la moralización de las redes no son sólo individuales, sino también colectivas. Un artículo relativa-

135. Jon Ronson, *Humillación en las Redes*, Ediciones B, 2015.

mente reciente estudió el riesgo de que las manifestaciones se conviertan en violentas y plantea que, aunque no son los únicos, hay dos factores claves: 1) el grado en que la gente ve la manifestación como una cuestión moral, y 2) el grado de convergencia moral percibida, es decir, el grado en que los participantes creen que los demás comparten sus actitudes morales. También sugieren los autores que se pueden medir estos dos factores de riesgo por la actividad en las redes sociales: descubrieron que la retórica moral aumenta en las redes en las horas previas a las manifestaciones y que este aumento de carga moral predice el número de detenciones que ocurrirán posteriormente en la manifestación.[136]

El estudio se realizó en Estados Unidos en 2018 e intentaba buscar una explicación a la aceptación de la violencia en las manifestaciones, algo que estaba sucediendo con relativa frecuencia en ese país con incidentes como los de Ferguson (Misuri), o los de Charlottesville (Virginia). Los autores se centran en la moralización porque cuando una cuestión se moraliza, como ya hemos comentado, se convierte en un asunto del bien y el mal y participar en una protesta ya no es una preferencia, sino una obligación. Cuando el asunto se moraliza se hace más absoluto y menos susceptible al cambio; se impone el sentimiento de que «se debe» hacer algo de una u otra manera y esto contribuye a que se apoyen actuaciones violentas.

Los autores observan que hoy en día las manifestaciones vienen precedidas de discusiones en Twitter y Facebook acerca de cuestiones morales como la justicia o injusticia social. Las redes sociales se han convertido en importantes herramientas para expresar la desaprobación moral, y ya hemos comentado que los estudios revelan que los tuits con contenido moral se diseminan en mayor medida. Los sentimientos morales proveen muchas veces la base para la violencia. Cuando uno percibe la obligación moral de hacer algo y no lo puede hacer de otra manera, existe el

136. Mooijman, M.; J. Hoover; Y. Lin *et al.*, «Moralization in Social Networks and the Emergence of Violence During Protests», *Nature Human Behaviour*, n.º 2, 2018, pp. 389-396. Disponible en: <https://doi.org/10.1038/s41562-018-0353-0>.

riesgo de justificar el paso a la fuerza y la violencia. La moralización es un factor de riesgo para la violencia y hablaremos de ello al tratar la violencia moralista. Pero los autores proponen que el riesgo de violencia no depende sólo de la moralización sino del grado en que la gente cree que los demás comparten sus creencias morales, un fenómeno al que ellos llaman «convergencia moral percibida». Cuando la gente encuentra a otros que comparten sus actitudes morales, esas actitudes son validadas y reforzadas y se vuelven más intransigentes, con lo que aumenta el riesgo de utilización de la violencia para conseguir los fines morales deseados. Esta percepción de que hay una convergencia moral se puede ver influida por la dinámica de las redes sociales, ya que la gente tiende a agruparse con otra gente que tiene las mismas creencias en lo que se ha dado en llamar «cámaras de eco» o «burbujas aisladas».

Para comprobar estas hipótesis, los autores estudian unas manifestaciones que tuvieron lugar durante varios días en Baltimore en 2015, y analizan los tuits que circularon durante esos días. Primero codifican cuatro mil ochocientos tuits manualmente según su contenido moral y entrenan con ellos a una red neuronal artificial que clasifica posteriormente dieciocho millones de tuits. Y luego analizan la relación entre tuits morales y número de detenidos. No descubren que el número de tuits totales aumente en los días de manifestación, pero sí el número de tuits morales. Y también que el número de tuits morales en las horas previas predice el número de detenciones, que sería un indicador de mayor violencia en la manifestación. A medida que aumenta el número de tuits morales, aumenta el riesgo de detenciones en la manifestación, de manera que la expresión de sentimientos morales en las redes sociales predice el mayor recurso a la violencia en las manifestaciones. Además del estudio de estos datos correspondientes a los hechos reales de los sucesos de Baltimore, los autores realizan tres estudios de laboratorio donde preguntan a una muestra de sujetos una serie de cuestiones sobre la moralización de ciertos asuntos, la aceptación de la violencia para conseguir objetivos morales, el grado en el que crece la coincidencia de los demás con sus valores morales, etc. En conjunto, los resultados de estos tres estudios confirman las hipótesis de que la moralización de las manifestaciones y la convergencia moral aumentan la probabilidad de aceptación del uso de la violencia, lo que apoya los resultados conseguidos con el análisis de los dieciocho millones de tuits.

Conviene hacer algunas matizaciones. En primer lugar, estamos hablando de una correlación entre tuits y violencia en las manifestaciones —y de que con los tuits se puede predecir la violencia posterior—, pero no de que los tuits sean la causa de la violencia. Es muy probable que una indignación moral subyacente sea la causa tanto de los tuits como de la violencia en las manifestaciones. Tampoco plantean los autores que estos dos factores sean condiciones suficientes para la violencia, sino que hay muchos otros factores que pueden contribuir a la violencia. Lo que sí dicen es que el riesgo de violencia aumenta si se produce la moralización y la percepción de que esa moralización es compartida. Lo que también creen es que las redes sociales introducen un sesgo en la percepción de esa convergencia por la tendencia a compartir las redes con gente que piensa como nosotros.

Queda por investigar en el futuro cuál es el mecanismo por el que la convergencia moral aumenta el recurso a la violencia. Podría ser por una razón, vamos a decir, epistémica (si mis amigos comparten mis ideas es que tengo razón), o más bien por una razón social (si mis amigos no están de acuerdo conmigo puedo tener problemas si actúo de otra manera y no en línea con ellos). En cualquier caso, los hallazgos de este estudio podrían servir para buscar maneras de contrarrestar o prevenir este uso de la violencia. Es decir, si pudiéramos conseguir disminuir la moralización de las actitudes y diluir la percepción de que los demás comparten nuestras posiciones morales se podría tal vez reducir el aumento en la aceptación de la violencia. Pero, desde luego, hace falta todavía mucha investigación en este terreno.

La cultura de la cancelación

Otro aspecto o variante de la indignación moral es la llamada «cultura de la cancelación» que tal vez podríamos traducir como cultura de la censura, del silenciamiento o del ostracismo, porque en el fondo se trata de acallar, silenciar o expulsar a un supuesto transgresor moral. *Cancelar* es un verbo que se usaba referido a la anulación de unos billetes o unas vacaciones, pero que se ha extendido para referirse a silenciar a personas. Se empezó a usar para referirse a la suspensión de conferencias de ciertos académicos o intelectuales en las universidades estadounidenses porque un sector de los estudiantes no los consideraban moralmente adecuados, y también a las manifestaciones y protestas que tuvieron lugar en muchas universidades para impedir que estas personas pudieran hablar. Pero este silenciamiento y ataque no se dirige sólo a personas ilustres en el medio universitario, sino que son conductas que se dirigen contra cualquier persona, y la indignación moral y las redes vuelven a ser el motor de este fenómeno.

Rob Henderson define la «cultura de la cancelación» como la tendencia social de acabar (o intentar acabar) con la carrera o la prominencia de una persona para que rinda cuentas por violar las normas morales. A menudo son normas morales que se inventaron ayer y se intenta expulsar a las personas de sus círculos profesionales y sociales. Henderson da cinco razones por las que la cultura de la cancelación es tan eficaz:

- La cultura de la cancelación aumenta el estatus social. El motivo más poderoso que sustenta la cultura de la cancelación es el estatus social.
- La cultura de la cancelación reduce el estatus social de los enemigos. Una forma de elevar el estatus social es hacer algo bueno. Pero hacer algo bueno requiere esfuerzo y la posibilidad de fracasar y, además, el reconocimiento tarda en llegar. Existe una opción más fácil: difundir el mal comportamiento de los demás. Hundir el estatus social de otros es rápido, y como el estatus es relativo, si el estatus de otros baja, el nuestro sube.

- La cultura de la cancelación refuerza los vínculos sociales. No es una actividad solitaria. La gente disfruta uniéndose en torno a un propósito común. Obtienen satisfacción al unirse contra un agresor y disfrutan del sentido de solidaridad que les proporciona. La cultura de la cancelación es una actividad colectiva y estrecha los vínculos entre los miembros del grupo.
- La cultura de la cancelación obliga a los enemigos a revelarse. Permite a la gente identificar quién es leal a su movimiento. Difundir las transgresiones de los demás obliga a todos a responder (a posicionarse), y así sabes quién está contigo y quién está en contra. Aquellos que piden pruebas de las malas acciones de la persona «cancelada» o que ponen en duda la gravedad de su transgresión se revelan como infieles a la causa.
- La cultura de la cancelación produce recompensas rápidas. Las recompensas sociales son inmediatas y gratificantes, y los peligros demasiado lejanos y abstractos. «Podrías ser el siguiente» no computa para la mayoría de la gente. Es sólo un conjunto de palabras. Pero las recompensas sociales de estatus y camaradería dentro del grupo se registran al instante. Las ventajas a corto plazo ocultan los peligros a largo plazo, y no es extraño que le llegue el turno de ser canceladas a personas que cancelaron a otras.

Hay personas que han intentado minimizar la realidad de la cultura de la cancelación negando su propia existencia e intentando reducirla a un pequeño número de casos anecdóticos, pero la lista de personas que han sido censuradas o despedidas es ya demasiado larga para poder ocultarla. De todos modos, no se trata de la cantidad, sino de lo que estas cancelaciones buscan, que no es otra cosa que crear un régimen de miedo —una espiral de silencio— en el que la gente tema dar su opinión y en el que ciertas ideas no puedan ser cuestionadas. Otros han intentado vestir estas cancelaciones con el ropaje de críticas legítimas a determinados autores o ideas y no como censura. Jonathan Rauch, sin embargo, ha respondido muy bien a este argumento elaborando una lista de seis señales que indican que estás siendo víctima de la cultura de la cancelación y no simplemente criticado.[137] Las resumo brevemente:

Punitivismo

Si te denuncian a tu jefe o a los grupos profesionales a los que perteneces e intentan poner en peligro tu sustento o aislarte socialmente, probablemente eres víctima de la cultura de la cancelación. Una cultura crítica busca corregir en lugar de castigar. En la ciencia, el castigo por equivocarte no es perder tu trabajo o tus amigos. Normalmente, la única penalización es perder la discusión. La cancelación, por el contrario, busca castigar en lugar de corregir, y a menudo por un solo paso en falso, en lugar de por un largo historial de errores. La cuestión es hacer sufrir al descarriado.

Quitar plataformas de expresión

Si los activistas intentan impedir que publiques tu trabajo y que no participes en conferencias porque hablar en público es violencia contra ellos, probablemente eres víctima de la cultura de la cancelación. Una cultura crítica tolera la disidencia en lugar de silenciarla. Entiende que la disidencia puede parecer desagradable, dañina, odiosa y, sí, insegura. Para minimizar el daño innecesario, se esfuerza por animar a la gente a expresarse de manera civilizada. Pero también entiende que, de vez en cuando, un disidente odioso tiene razón, y por eso se opone al silenciamiento y a negar plataformas de expresión. La cancelación, por el contrario, busca acallar y gritar a sus objetivos. Los «canceladores» suelen

137. Rauch, J., «La lista de verificación de la cultura de la cancelación», Proyecto Karnayna, 10 de agosto de 2020. Disponible en: <https://carnaina.medium.com/la-lista-de-verificaci%C3%B3n-de-la-cultura-de-la-cancelaci%C3%B3n-f42dabac440d>.

definir el mero hecho de estar en desacuerdo con ellos como una amenaza a su seguridad o incluso un acto de violencia.

Organización

Si la crítica que recibes está organizada, si rebuscan en tu trabajo y en tus redes, buscando cosas que puedan usar en tu contra, probablemente eres víctima de la cultura de la cancelación. La cultura crítica se basa en la persuasión. La forma de ganar una discusión es convencer a los demás de que tienes razón. A menudo, por supuesto, las discusiones entre diferentes escuelas de pensamiento pueden calentarse; pero la organización de campañas de presión contra objetivos políticos o ideológicos suele considerarse una extralimitación. Por el contrario, es común ver a los canceladores organizar peticiones de firmas o a miles de usuarios de redes sociales para exponer a alguien y proceder a una acusación.

Boicots secundarios

Si amenazan a gente que te apoya, o a jefes y colegas profesionales para que te despidan, probablemente eres víctima de la cultura de la cancelación. Una cultura crítica no ve que haya ningún valor en inculcar un clima de miedo. Pero infundir miedo es el objetivo de la cancelación, y para ello amenaza de manera implícita a cualquiera que se ponga del lado de aquellos que son el objetivo. La cancelación envía el mensaje: «Tú podrías ser el próximo». En el clima resultante, las personas a menudo se unirán a las denuncias públicas o se abstendrán de defender a objetivos que creen que son inocentes para evitar convertirse en polémicos.

Exhibicionismo moral

Si el tono del discurso es *ad hominem*, repetitivo, ritualista, afectado, acusatorio y escandalizado; si la gente está aplanando las distinciones, demonizándote, lanzando etiquetas incendiarias y llenándose de superioridad moral; si la gente está ignorando lo que dices realmente, hablando de ti, pero no contigo, entonces es muy probable que estés siendo víctima de la cultura de la cancelación. Precisamente porque el discurso puede ser hiriente, la cultura crítica desalienta la retórica extrema. Anima a las personas a escucharse unas a otras, a utilizar pruebas y argumentos, a comportarse de forma razonable y a evitar ataques personales. La cultura de la cancelación está mucho más comprometida con lo que los filósofos Justin Tosi y Brandon Warmke denominan «exhibicionismo moral» (*moral grandstanding*), y que vamos a ver en el siguiente apartado: mostrar indignación moral para impresionar al grupo de pares, dominar a otros o ambas cosas. Los exhibicionistas que condenan a alguien no están interesados en persuadirlo o corregirlo; de hecho, no están hablando con él en absoluto. Más bien, utilizan la condena y las campañas de difamación ritual para elevar su propio estatus. Las acusaciones colectivas, los ataques personales y las guerras para mostrar la mayor indignación son todas formas de participar en el exhibicionismo moral.

Falta de veracidad

Si las cosas que dicen sobre ti son inexactas, si distorsionan tus palabras y hacen acusaciones falsas, probablemente estás siendo víctima de la cultura de la cancelación. La preocupación por la precisión es la estrella polar de la cultura crítica. No todos entienden bien todos los hechos, ni la gente siempre está de acuerdo en lo que es verdad; y, sin embargo, en una cultura crítica las personas tratan de presentar sus puntos de vista y los de los demás con honestidad y precisión. En la cultura de la cancelación no se trata de buscar la verdad o persuadir a otros; es una forma de guerra de información, en la que la falta de veracidad es suficiente si sirve a la causa.

Rauch sugiere que si detectas una o dos de estas señales, debes temer que se esté produciendo una cancelación; si ves cinco o seis, puedes estar seguro de que es así. Pasamos ahora a ver el exhibicionismo moral que acabamos de mencionar.

El exhibicionismo moral

El exhibicionismo moral es un concepto de nuestro mundo moral actual muy importante de entender y manejar. Primero voy a señalar algunos matices en cuanto a la terminología. El término que se ha extendido en el mundo anglosajón, *moral grandstanding*, no tiene todavía, que yo sepa, una traducción aceptada en castellano. Se podría traducir por «exhibicionismo moral» o «lucimiento moral». Se está extendiendo por las redes la traducción «postureo moral», que me gusta por las cuestiones que ahora vamos a comentar, pero me parece demasiado informal. «Postureo moral» va en la línea de otro término que se ha extendido mucho en el mundo anglosajón, que es el de «señalamiento de virtud» (*virtue signalling*), del que ya hemos hablado al mencionar a Geoffrey Miller, que en el fondo se refiere al mismo fenómeno pero que tiene su base en la biología evolucionista, en lo que se llama «teoría de señales» (referida a la comunicación entre individuos tanto de la misma especie como incluso entre depredadores y presas), en la que no vamos a entrar. Por el contrario, el término *moral grandstanding* (actuar o hablar de manera dirigida a atraer la buena opinión de la gente que observa), proviene de la filosofía, del trabajo de Justin Tosi y Brandon Warmke; es más formal y es el que voy a utilizar traduciéndolo como «exhibicionismo moral».[138] El planteamiento de estos autores es que el exhibicionismo moral está mal desde el punto de vista moral y debería ser evitado.

¿Qué es el exhibicionismo moral?

El discurso moral público es bueno y necesario, hay que tratar y discutir temas de contenido moral y hay que ponerse de acuerdo en ellos, por lo que traer esos temas a la conciencia pública está en principio bien. Pero este discurso moral puede también descarrilar y transitar él mismo por caminos inmorales. Una de las

138. Tosi, J., y B. Warmke, *Grandstanding: The Use and Abuse of Moral Talk*, Oxford University Press, 2020.

maneras en que el discurso moral puede ir por malos caminos es el exhibicionismo moral, que consiste en hacer una contribución al discurso moral público cuyo objetivo es convencer a los demás de que uno es «moralmente respetable». Es decir, usar el discurso moral para que los demás hagan ciertos juicios deseados acerca de uno mismo, como que uno es digno de admiración por una cualidad moral particular (por ejemplo, un gran compromiso con la justicia, una gran sensibilidad moral o una gran empatía). Hacer exhibicionismo moral es transformar nuestra contribución al discurso moral en un proyecto de vanidad.

El fenómeno del exhibicionismo moral tiene dos características principales. La primera, como decíamos, es que la persona quiere ser considerada moralmente respetable. En algunos casos puede ser simplemente señalar que se cumple con una norma, que se llega a un nivel mínimo de moralidad. Supongamos que la moral requiere que dediquemos un mínimo de atención y cuidados a los emigrantes. Entonces el exhibicionista moral buscaría señalar que, aunque otros no cumplen o no llegan a ese mínimo, él (o su grupo) sí llega. En otros casos, sin embargo, el lucimiento moral va más allá y se trata de señalar que, aunque la moral requiere un nivel mínimo de cuidado de los emigrantes, nuestra preocupación por los emigrantes está muy por encima de este umbral mínimo, que no tenemos parangón, vaya.

¿De quién busca reconocimiento el exhibicionista moral? Normalmente va a ser de los miembros de su propio grupo para subir en estatus. Pero también puede ser de los miembros de otro grupo con los que uno no está de acuerdo. Al presentarse como moralmente superior, se trataría de ganar esa disputa y que el otro se someta. En otros casos, puede ser un exhibicionismo dirigido a una audiencia general, y lo que se busca es impresionar. Hay que señalar que el exhibicionista no necesita creer realmente que tiene un gran nivel de respetabilidad moral, puede fingirlo. Imaginemos el caso de un político que finge empatía hacia la situación de los trabajadores, pero que solamente está buscando sus votos.

La segunda característica es una variación de la primera, y es que cuando uno hace una contribución al discurso moral público (una charla o un escrito), el deseo de reconocimiento moral tiene que desempeñar un papel preponderante en esa contribución. Puede que se haga también por otros motivos, pero si no se buscara un reconocimiento, no se haría. La intención podría ser silenciar a un rival o minar la credibilidad de los demás, pero siempre presentándose el exhibicionista moral como más respetable moralmente y desvalorizando las contribuciones de los demás porque provienen de alguien inferior moralmente.

Manifestaciones del exhibicionismo moral

Una primera manifestación es que el exhibicionista tiene que apuntarse o subirse al carro. Cuando se trate un tema, tiene que reiterar algo que ya se ha dicho para que quede registrado que él está a bordo. Por ejemplo, aunque otras personas hayan expresado la necesidad de hacer una petición o protesta por una injusticia, el exhibicionista añadiría: «Quiero apoyar lo que han dicho otros, esta petición es vital y la suscribo por completo, necesitamos mostrar que estamos en el lado correcto de la historia». Es decir, que, aunque uno no aporte nada nuevo a la discusión, la posición ha quedado registrada públicamente.

Otra manifestación del exhibicionismo moral es la facilidad de entrar en una escalada moral o en una especie de carrera de armamentos moral. Si ante una mala actuación de un político, por ejemplo, alguien dice que hay que censurarlo públicamente, otro podría pedir que se le eche y un tercero que se interponga una demanda criminal contra él. En ese afán de ser el más santo moralmente, nada es suficiente para destacar.

Una tercera manifestación del exhibicionismo moral es la fabricación o invención de problemas morales donde no los hay. Si el exhibicionista moral quiere mostrar que es superior moralmente a los demás, una forma de hacerlo es identificar problemas morales donde otros (con una sensibilidad moral inferior) no los han visto. Una supuesta injusticia no ha sido detectada por el radar moral de los demás, y a ellos no les ha parecido problemática, pero para eso está el exhibicionista.

En cuarto lugar, el exhibicionismo moral se caracteriza por muestras exageradas de agravio o de emociones fuertes como la ira. La suposición es que la persona que más se altera es la que tiene las convicciones morales o el sentido moral más desarrollados. Se supone que hay una fuerte conexión entre tener convicciones morales acerca de un asunto y tener fuertes reacciones emocionales en esos asuntos. El resultado final es que todo el mundo compite por ser el más agraviado por una acción supuestamente mala moralmente.

Por último, los exhibicionistas morales claman que sus puntos de vista son autoevidentes: «Si no puedes ver que es así como hay que responder, no quiero tener nada contigo». Que algo es autoevidente señala que mi sensibilidad moral está muy finamente ajustada y la tuya no, ya que no puedes verlo.

La moralidad del exhibicionismo moral

Tosi y Warmke plantean que el exhibicionismo moral es malo y que no deberíamos hacer exhibicionismo moral. Estos autores creen que el exhibicionismo moral distorsiona y corrompe el objetivo del discurso moral público, que es mejorar nuestras creencias y el mundo. Y lo hace de tres maneras: aumentando el cinismo, llevando a un agotamiento del agravio y favoreciendo la polarización de grupo.

El cinismo al que se refieren Tosi y Warmke es más bien un escepticismo o una desilusión ante el discurso moral público. Cuando sabemos que todo el mundo está presumiendo para mostrarse como el más santo moralmente, el resultado es que no nos creemos nada, y que damos por supuesto que el otro está actuando por motivos egocéntricos. Si todo el mundo practica el exhibicionismo moral, aumenta el escepticismo y el cinismo.

El segundo efecto negativo es el del agotamiento del agravio o del ultraje. Como el exhibicionismo implica un agravio excesivo o desproporcionado y manifestar grandes emociones ante cosas cada vez más pequeñas, se llega al punto en que ya no sabemos si las manifestaciones de agravio son realmente signo de injusticia o una exageración propia de una escalada de exhibicionismo moral. Digamos que se «abarata» el valor del agravio. Si ante cualquier tontería reacciono como si fuera el demonio, ya no tengo reacción apropiada para el verdadero demonio, por así decirlo.

Y el tercer efecto negativo del exhibicionismo moral es la polarización de grupo, el fenómeno por el que los miembros de un grupo que delibera se van moviendo hacia posiciones cada vez más extremas. Si se acepta una postura moderada siempre va a haber alguien que quiera destacar pidiendo una vuelta de rosca más a esa postura acordada, y así sucesivamente.

Todo esto puede sonar muy teórico o muy filosófico y abstracto, pero es el pan nuestro de cada día en las redes sociales, que están rebosantes de moralina. Hay poca duda de que las redes sociales van más de moral que de compartir información, por ejemplo. Continuamente se trata de señalar que uno está en el bando bueno y encima que es de los más destacados de ese bando. En Facebook o en Twitter el significado oculto de mucho de lo que hacemos es: «Mira qué bueno soy porque he dicho esta cosa importante aquí en internet». Por ello es importante conocer este fenómeno, porque si lo conocemos podemos parar los pies al exhibicionista. Podemos señalar que está haciendo exhibicionismo moral y no darle el reconocimiento que busca y desincentivar así que otros lo hagan y que el fenómeno se generalice. De lo contrario vamos a llegar a un nivel de exigencia moral y de santidad inalcanzable para todo el mundo y, en el fondo, a un discurso moral cada vez más vacío.

La religión como freno a la moral

> No quites nunca una valla hasta que sepas la razón por la que fue colocada.
>
> G. K. Chesterton

> La política moderna es un capítulo en la historia de la religión. Las mayores convulsiones revolucionarias que han moldeado gran parte de la historia de los dos últimos

siglos fueron episodios en la historia de la fe, momentos en la larga disolución del cristianismo y el surgimiento de la religión política moderna. El mundo en el que nos encontramos al comienzo del nuevo milenio está lleno de los escombros de proyectos utópicos, que, aunque se encuadraron en términos laicos que negaban la verdad de la religión, fueron de hecho vehículos de mitos religiosos.

John Gray

Las religiones presumen de valores éticos eternos, lo que explica por qué han contribuido tan poco al progreso moral de la humanidad.

Jorge Wagensberg

Lo que todos estos fenómenos que estamos viendo ilustran es que estamos viviendo una dictadura de la virtud, una epidemia de moralidad que está afectando a todas las esferas de la vida, no sólo a la política, sino a la ciencia, al arte, al mundo laboral y, por supuesto, a las redes sociales y a los medios de masas en general. Todo el mundo está señalando su virtud constantemente —en especial en las redes sociales—, y surgen nuevos valores sin interrupción que son desplazados enseguida por otros nuevos mandamientos, de manera que nadie puede estar seguro de ser lo suficientemente bueno, porque cuando cumples con unos requisitos aparecen nuevas exigencias a las que responder y adaptarse. Hace poco las palabras eran violencia, pero ahora ya hemos pasado a que el silencio es también violencia. Las empresas no se limitan a alabar las cualidades de sus productos, sino que tienen que demostrar que son buenas y que se alinean con los nuevos valores. Todo se está moralizando, desde comer carne hasta ir en coche al trabajo, y cosas que antes eran neutras moralmente van adquiriendo la cualidad o valor moral de ser malas y condenables. Un resultado de todo esto es que la gente no se atreve a expresar sus opiniones por miedo a herir a alguien y a las consecuencias que eso puede acarrearle en su vida, en su trabajo o en su carrera. El 62 por ciento de los estadounidenses dicen en una encuesta reciente que tienen miedo a expresar sus ideas.[139] Según otro estudio, el porcentaje de estadounidenses que tiene miedo a compartir sus ideas y se autocensura se ha triplicado desde los años cincuenta del siglo pasado (era McCarthy) a la actualidad.[140] No lo hacen por miedo al Estado, sino por presión social y miedo a ser despedidos o etiquetados. Se está imponiendo un totalitarismo sin Estado que se manifiesta en la cultura de la cancelación: la censura, acallar y eliminar al disidente, al que no sigue la ortodoxia.

La pregunta del millón, evidentemente, es por qué está ocurriendo todo esto. Ninguna conducta humana tiene una única causa, y un fenómeno tan complejo como esta epidemia de moralidad no puede reducirse a un único motivo. Pero en este apartado voy a defender la hipótesis de que una de las razones de la existencia de esta dictadura de la virtud actual es el abandono de la religión tradicional, y lo voy a hacer siguiendo en esencia el planteamiento de Hans-Georg Moeller en uno de los capítulos de su libro *The Moral Fool*.[141] Junto con el abandono de la religión tradicional, destacaría en la generación de este fenómeno el papel de los nuevos medios de masas.

Hemos asistido a un cambio en la sociología de la moralidad. En épocas anteriores, nuestra moralidad venía marcada por la Iglesia y, en conexión con la Iglesia, por la familia. La Biblia y otros textos religiosos eran las principales fuentes de los valores morales. Esta situación conducía necesariamente a una relativa estabilidad moral. La Biblia ha sido más o menos la misma durante siglos y, aunque las interpretaciones diferían de forma importante, existían limitaciones al alcance y la velocidad de la va-

139. Ekins, E., «Poll: 62% of Americans Say They Have Political Views They're Afraid to Share», Cato Institute Survey Reports, 22 de julio de 2020. Disponible en: <https://www.cato.org/survey-reports/poll-62-americans-say-they-have-political-views-theyre-afraid-share>.

140. Gibson, J. L., y J. L. Sutherland, «Americans Are Self-Censoring at Record Rates», *Persuasion*, 1 de agosto de 2020. Disponible en: <https://www.persuasion.community/p/americans-are-self-censoring-at-record>.

141. Moeller, H. G., *The Moral Fool: A Case for Amorality*, Columbia University Press, 2009.

riación moral. Era muy difícil producir y distribuir un gran número de textos, y los medios para diseminar valores morales de manera universal —veinticuatro horas al día, siete días a la semana— sencillamente no existían. Además, existía una autoridad centralizada en la Iglesia de Roma y lo que ésta dictaminaba era reconocido en todos los niveles.

Todo esto empezó a cambiar con la aparición de la imprenta —y ahí tenemos la Reforma de Lutero—, pero seguían siendo la Iglesia y la religión las autoridades en materia moral. En el siglo pasado se produjeron los dos acontecimientos a los que hacía referencia más arriba: el abandono de la religión tradicional con el avance del ateísmo y la llegada de los medios de masas a un nivel desconocido previamente: libros, periódicos, radio, televisión, películas y ya por fin internet. Estos medios de masas distribuyen noticias, programas de entretenimiento, publicidad, etc., y todo ello aparece y desaparece sin parar, todo se renueva constantemente. Pero, además de noticias y entretenimiento, los medios de masas distribuyen y diseminan los valores morales. Los medios de masas son ahora la fuente de moralidad en la sociedad y el contenido moral sufre la misma aceleración que el resto del contenido de estos medios.

El papa y la Iglesia católica, y otras iglesias y religiones también, tienen grandes dificultades para cambiar su posición en los temas morales (ahí tenemos los ejemplos del aborto, la contracepción o la homosexualidad). Es muy difícil para ellos seguir el ritmo de los medios de masas, aunque, como por ejemplo en Estados Unidos, aparezcan continuamente en televisión (telepredicadores) y en internet. Si siguieran la velocidad de los medios, tendrían que negar en esencia la autoridad de sus escrituras y de sus tradiciones teológicas. Las iglesias tienden a afirmar que sus valores derivan de fuentes muy elevadas y eternas, de Dios básicamente, y Dios no se presta mucho a estar cambiando de criterio sin interrupción. Dadas las diferentes características de estas dos moralidades (la de la religión y la de los medios de masas) no es ninguna sorpresa que no estén sincronizadas. Las iglesias no pueden adaptarse a la velocidad de los medios y los medios no pueden esperar a que las religiones se muevan.

Pero tenemos que matizar una cosa. Que los medios de masas se hayan convertido en los distribuidores principales de la moralidad no quiere decir que ellos sean la fuente de los valores morales que distribuyen. Creo que éste es un asunto complejo y no del todo aclarado. No parece que sean los medios los que impongan unos determinados valores directamente, ni tampoco que simplemente den voz a los valores que provienen de determinados grupos de la sociedad. Parece tratarse de un proceso de *feedback* en el que algún grupo con unos intereses o un estilo de vida empuja por extender unos valores y los medios empiezan a hacerse eco de ellos, con lo que cada vez más gente los va aceptando, y así progresivamente. Pero no está muy clara la razón por la que unos valores se extienden y llegan a predominar mientras que otros no consiguen llegar a la mayoría de la población. Y, por supuesto, todo este proceso no es inocente o aleatorio, y los medios (y los que los controlan) tienen sus propios intereses. Pero sí parece que las masas (la sociedad, o grupos dentro de ella) abrazan unos valores, los trasladan a la práctica y entonces alimentan a los medios sociales que los devuelven a las masas y esto se repite una y otra vez en una espiral sin fin.

Así que los medios «muestran» lo que es considerado en la actualidad moralmente bueno o malo en la sociedad, pero resulta que de esta manera están «contaminando» o «infectando» con moralidad a todos los sistemas de la sociedad: política, religión, deportes, economía, arte, literatura, medicina, etc. Decía el sociólogo Niklas Luhmann: «Todo lo que conocemos acerca de la sociedad, o acerca del mundo en el que vivimos, lo conocemos por los medios de masas».[142] Por supuesto, esto no es cierto literalmente, no conocemos a nuestros padres por los medios, por ejemplo. Pero Luhmann no se refiere a nosotros como individuos, sino como sociedad: todo lo que nosotros conocemos acerca del mundo que todos compartimos lo conocemos a través de los medios de masas. Esto es más verdad, lo que conocemos acerca de la política, los deportes, productos y marcas, etc., lo conoce-

142. Moeller, H. G., *The Radical Luhmann*, Columbia University Press, 2011.

mos por medio de los medios de masas. Así que la Iglesia «conoce» por los medios que las relaciones prematrimoniales ya no están mal vistas, o ve series donde las madres solteras o los homosexuales ya no aparecen reflejados como deficientes morales. Y reacciona a ello. De la misma manera, los políticos ven qué valores empiezan a extenderse en los medios y corren a incorporarlos a sus discursos y programas (los partidos políticos también son agentes en la creación y distribución de valores). El resultado final es que la moralidad contamina o resuena en todos los sistemas y sectores de la sociedad.

Pero hay más derivaciones. Una de ellas es que el conflicto tiene un interés especial para los medios de masas. Por ejemplo, es más noticioso que dos países están en guerra que el hecho de que tengan unas relaciones pacíficas. En las series es más interesante presentar conflictos entre parejas, entre ladrones y policías, entre partidos o entre equipos de fútbol que hablar de que todo el mundo se lleva bien. Y en ese sentido los medios están más interesados en el conflicto moral que en el consenso moral; la indignación moral vende. Las redes sociales hacen negocio con la moralidad, la indignación moral es un negocio para ellas como lo es el sexo para las webs porno. Les consigue usuarios y clics, y todo esto funciona porque el contenido moral toca una tecla de la naturaleza humana: la necesidad de señalar la virtud propia a los miembros de nuestro grupo. En resumen, un mundo sin conflictos y sin escándalos no interesa a los medios porque tendrían menos material para sus programas.

Volviendo al planteamiento inicial, vivimos una época de aceleramiento moral, y es muy probable que una de las causas haya sido el abandono de la religión que ha actuado de freno para un instinto humano que es el de señalar virtud a los demás, el de transmitir que uno es un buen compañero o colaborador con el que se puede contar. La religión establecía un cauce para que la gente señalara su virtud, y luego la gente podía dedicarse a hacer otras cosas, a realizar las actividades de su vida cotidiana. Decía también Luhmann que uno debería ser muy cauto con la moralidad y «tocarla sólo con los instrumentos más estériles y con los guantes puestos porque es una sustancia altamente contagiosa».

La moralidad es como un monstruo con mil cabezas, una hidra que genera dos cabezas por cada una que le cortas. Tal es el peligro que supone, que Moeller propone que los programas de televisión, las películas, las noticias, los debates, etc., que contienen una alta dosis de moralidad incluyan una advertencia similar a la de los paquetes de tabaco: «Este producto está lleno de moralidad y por tanto puede conducir a una implicación comunicativa no deseada y resultar en un posible daño a la salud personal y social». Dice que, aunque sólo sea para proteger a los menores, debería haber un sistema similar al que antes controlaba los contenidos violentos y sexuales que advierta de lo contaminado moralmente que está cada programa.

¿Tenemos datos que apoyen todo lo que Moeller plantea? Creo que sí. Aunque es difícil generalizar, la presión moral en el mundo actual procede principalmente de la izquierda política. En ese lado del espectro político han ido surgiendo distintos movimientos que podríamos agrupar actualmente bajo el manto de la llamada «teoría de la justicia social» que incluye ideologías como la teoría poscolonial, la teoría *queer*, el feminismo interseccional y los estudios de género y la teoría crítica de la raza (aquí podemos incluir términos más coloquiales como la corrección política, las políticas de la identidad o lo que se ha dado en llamar «wokismo», etc.). Hay otros fenómenos morales muy interesantes como el altruismo eficaz, que procede de la filosofía y en especial de Peter Singer, pero creo que es bastante seguro afirmar que la fuerza moral dominante ahora mismo en Occidente, y la que tiene un poder de contagio mayor, es la Justicia Social.[143] Desde las universidades estadounidenses se ha ido extendiendo a todas las esferas de la sociedad (instituciones y corporaciones, periodismo y medios de comunicación, esfera política...) y está llegando ya al resto de los países occidentales, sobre todo los de habla inglesa, por el momento. Vamos a tratar esta nueva religión de la Justicia Social Crítica en el siguiente capítulo.

143. Singer, P., *Vivir éticamente: cómo el altruismo eficaz nos hace mejores personas*, Paidós, 2017.

La moralización de la respuesta a la pandemia de la COVID-19

> El verdadero problema de la humanidad es el siguiente: tenemos emociones paleolíticas, instituciones medievales y tecnología de dioses.
>
> Edward O. Wilson

La pandemia por el coronavirus SARS-CoV-2 no se ha librado del proceso de moralización, algo que, por otra parte, ha ocurrido repetidamente a lo largo de la historia con otras epidemias. Ha sido un proceso gradual, que casi nos ha pasado desapercibido, pero, poco a poco, hemos pasado todos de pensar que el culpable de la pandemia era un virus a considerar que los culpables de la pandemia somos los ciudadanos. De forma progresiva se ha ido instaurando la creencia compartida globalmente —desde los gobiernos y los medios de comunicación a los propios ciudadanos de la mayoría de los países— de que ya sabemos cuál es la causa de la persistencia de la pandemia de la COVID-19: la irresponsabilidad de la ciudadanía, y de cuál es, por tanto, la solución: la responsabilidad personal. Se ha producido un ejemplo de libro de culpabilización de la víctima, es decir, de la propia ciudadanía. La creencia es que existen unas medidas no farmacológicas por todos conocidas (lavado de manos, distancia, mascarilla, ventilación...) que son eficaces contra la pandemia y que si todos las usáramos acabaríamos con ella.

Para ilustrar esta culpabilización voy a usar dos ejemplos. El primero son las recientes palabras del primer ministro sueco al anunciar medidas más restrictivas para los ciudadanos de su país: «El tiempo que tengamos que vivir con estas medidas depende de lo bien que asumas tu propia responsabilidad y muestres solidaridad con los demás».[144]

144. «Sweden Bans Public Events of More than Eight People», *The Local*, 16 de noviembre de 2020. Disponible en: <https://www.thelocal.se/20201116/breaking-sweden-introduces-limit-of-eight-coronavirus/>.

El segundo es más bruto y su autor es el gobernador de Nueva York, Andrew Cuomo, que dice esto: «Si te distanciaras socialmente, usaras una mascarilla y fueras inteligente, nada de esto sería un problema, es todo autoimpuesto. Si no comieras pastel de queso, no tendrías un problema de peso. Es todo autoimpuesto».[145]

Por tanto, esto se acaba cuando la ciudadanía quiera, y si no se acaba es porque tenemos lo que nos merecemos, porque somos malos. Éste es el discurso oficial establecido, y esta culpabilización de la ciudadanía me parece un claro ejemplo de lo que se conoce como «hipótesis del mundo justo».

La hipótesis del mundo justo

La llamada «hipótesis», «falacia» o «creencia en un mundo justo» consiste en creer que el mundo es un lugar justo, ordenado y predecible en el que la gente tiene lo que se merece y se merece lo que tiene. Consiste en la creencia de que vivimos en un mundo en el que las cosas buenas le pasan a la gente buena y las cosas malas le ocurren a la gente mala. El padre de la idea es Melvin Lerner, que observó cómo la gente culpaba a las víctimas de su sufrimiento y realizó una serie de experimentos en los años sesenta del siglo pasado. En ellos, los participantes observaban cómo se administraba una serie de choques eléctricos a unas víctimas inocentes (en realidad eran unos actores), lo que al principio los trastornaba y disgustaba. La gente quería ayudar o compensar a la víctima. Pero si el sufrimiento continuaba, y no podían hacer nada por evitarlo, empezaban a devaluar y despreciar a la víctima. La interpretación sería que nuestra necesidad de vivir en un mundo justo y predecible es tan grande que, si algo pone en duda esa creencia, reinterpretamos la situación para que

145. «NY Gov. Cuomo on COVID: 'It's All Self-Imposed. If You Didn't Eat The Cheesecake, You Wouldn't Have a Weight Problem'», *Recount Wire*, 18 de noviembre de 2020. Disponible en: <https://therecount.com/wire/ny-gov-cuomo-on-covid/2645864149>.

se ajuste a la creencia. Y una forma de hacerlo es reinterpretar la conducta o la personalidad de la víctima.

Se ha visto una correlación entre la creencia en el mundo justo y el autoritarismo de derechas, la religiosidad, una mayor tendencia a castigar (y una mayor creencia en el libre albedrío) y a actitudes más negativas hacia grupos menos privilegiados. Y también se ha asociado a una mayor satisfacción con la vida y a una menor depresión. Es fácil comprender que la creencia en un mundo justo es buena o incluso necesaria para la salud mental. Es una ilusión positiva que nos ayuda a vivir. Sería muy difícil vivir en un mundo en el que no creyéramos que nuestras acciones van a tener recompensa y que podemos influir en nuestro futuro. Reconocer que estamos expuestos al azar y que el mundo es inseguro podría generar incluso una parálisis de nuestra actividad en él y nos impediría seguir adelante.

Lerner presentó su teoría en un libro en 1980: *The Belief in a Just World: A Fundamental Delusion.*[146] Desde entonces, se ha seguido estudiando el fenómeno y los experimentos se han reproducido en diferentes lugares, por distintos investigadores y en diversos campos, lo que sugiere que el concepto es bastante sólido (lo digo con todas las precauciones que debemos tener hoy en día con los experimentos de la psicología social, que están teniendo muchos problemas de reproducción). Se ha estudiado mucho, por ejemplo, en el caso de la violación, donde se ha visto que se produce una culpabilización de la víctima (se la acusa de llevar ropa provocativa, de beber demasiado, etc.), o en el de la pobreza (los pobres son vagos y perezosos).

Otro terreno en el que se ha observado este fenómeno de culpar a la víctima, como vimos al hablar de moralización y salud, ha sido en el de la enfermedad. Repetidamente se ha observado que la gente culpa a los enfermos de sus enfermedades. Se ha observado un desprecio hacia personas con neumonía, cáncer de estómago, obesidad (el gobernador Cuomo hace la comparación precisamente entre la obesidad y la COVID-19 como cosas au-

146. Lerner, M., *The Belief in a Just World: A Fundamental Delusion*, Springer, 1980.

toimpuestas), pacientes con cáncer de pulmón o con enfermedades relacionadas con el alcohol, o el sida. Lo que estamos viviendo actualmente en esta pandemia de COVID-19 parece un ejemplo más de esta culpabilización de la víctima, aunque con matices propios de una pandemia.

Cuando digo que se está culpando a la ciudadanía y que eso es un ejemplo flagrante de culpabilización de la víctima y de la falacia del mundo justo, estoy considerando que toda la sociedad es víctima de una pandemia, aunque no en la misma medida, lógicamente. La peor parte, como es evidente, la llevan los fallecidos y enfermos graves y con secuelas y sus familias, pero esta enfermedad está provocando problemas económicos, académicos, recortes de libertades (desplazamientos, cierre de hostelería...), miedo, angustia, depresión, etc., que están afectando gravemente a la vida de todas las personas. Y todos queremos que este sufrimiento acabe cuanto antes.

El caso es que la pandemia actual ha sumido al mundo en un estado de miedo, inseguridad e incertidumbre, y el ser humano no tolera bien la duda y la incertidumbre, necesitamos una narrativa que nos dé seguridad. Como dice E. O. Wilson en la cita de cabecera, seguimos teniendo emociones paleolíticas y en pleno siglo XXI estamos reaccionando de la misma manera en que ha reaccionado la humanidad desde la Antigüedad, cuando las epidemias se atribuían al castigo de seres sobrenaturales o dioses. La creencia en un mundo justo nos da una explicación y siempre es mejor una explicación que ninguna.

Todo esto que digo está muy bien, pero ¿no es acaso verdad que las medidas no farmacológicas son eficaces para disminuir la transmisión comunitaria del virus y que si actuamos con responsabilidad la pandemia desaparecerá? Bueno, digamos que el jurado sigue reunido deliberando y la propia OMS ha tenido posturas contradictorias en el tema de las mascarillas o de la transmisión por aerosoles. No voy a entrar a hacer un análisis de la evidencia que apoya la eficacia de estas medidas, pero sí quiero señalar que existen revisiones de organismos de toda solvencia como la Colaboración Cochrane, que dice: «No existe seguridad acerca de si el uso de mascarillas médicas o quirúrgicas o mascarillas respiratorias N95/P2 ayuda a frenar la propagación de los virus respiratorios. Los programas de lavado de manos podrían ayudar a frenar la propagación de los virus respiratorios».[147] El Centro Europeo para la Prevención y Control de Enfermedades concluye:

> Las pruebas relativas a la eficacia de las mascarillas médicas para la prevención de la COVID-19 en la comunidad son compatibles con un efecto protector de pequeño a moderado, pero sigue habiendo importantes incertidumbres sobre la magnitud de este efecto. Las pruebas sobre la eficacia de las mascarillas faciales no médicas, los protectores faciales/visores y los respiradores en la comunidad son escasas y de muy baja certeza. Se necesitan estudios adicionales de alta calidad para evaluar la relevancia del uso de mascarillas médicas en la pandemia de la COVID-19.[148]

La OMS, en la página 8 de su guía sobre el uso de mascarillas en el contexto de la COVID-19, actualizada el 1 de diciembre, revisa primero la evidencia que existe sobre el uso de mascarillas en contextos comunitarios y luego da sus recomendaciones. El primer párrafo dice: «Actualmente existe sólo una evidencia científica limitada e inconsistente que apoya la eficacia del uso de mascarillas por personas sanas en la comunidad para prevenir la infección por virus respiratorios, incluido el SARS-CoV-2».[149]

Vamos a aceptar ahora, a efectos de mi argumentación, que estas medidas bien utilizadas sí son eficaces. Si esto fuera cierto

147. Jefferson, T.; C. B. del Mar; L. Dooley; E. Ferroni; L. A. Al-Ansary; G. A. Bawazeer; M. L. Driel; M. A. Jones; S. Thorning; E. M. Beller; J. Clark; T. C. Hoffmann; P. P. Glasziou, y J. M. Conly, «Physical Interventions to Interrupt or Reduce the Spread of Respiratory Viruses», *Cochrane Database of Systematic Reviews*, vol. 11, n.º CD006207, 2020, DOI: 10.1002/14651858.CD006207.pub5.

148. «Using Face Masks in the Community: First Update», Centro Europeo para la Prevención y el Control de las Enfermedades, 15 de febrero de 2021.

149. «Mask Use in the Context of COVID-19», Organización Mundial de la Salud, 1 de diciembre de 2020. Disponible en: <https://www.who.int/publications/i/item/advice-on-the-use-of-masks-in-the-community-during-home-care-and-in-healthcare-settings-in-the-context-of-the-novel-coronavirus-(2019-ncov)-outbreak>.

para la COVID-19, lo sería también para la mayoría de las enfermedades infecciosas que se transmiten de persona a persona, por lo que deberíamos llegar a la conclusión de que si no acabamos con todas esas enfermedades infecciosas es por falta de responsabilidad individual y por no tomar las medidas pertinentes. Algo nos dice que la realidad no es tan sencilla.

Supongamos una vaca esférica

Los ingenieros tienen un chiste acerca de la tendencia de los científicos teóricos a eliminar las complejidades de la realidad de sus modelos. Va más o menos así: un granjero acude a un físico teórico para pedirle consejo sobre cómo aumentar la producción de leche de sus vacas. Después de trabajar en el problema durante semanas, el físico llama al granjero para decirle que ha encontrado la respuesta. Le dice al granjero: «¿Puede venir a la universidad el próximo miércoles para escuchar la presentación de mi descubrimiento?». El miércoles siguiente, el granjero va a la sala de conferencias, que está abarrotada, y su amigo físico está delante de una enorme pizarra dispuesto a comenzar la charla. El granjero y los asistentes se sientan y el físico va hacia el encerado y dibuja un gran círculo. «Para empezar, supongamos una vaca esférica», dice.

Mal empezamos si partimos de la suposición de que una vaca es esférica. Una vaca no tiene forma de esfera, tiene forma de vaca. Si partimos de una realidad equivocada, no obtendremos los resultados que deseamos. Igual nosotros también estamos partiendo de una realidad equivocada al decir: «Supongamos una ciudadanía que puede cumplir las medidas no farmacológicas correctamente». Igual deberíamos preguntarnos: ¿se pueden cumplir correctamente esas medidas en la realidad veinticuatro horas al día?

Voy a comentar un artículo que concluye que los esfuerzos para combatir la COVID-19 han sido moralizados, es decir, que combatir la COVID-19 se ha convertido en un mandato moral que tiene muchas de las cualidades de lo que se considera un valor sagrado.[150] Debido a ello, el daño que puedan causar las medidas para luchar contra la COVID-19 (sean costes económicos, en derechos y libertades o en muertes) se perciben como más aceptables que los costes debidos a no combatir la COVID-19, por ejemplo, los costes debidos a priorizar la economía o los que no tienen nada que ver con la COVID-19, como reducir los accidentes de tráfico. El estudio consiste en dos experimentos. El primero de ellos se realiza en Estados Unidos con una muestra de sujetos de TurkPrime a los que se les presenta una serie de escenarios que describen tres tipos de costes:

- Coste social: en este escenario, el doctor Bloom, que es un experto en salud pública, critica las medidas que ha tomado su ciudad. En un escenario las medidas han sido priorizar la economía, y en el otro escenario las medidas han sido combatir la COVID-19. Pero el escenario es exactamente el mismo, la tasa de mortalidad por caso es del 1 por ciento en ambos escenarios, por ejemplo. El resultado es que al doctor Bloom, en ambos casos, se le acosa en Twitter y se pide su dimisión, etc.
- Coste sanitario: en un escenario se presenta a los participantes unos modelos estadísticos con una serie de fallos que han llevado a una infraestimación de la diseminación del virus, y en el otro, a una sobreestimación. Las consecuencias sanitarias y en muertes son iguales en ambos casos.
- Coste en derechos humanos: en este escenario un policía comete un abuso de poder y multa a quince personas e incluso llega a detener a una persona (que en los vídeos se ve que no han quebrantado la ley), pero en un contexto lo hace porque cree que se han saltado las medidas de protección frente al virus y en el otro porque cree que se han saltado las normas de circulación.

150. Graso, M.; F. X. Chen, y T. Reynolds, «Moralization of COVID-19 Health Response: Asymmetry in Tolerance for Human Costs», *Journal of Experimental Social Psychology*, n.º 93, marzo de 2021, DOI: 10.1016/j.jesp.2020.104084.

El resultado es que los participantes muestran una asimetría en sus valoraciones de manera que aceptan los costes sociales (el acoso al experto), los costes sanitarios (las enfermedades y muertes por el error estadístico) y los costes en derechos humanos (el abuso de poder del policía) cuando han sido debidos a los esfuerzos para contener al virus. La aceptación del daño, cuando es debido a las medidas contra la COVID-19, viene mediada, según los autores, por la indignación moral. Los esfuerzos para eliminar el virus reducen la indignación moral y los deseos de castigar, y en cambio aumenta la aceptación del daño que resulte de ellos. Por otro lado, las personas que más miedo tienen a contraer la infección y los que se identifican como liberales (en sentido estadounidense, es decir, socialdemócratas) moralizaron más los esfuerzos a favor de reducir el daño de la COVID-19.

El segundo experimento tiene lugar en Nueva Zelanda a primeros de octubre, un momento en que no hubo ningún caso registrado en el país, es decir, se había eliminado el virus. En este segundo estudio se les presenta a los participantes dos propuestas de investigación exactamente iguales, pero la primera plantea que abandonar la estrategia de eliminación del virus (la que ha seguido Nueva Zelanda) puede aumentar el sufrimiento humano, mientras que la segunda plantea que continuar la estrategia de eliminación puede aumentar el sufrimiento humano. Los datos y la información son iguales en ambas. Los resultados son que los participantes juzgaron que la propuesta que cuestionaba la estrategia de eliminación (la que ha seguido Nueva Zelanda) era menos valiosa y de menor calidad —y el equipo que la realizó menos competente— que la propuesta partidaria de mantener la estrategia de eliminación. La indignación moral volvía a ser el mediador de esta valoración, y también resultó que los participantes que se sentían más amenazados de poder contraer el virus y los que se consideraban más de izquierdas mostraron una mayor asimetría (se supone que Nueva Zelanda no está tan polarizada como Estados Unidos).

Las conclusiones globales del estudio son que ante la amenaza tan grave, urgente y visible que está suponiendo la COVID-19, los esfuerzos para reducir el daño que produce se han moralizado y se han convertido en mandatos morales, de modo que los efectos secundarios de estos esfuerzos (sean en forma de muertes, consecuencias económicas o pérdidas de libertades) se aceptan como más tolerables que idénticos daños que no se deban a esfuerzos relacionados con la COVID-19. Estos resultados son compatibles con los resultados del conjunto de trabajos existente en la psicología sobre un campo que se llama de los «valores sagrados». Las asimetrías se deben a la indignación moral y las personas con más miedo de contraer el virus y los de ideología política más de izquierdas muestran una mayor indignación moral. Como esto ocurre tanto en Estados Unidos como en Nueva Zelanda, los autores deducen que no se debe a un determinado clima político, sino que probablemente refleja la existencia de profundas diferencias ideológicas o de valores entre la derecha y la izquierda. La izquierda pondría el énfasis en evitar el daño y los conservadores en las libertades personales.

Estos hallazgos ilustran una consecuencia importante de la moralización, que hemos visto en la vida real y que el segundo experimento de este estudio corrobora, a saber, que han existido desacuerdos entre científicos de prestigio, pero que la moralización ha hecho imposible el debate mesurado y la valoración de los datos y los argumentos. La postura adoptada por Suecia o la que ha propuesto la Declaración de Great Barrington han sido condenadas públicamente por otros científicos como inmorales o no éticas. Hemos visto cómo se ha atacado personalmente a John Ioannidis, Martin Kulldorff y a Sunetra Gupta, y no por troles de las redes sociales, sino por otros colegas científicos e investigadores. Hemos visto que las convicciones morales se viven como objetivas y como universalmente obligatorias, por lo que conducen a la intolerancia, al castigo y al silenciamiento de los que no comparten esas mismas creencias morales. Hemos visto cómo la posibilidad de tener un debate científico ha saltado por los aires. A los autores «herejes» se les ha bloqueado en Facebook y en Twitter y se les ha impedido publicar en revistas. Se ha creado el bando de los buenos y el bando de los malos, y cualquier discusión o conversación matizada sobre los costes de las estrategias ante la COVID-19 ha resultado imposible. Esta ausencia de debate científico ha tenido probablemente unos costes por la toma de decisiones equivocadas por desconocimiento exacto de la realidad. Esfuerzos que podrían haber conducido a una mayor comprensión del coste de las medidas y estrategias adoptadas han sido desalentados, no han recibido fondos o han sido obstaculizados o rechazados, lo que supone un coste para toda la sociedad. Tal vez más adelante, en frío, se pueda volver a hacer ciencia, pero la triste realidad es que durante la pandemia ha resultado imposible.

Aparte de todo lo anterior, se ha producido un estrechamiento de nuestro círculo moral. Frans de Waal habla del círculo de la moralidad explicando que la moralidad surgió evolutivamente para tratar primero con la propia comunidad, después con otros grupos; más tarde con los humanos en general y, finalmente, ha englobado a los animales no humanos.[151] Al decir de De Waal, el círculo de la moralidad se extiende más y más sólo si está garantizada la salud y la supervivencia de los niveles y círculos más internos. Cuando los recursos se reducen, el círculo se encoge y las conductas morales se pliegan hacia lo más íntimo. En época de necesidad prevalecen en todo caso las obligaciones para con los más cercanos, las obligaciones más básicas, las presididas por la lealtad, que para De Waal es un deber moral básico. Y creo que esto es lo que hemos observado en esta época de pandemia, que nuestro círculo moral se ha constreñido al aquí y al ahora y nos hemos olvidado de los que están más lejos y de lo que viene después. Hemos visto gobiernos que han retenido respiradores para atender primero a su población, o peleando y pujando en el mercado para conseguir el material de protección del que carecían; no se han tenido en cuenta las repercusiones económicas para los países más pobres de detener la economía y el turismo; se han abandonado campañas de vacunación de niños en África y en otros lugares así como diagnósticos y tratamientos de enfermos de cáncer; las consecuencias negativas sobre el medio ambiente del uso generalizado de millones de mascarillas ha

151. De Waal, F., *Bien natural: los orígenes del bien y el mal en los humanos y otros animales*, Herder, 1997.

pasado a un segundo plano, etc. Como dice De Waal, todo esto es lógico cuando hay una amenaza y nos atenaza el miedo.

Se ha publicado también otro artículo sobre la moralización de la distancia social durante la pandemia con unas conclusiones similares.[152] Es difícil imaginar un problema que requiera más una conducta colectiva rápida y eficaz —una coordinación y un cambio en las reglas de cooperación importante— que una pandemia. Así que una pandemia tiene todos los boletos para que la respuesta a ella se moralice. En el lado positivo de la moralización habría que poner que moralizar elimina los grises y reduce todo a blanco y negro. No usar mascarilla se convierte en un pecado, en algo moralmente malo y se puede condenar. Las personas se van a sentir condenadas y estigmatizadas y nadie quiere ser condenado por lo que se incentiva que todos cumplan con las normas. Todo el mundo ve lo que le pasa al que no cumple (el castigo) y nadie quiere que lo castiguen de la misma manera. Una pandemia es algo muy serio, mueren muchas personas y no es el momento de ser exquisito científicamente y esperar al estudio clínico aleatorizado controlado con placebo definitivo y perfecto que nos diga cuál es la verdad científica. Los matices los podemos dejar para más adelante. Hay que actuar, hay que actuar todos juntos y hay que actuar ya. Podemos ver que la moralización responde muy bien a nuestro problema. Si aceptamos la incertidumbre, las personas pueden decir: «Cómo me culpabilizas o me obligas a llevar mascarilla, si no sabemos a ciencia cierta si las mascarillas funcionan...». Corremos el riesgo de caer en la indolencia y la inoperancia. Así que podemos ver con mucha claridad por qué existe la moralización. Considerar que no usar mascarilla es un crimen y un pecado es más eficaz que considerar que usar mascarilla es una medida razonablemente lógica y potencialmente útil en una situación de incertidumbre.

152. Bor, A.; M. F. Lindholt; F. J. Jørgensen, y M. Petersen, «Moralizing Physical Distancing During the COVID-19 Pandemic—Personal Motivations Predict Moral Condemnation», 12 de diciembre de 2020. Disponible en: <https://doi.org/10.31234/osf.io/3rczg>.

Pero la moralización tiene también sus costes e inconvenientes. Uno de ellos podría ser que, si las instituciones transmiten a la ciudadanía como verdades científicamente comprobadas medidas que no lo son, la ciudadanía puede perder la confianza en estas instituciones y pensar que si le está mintiendo en estas cosas le puede estar mintiendo también en otras. Esto es un desastre para todos. Es difícil exagerar el valor de la credibilidad de las instituciones sanitarias y científicas. La credibilidad, como la reputación, es algo muy difícil de conseguir, es un proceso constante a lo largo de la vida, pero se puede perder en segundos y luego es muy difícil de recuperar. Por otro lado, la estigmatización tiene sus propios problemas. A la gente no le gusta enseñar sus pecados, a todos nos gusta aparecer ante los demás de la manera más favorable posible. Si contagiarse de una infección se convierte en algo malo y pecaminoso, la gente puede ocultarlo y, por ejemplo, cuando les pregunten los rastreadores puede negar, ocultar o no colaborar confesando cosas que son condenables socialmente.

Este último artículo que he mencionado contesta a otra pregunta muy interesante. ¿Quiénes son los que moralizan? ¿Quiénes son los que condenan y culpabilizan a los demás? En la psicología moral hay dos perspectivas o dos respuestas a esta pregunta. Una es que la gente moraliza por egoísmo, es decir, que cuanto más probable es que uno se beneficie del cumplimiento público de las medidas que se moralizan (distancia física, mascarillas), más probable es que uno apoye la moralización. Robert Kurzban va incluso un poco más allá al decir que nos interesa manipular a los demás para que tengan las conductas que a nosotros nos benefician, pero no vamos a entrar en ello. La segunda perspectiva es que la gente moraliza por altruismo, por el bien común o por el bien de los demás. ¿Qué revela el estudio? Que moralizamos por egoísmo. Parece que la gente moraliza más si ellos mismos se pueden beneficiar de la moralización.

Me gustaría señalar otro problema de la moralización. Una vez que algo se moraliza, el proceso de «desmoralizarlo», es decir, de sacarlo del campo moral, puede ser muy difícil o imposible. Paul Rozin llama «amoralización» a este proceso por el que un valor vuelve a ser una preferencia. La moralización dificulta el proceso de adaptarnos a los nuevos datos y evidencias en cualquier asunto. Cuando algo se ha moralizado cuesta más cambiarlo.

No quería acabar este apartado sin señalar la estrecha relación que siempre ha habido entre la religión y las epidemias, un tema que el antropólogo evolucionista Carel van Schaik y el historiador Kai Michel revisan en su libro *The Good Book of Human Nature*.[153] Se trata de un libro que hace una lectura antropológica y evolucionista de la Biblia y cuya tesis principal es que la Biblia fue escrita para dar sentido al mayor cambio en la historia del ser humano: su paso de una sociedad igualitaria de cazadores y recolectores a una sociedad agrícola. Según los autores de este libro, la Biblia no sería otra cosa que un conjunto de estrategias para lidiar con todos los desastres y calamidades que el paso a una sociedad agrícola y sedentaria trajo consigo. Además de las calamidades que ya existían previamente, como las catástrofes naturales (terremotos, etc.), la agricultura trajo consigo muchas otras como las desigualdades sociales, las guerras a gran escala, una peor salud en general (la caries dental explotó, disminuyó la estatura, etc.) y un tipo de desastre que para los autores del libro es el más importante de todos: las epidemias. Los cazadores-recolectores estaban muy poco expuestos a enfermedades infecciosas porque vivían en grupos muy pequeños y además eran nómadas, dejando atrás, por ejemplo, sus residuos corporales (excrementos humanos potencialmente infecciosos) al moverse continuamente de un lugar a otro. Si un virus letal afectaba a un grupo humano, podría acabar con él, pero el propio virus desaparecería al destruir la base para su existencia.

Con la agricultura, el estilo de vida se hace sedentario y las condiciones higiénicas cambian totalmente, y se da la posibilidad de que los excrementos humanos contaminen, por ejemplo, el agua potable. Los análisis de los coprolitos —heces semifosilizadas— han demostrado que la incidencia de lombrices intestinales, tricocéfalos y otros parásitos aumentaron drásticamente

153. Van Shaik, C., y K. Michel, *The Good Book of Human Nature: An Evolutionary Reading of the Bible*, Basic Books, 2016.

entre los primeros agricultores. Además, con la domesticación de animales se produce el salto de muchas infecciones desde el ganado al ser humano: la peste, la viruela, el sarampión, la gripe, el cólera... Los núcleos de población aumentan —surgen las ciudades y el hacinamiento que conllevan— y el comercio se generaliza, con lo que por primera vez los patógenos disponen de reservorios de cientos de miles de humanos en los que residir, así como la posibilidad de transmitirse de unas poblaciones a otras.

No es difícil imaginar el *shock* que supuso para nuestros ancestros enfrentarse a estas terribles y misteriosas epidemias que nadie sabía de dónde venían (sólo hay que ver el *shock* que siguen suponiendo actualmente para nosotros, a pesar de nuestros conocimientos científicos sobre la existencia de los microbios). Estas epidemias se convirtieron en una presión evolutiva. Cualquier cosa que reduzca el éxito reproductivo de una población de una manera significativa se convierte en una presión evolutiva o selectiva. Es decir, cualquier mutación que reduzca los efectos de estas epidemias va a ser rápidamente seleccionada. Y por supuesto que se produjeron cambios genéticos en el sistema inmune como defensa contra los patógenos, pero esos cambios —aunque pueden ser relativamente rápidos— llevan cierto tiempo. Era necesaria también una adaptación no sólo biológica, sino también cultural, y aquí es donde interviene la religión.

La tesis del libro es que, aunque la religión partió de una premisa equivocada (a saber, que las epidemias las producía Dios) generó una serie de medidas y conductas que sí resultaron eficaces contra los patógenos. El mundo antiguo no tenía conocimiento de las bacterias, y la gente en todas las culturas ha atribuido siempre las enfermedades a los «espíritus» o a los dioses (sigue pasando hoy en día cuando todavía hay gente que atribuye el VIH o el huracán *Katrina* a un castigo divino). El antropólogo George Murdock ha descrito el fenómeno de la «agresión de los espíritus», que define como la «atribución de la enfermedad a acciones hostiles, arbitrarias o punitivas de algún ser sobrenatural malevolente». Y tras estudiar 139 sociedades históricas y actuales sólo encontró dos en las que no pudo confirmar esta creencia.

Pero, claro, cuando llega el monoteísmo la cosa cambia bastante. Ya no podemos atribuir las terribles epidemias a dioses malignos, sino que tenemos que explicarlas con el único dios existente, y no queda otra salida que conceder que el dios supuestamente bueno y todopoderoso es también el que nos manda las plagas. De hecho, en el Antiguo Testamento hay muchos pasajes en los que el propio Dios amenaza con mandar diversas plagas. Así que para arreglar esta contradicción no queda otro remedio que recurrir al pecado. Es decir, la miseria y las desgracias se convierten en un problema moral: Dios manda esas plagas porque somos pecadores y hemos hecho algo malo. Y la solución es obvia: la profilaxis más importante contra la enfermedad es mantener una relación intacta con Dios. Como ya hemos dicho, la religión y las enfermedades infecciosas están íntimamente ligadas, y la religión sería un sistema de protección cultural contra los patógenos (también contra otras calamidades, pero en menor medida, según los autores).

¿Cómo protege la religión contra las infecciones? Bien, sabemos que, además del sistema inmune como tal, existe lo que se llama un «sistema inmune conductual», es decir, una serie de conductas que evitan que nos pongamos en contacto con los patógenos en primer lugar.[154] La propuesta de los autores es que la Torá es un ejemplo de sistema inmune conductual. Hay muchas reglas y rituales en la Torá que podríamos llamar «medicina aplicada» o «salud pública». Aunque no vamos a analizarlas todas, vamos a mencionar algunas para entender la idea:

- Reglas para el trato con gente de otras religiones, extraños, en definitiva, personas que pueden portar parásitos a los que nuestro sistema inmune no está acostumbrado.
- El estigma: evitar a los enfermos porque son personas que han caído en desgracia, alejadas de la gracia de Dios por sus pecados. Asociarnos con ellos es contrariar a Dios, y evitándolos evitamos el contagio.

154. Schaller, M., «The Behavioural Immune System and the Psychology of Human Sociality», *Philosophical Transactions of the Royal Society B*, vol. 366, n.º 1583, 2011, DOI: 10.1098/rstb.2011.0029.

- La Torá tiene cantidad de referencias, se podría decir que está fascinada incluso, con los fluidos corporales, excrementos, cadáveres o incluso el bestialismo al que menciona también en alguna ocasión. Hay medidas higiénicas como enterrar los excrementos humanos, manejo de cadáveres, relaciones con extraños, como hemos comentado, normas dietéticas y prohibiciones con respecto a ciertos alimentos, reglas higiénicas que hay que cumplir incluso en las batallas, etc. También hay referencias a medidas que podríamos considerar cuarentenas en relación con la lepra o los fluidos corporales, como en el Levítico 15, 2-18. Los autores de la Torá eran conscientes de que los fluidos corporales eran peligrosos, aunque no supieran la razón. Merece la pena señalar que muchas de las medidas y normas tienen un componente altamente obsesivo, muy similar a las conductas de pacientes con trastorno obsesivo-compulsivo.

La idea que los autores intentan transmitir es que estamos ante un tipo de protomedicina, un conjunto de medidas que evitaban las fuentes de infección y eran eficaces en reducir los contagios. Es decir, los antiguos no conocían los microbios, pero ante el más peligroso de los problemas (las epidemias), desarrollaron un sistema de prevención. Dios sirvió como una herramienta heurística que ayudó a la gente a encontrar soluciones a pesar de la falta de conocimientos. Y el mecanismo es sorprendente. Una falsa premisa (que las epidemias son obra de Dios) inicia un intenso análisis y una observación de la realidad que lleva a la implementación de unos procedimientos que tienen un efecto real: medidas higiénicas que disminuyen el riesgo de contagio, leyes que gobiernan el matrimonio y disminuyen el riesgo de enfermedades hereditarias, etc. Aunque el dios que da lugar a estas leyes no exista, esto no evita que sea de gran ayuda.

Parece claro que en nuestra respuesta a la COVID-19 hay muchas resonancias de las respuestas que los seres humanos han dado a las epidemias a lo largo de los siglos, y en nuestra sociedad supuestamente laica hemos repetido muchos de estos patrones. Por ejemplo:

- La instauración del lavado de manos y con geles hidroalcohólicos y la limpieza de todo tipo de superficies: mesas, sillas, zapatos o la compra del supermercado, con un gran componente obsesivo-compulsivo.
- La moralización de las medidas de protección: la adopción del uso de la mascarilla es sinónimo de buena persona, y su mal uso de pecador y malvado, por ejemplo.
- La culpabilización de la ciudadanía por la existencia de la pandemia tiene muchas similitudes con la perspectiva que hemos comentado sobre el pecado y el castigo divino. Si no acabamos con la pandemia es porque no nos portamos bien y somos malos, porque si siguiéramos todas las normas de las autoridades sanitarias, acabaríamos con ella. Es decir, si existe la pandemia es porque nos la merecemos por nuestra mala conducta.

A la luz de algunos de estos fenómenos que estamos viviendo, sí parece que los autores pueden tener razón, por lo menos en parte, en su hipótesis de que las epidemias fueron uno de los factores esenciales en el surgimiento de las religiones. En resumen, estamos ante un libro que plantea la teoría de que las catástrofes en general —y las epidemias en particular— son un factor clave para entender las religiones. En prácticamente toda cultura estudiada por los antropólogos, las tragedias incontrolables han sido causadas por un agente sobrenatural. Las enfermedades han sido asociadas con actores sobrenaturales desde tiempos inmemoriales, cada terremoto ha sido visto como la obra de seres poderosos. Esta predisposición es tan potente que la seguimos viendo en nuestro tiempo y ha habido personas que han atribuido el VIH o el huracán *Katrina* a un castigo divino. Según la hipótesis de los autores de que la religión es una protección cultural contra las catástrofes, toda sociedad que quisiera sobrevivir tuvo que desarrollar medios para protegerse de las catástrofes y epidemias. El análisis que hacen de la Torá es un ejemplo de cómo funciona un sistema de este tipo. Sólo las sociedades que desarrollaron sistemas eficaces de prevención y previnieron los estallidos de rabia divina —las plagas y epidemias— sobrevivieron.

Capítulo 6

La nueva religión de la Justicia Social Crítica

> Nadie en Occidente puede ser totalmente no cristiano. Puedes llamarte no cristiano, pero los sueños que sueñas siguen siendo sueños cristianos, y sigues formando parte de la historia del cristianismo. Ése es tu destino. Puedes considerarte secular, pero el mundo secular occidental moderno es en sí mismo una creación cristiana. Seguimos siendo lo que el cristianismo ha hecho de nosotros, y en muchos aspectos el Occidente posmoderno es más cristiano que nunca.
>
> DON CUPITT

> Las religiones son expresión de necesidades humanas como la necesidad de aceptar lo que no tiene remedio y de hallar un sentido en los azares de la vida. Tan probable es que los seres humanos dejen de ser religiosos como que dejen de ser sexuales, juguetones o violentos.
>
> JOHN GRAY

Este capítulo puede resultar un poco pesado, pero creo que es muy importante dedicar un espacio a la ideología de la justicia social crítica si queremos entender el mundo moral en el que nos movemos actualmente. Si queremos entender muchas cosas que están ocurriendo, como que se despida a un trabajador por un tuit; que se ataque a una chica por vestir una prenda de origen asiático; que los colectivos feministas no critiquen la discriminación y restricción de derechos que sufren las mujeres en otras culturas; que la izquierda y la derecha no puedan ni debatir; que a un empleado de Google lo despidan por intentar explicar en un memorando por qué hay menos mujeres en carreras STEM; que se impida a los académicos e intelectuales dar charlas en las universidades; que la ley *trans* esté enfrentando a una fracción del feminismo contra otra; que ser «ciego a la raza» (es decir, estar de acuerdo con las opiniones de Martin Luther King Jr., que decía que había que juzgar a las personas por su carácter y no por su raza) es ahora racismo; o que la libertad de expresión —un pilar fundamental de las sociedades democráticas— sea ahora una idea de derechas, tenemos que saber algo sobre el movimiento o ideología llamado «teoría de la Justicia Social Crítica» o «Justicia Social» a secas (con mayúsculas, para diferenciarla de la justicia social en minúsculas), movimiento para el que también se usan coloquialmente los términos *woke* y wokismo.

Woke —del verbo *to wake* (despertar)— es un término de origen afroestadounidense.[155] Se refiere a haber despertado y tomado conciencia de los problemas de racismo, inicialmente, y luego de sexismo e injusticia en la sociedad en general, cuyo extendido uso es resultado del movimiento Black Lives Matter y su *hashtag* #staywoke en 2014. Aunque su utilización se puede trazar hasta los años cuarenta del siglo pasado, se admite que aparece con su uso moderno por primera vez en la canción «Master Teacher», del álbum *New Amerykah Part One (4th World War)* (2008) de la cantante de *soul* Erykah Badu, donde repite en el estribillo «I stay woke». Estar despierto (*to stay woke*) quiere decir ser

155. Pulliam-Moore, C., «How 'Woke' Went from Black Activist Watchword to Teen Internet Slang», *Splinter*, 1 de agosto de 2016. Disponible en: <https://splinternews.com/how-woke-went-from-black-activist-watchword-to-teen-int-1793853989>.

consciente de lo que ocurre en la comunidad y de la supremacía blanca, no creerse las explicaciones oficiales para la violencia policial, un estado de paranoia sana, de estar vigilante acerca de los problemas de justicia política y racial y de la disposición a hacer algo al respecto. La propia Erykah Badu usa la expresión *stay woke* en un tuit de 2012. En 2017 se incluye en el *Oxford English Dictionary* con el significado de «alerta ante la discriminación racial y social y la injusticia». Posteriormente se extendió tanto su uso que se diluyó su significado original, se convirtió en un meme, en objeto de bromas y se empezó a hacer un uso irónico de la expresión, de modo que empezó a ser más utilizada de forma peyorativa por los críticos del movimiento de la Justicia Social Crítica y la derecha política para referirse de manera global a las políticas de identidad, a la Justicia Social Crítica, a la corrección política y en general a toda la ideología progresista de la izquierda. Todavía hay activistas afroestadounidenses que la usan, pero en su mayoría la han abandonado.[156]

Estamos asistiendo a un momento histórico en el desarrollo de las sociedades occidentales en el que el sistema operativo con el que funcionaba nuestra cultura, el liberalismo, se está cambiando por otro sistema operativo, la Justicia Social Crítica, y es una incógnita si la sociedad será capaz de funcionar con ese sistema operativo o colapsará. Este cambio de sistema operativo se ha iniciado en la angloesfera (Estados Unidos, Canadá, Reino Unido y Australia) y todavía no ha afectado de pleno a los países de lengua hispana o de otros idiomas, pero todo indica que el impacto va a llegar, dada su contagiosidad. Es probable que se disemine tarde o temprano por todos los países occidentales, pero es más dudoso que pueda infectar a otras culturas como la musulmana o la china, por citar alguna, por razones que quizá quedarán más claras al final del apartado.

Este capítulo es una sinopsis del libro *Cynical Theories*, de Helen Pluckrose y James Lindsay, en el que voy a intentar resu-

156. Romano, A., «A History of Wokeness», *Vox*, 9 de octubre de 2020. Disponible en: <https://www.vox.com/culture/21437879/stay-woke-wokeness-history-origin-evolution-controversy>.

mir la evolución de este movimiento. Por tanto, hay que tener en cuenta que es la simplificación de una simplificación. Pretender resumir en un libro todas las ideas y teorías de cientos de autores —muchas de las cuales son contradictorias entre sí y han ido cambiando en las distintas épocas—, crear con ello un relato mínimamente coherente e intentar resumir ese libro en un capítulo es una tarea muy compleja, pero merece sin duda la pena.

Durante la era moderna, y en particular los dos últimos siglos, hemos vivido en la mayoría de los países occidentales bajo una filosofía política conocida como «liberalismo». Los principios esenciales del liberalismo son la democracia política, las limitaciones del poder del gobierno, el desarrollo de los derechos humanos universales, la igualdad legal para todos los ciudadanos adultos, la libertad de expresión, el respeto a los valores de la diversidad de puntos de vista y del debate honesto, el respeto por la evidencia científica y la razón, la separación entre la Iglesia y el Estado, y la libertad de religión. Esta posición filosófica es compatible con un amplio abanico de posturas políticas, económicas y sociales, incluidas tanto las de izquierda o progresistas como las de derechas o conservadoras. Ese liberalismo filosófico se opone a movimientos autoritarios de todo tipo, sean de la derecha o de la izquierda, y sean seculares o teocráticos. Este liberalismo se puede entender como un terreno común, un marco de referencia para la resolución de conflictos en el que personas con diferentes puntos de vista económicos, sociales y políticos pueden debatir racionalmente las opciones de las políticas públicas.

Sin embargo, estamos en un momento histórico en el que este liberalismo y la modernidad que se encuentra en el corazón de la civilización occidental están amenazados. La naturaleza precisa de esta amenaza es complicada y procede de dos tipos de fuerzas, una revolucionaria y otra reaccionaria. Por un lado, están proliferando movimientos de extrema derecha que buscan dictadores y hombres fuertes que defiendan los valores occidentales. Por otro lado, en la extrema izquierda, los cruzados progresistas sociales se presentan como los únicos paladines del progreso moral sin los cuales la democracia estaría vacía. La extrema izquierda no sólo promueve su causa por medio de objetivos revolucionarios que abiertamente rechazan el liberalismo como una forma de opresión, sino que lo hacen también con actitudes cada vez más autoritarias buscando establecer una ideología fundamentalista dogmática con respecto a cómo debe ser organizada la sociedad. Cada bando de esta batalla ve al otro como una amenaza existencial, de manera que lleva al otro a una mayor locura y radicalización. Aunque el problema de la derecha es grave y digno de análisis, el libro que voy a intentar resumir se ocupa del problema en la izquierda, una izquierda que se ha alejado de su lugar histórico dentro del liberalismo. La izquierda se ha aliado no con el modernismo, sino con el posmodernismo, que rechaza la verdad objetiva, y Helen Pluckrose y James Lindsay llevan mucho tiempo leyendo, analizando y explicando a la ciudadanía esta nueva ideología de la izquierda. Es lo que hacen en este libro.

Pluckrose y Lindsay analizan la evolución del posmodernismo —en el que distinguen tres etapas— hasta llegar a una ideología que se encuentra entre las menos tolerantes y más totalitarias a las que se ha tenido que enfrentar el mundo. ¿De qué ideología o movimiento estamos hablando? Bueno, el tema de las definiciones siempre es complicado, pero el eje fundamental de este movimiento es la Justicia Social, por lo que el propio movimiento se suele referir así a su ideología; también es conocido como teoría de la Justicia Social Crítica o wokismo (*wokeism*). Esta ideología se expresa e influye en la sociedad de diferentes maneras: políticas identitarias, corrección política, cultura de la cancelación, feminismo y estudios de género, teoría crítica de la raza, interseccionalidad, teoría *queer*, estudios sobre obesidad y discapacidades, teoría poscolonial... Todas estas distintas teorías están obsesionadas con el poder, el lenguaje, el conocimiento y la relación entre ellos; analizan las dinámicas de poder de cada interacción, se centran en detectar agravios y contemplan todo como un juego de suma cero que gira alrededor de marcadores de identidad como la raza, el sexo, el género, la sexualidad y otros.

En esencia, el posmodernismo rechazó todas las metanarrativas (amplias explicaciones del mundo y de la sociedad) previas como el cristianismo y el marxismo. También rechazó la ciencia, la razón y los pilares posteriores a la Ilustración de las democracias occidentales. Las ideas posmodernas han dado lugar a lo que se suele llamar «Teoría», a secas, que es la protagonista de este libro. Me voy a centrar en cómo ha evolucionado esta teoría a lo largo de sus tres etapas principales. Lo que plantean los autores —y no son los únicos en haber llegado a esa conclusión— es que no es ninguna exageración afirmar que, en su encarnación actual, la Justicia Social se ha convertido en una nueva religión, una tradición de fe que es hostil a la razón, a la falsación, al desacuerdo de cualquier tipo y que se cree en posesión de la verdad —la verdad según la Justicia Social Crítica—. Es la religión fundamentalista de la izquierda secular, y autores como John McWorther, que ha dado a conocer ya algunos capítulos de su futuro libro, *Wok Racism*, han analizado cómo posee muchos de los elementos propios de las religiones: supersticiones, sacerdotes, su propio pecado original, sus liturgias, su credo, etc.[157] Como digo, dejaré fuera diferentes teorías específicas dentro de esta «teoría» general, como los estudios poscoloniales, la teoría *queer*, etc., que en el libro tienen sus propios capítulos, por razones de espacio.

Sí voy a definir someramente la interseccionalidad porque es un concepto central al que me referiré, aunque sea de pasada. El origen del término se atribuye a la activista y académica Kimberlé Crenshaw, y consiste en que a la hora de analizar la desigualdad y la organización de poder en una sociedad se entiende mejor como derivada no de un único eje (sea la raza, el sexo o la clase) sino como resultado de muchos ejes que trabajan de forma conjunta y se influyen mutuamente.[158] Crenshaw pone el ejemplo de una persona en un cruce que puede ser atropellada por

157. McWorther, J., «The Elect: The Threat to a Progressive America from Anti-Black Antiracists», Substack, 23 de febrero. Disponible en: <https://johnmcwhorter.substack.com/p/the-elect-the-threat-to-a-progressive>.

158. Crenshaw, K., «Demarginalizing the Intersection of Race and Sex: A Black Feminist Critique of Antidiscrimination Doctrine, Feminist Theory and Antiracist Politics», *University of Chicago Legal Forum*, vol. 1989, n.º 8, 1989. Disponible en: <https://chicagounbound.uchicago.edu/uclf/vol1989/iss1/8>.

coches provenientes de cualquier dirección o de las dos al mismo tiempo. Una persona marginada puede ser incapaz de decir cuál de sus identidades está siendo discriminada en un momento concreto. Crenshaw plantea que la legislación dirigida a prevenir la discriminación por razones de raza o de género es insuficiente para abordar este problema. Por ejemplo, una empresa podría estar contratando a mujeres blancas y a hombres negros, pero aun así seguiría discriminando a las mujeres negras. Las mujeres negras experimentan formas únicas de discriminación que no experimentan ni las mujeres blancas ni los hombres negros.

Primera etapa: posmodernismo original (1960-1970)

En los años sesenta del siglo pasado tuvo lugar un cambio fundamental en el pensamiento humano, un cambio asociado a autores como Michel Foucault, Jacques Derrida, Jean-François Lyotard y otros, el posmodernismo. Es difícil de definir, pero representa una serie de ideas y formas de pensar que surgieron como respuesta a las condiciones históricas, a la desilusión por las guerras mundiales, por el marxismo y por la modernidad en su conjunto. Se caracteriza por un pesimismo acerca de todo el proyecto de la Ilustración y un escepticismo y rechazo de todas las metanarrativas previas (marxismo, cristianismo, liberalismo...), que incluye un escepticismo acerca de la realidad objetiva, de la posibilidad de obtener conocimiento (se difumina la frontera entre lo objetivo y lo subjetivo, se impone el relativismo), la suspicacia hacia la razón, la percepción de que el lenguaje es el que construye el conocimiento y un interés por el papel que desempeña el poder en todo ello. Las primeras manifestaciones del posmodernismo fueron artísticas y aparecen hacia 1940, pero en los años sesenta pasan a las humanidades y las ciencias sociales, incluidos el psicoanálisis, la lingüística, la filosofía, la historia y la sociología.

Resumiendo todos estos temas, podemos decir que el posmodernismo implica dos principios fundamentales que sustentan cuatro temas principales. Los principios son:

- El principio posmoderno del conocimiento: un escepticismo radical acerca de si el conocimiento objetivo y la verdad son posibles y un compromiso con el constructivismo cultural.
- El principio político posmoderno: la creencia de que la sociedad está formada por sistemas de poder y jerarquías que deciden lo que puede ser conocido y cómo.

Y los cuatro temas esenciales son: la difuminación de los límites, el poder del lenguaje, el relativismo cultural, y la pérdida del individuo y de la universalidad. Vamos a ver cada elemento a continuación.

El principio posmoderno del conocimiento

El posmodernismo se define por un escepticismo radical acerca de la accesibilidad de la verdad objetiva. En lugar de ver la verdad objetiva como algo que existe y que puede ser conocido por medio de la experimentación y la falsación —como creía la Ilustración, el modernismo y la ciencia—, el posmodernismo plantea que estamos limitados en nuestra capacidad de conocer y que debemos expresar el conocimiento por medio del lenguaje, conceptos y categorías, por lo que toda afirmación acerca de la verdad son construcciones cargadas de valor producidas por la cultura. Esto es lo que se llama «constructivismo cultural» o social. El método científico no se ve como el mejor método de producir y legitimar conocimiento, sino como un acercamiento cultural entre muchos, tan corrupto y sesgado como cualquier otro.

Foucault estaba especialmente interesado en las relaciones entre el lenguaje o, más en concreto, los «discursos» (las formas de hablar acerca de algo), la producción de conocimiento y el poder. Para Foucault, una afirmación revela no sólo información, sino también las reglas y condiciones de un discurso, que son las que determinan la construcción de afirmaciones acerca de la verdad y el conocimiento. Los discursos dominantes son extremadamente poderosos porque determinan lo que puede ser considerado verdadero, y por tanto aplicable, en un determinado tiempo y lugar. Así, el poder sociopolítico es en último término el que determina lo que es verdad, y no la correspondencia con la realidad. Foucault estaba tan interesado en cómo el poder influye en lo que es considerado conocimiento, que en 1981 acuñó el término «poder/saber» para reflejar el vínculo inextricable entre los discursos poderosos y lo que se conoce. Llamó al conjunto de ideas y valores dominantes «episteme» porque modela cómo identificamos e interactuamos con el conocimiento. Foucault adoptó la posición de que no hay principios fundamentales para descubrir la verdad, y que todo conocimiento es «local» para el conocedor; no negaba que la realidad existiera, sino que dudaba de la capacidad humana de trascender nuestros sesgos culturales para llegar a ella.

Al escepticismo posmoderno se le suele llamar «escepticismo radical», y dice que todo el conocimiento es construido y que lo interesante es teorizar acerca de por qué el conocimiento fue construido de esa manera. Este escepticismo es diferente del escepticismo científico que caracterizaba a la Ilustración, la duda razonable acerca de la capacidad de conocer y de cómo podemos estar seguros de la verdad de lo que investigamos. Para el posmodernismo, la ciencia es incapaz de distinguir lo que es verdad. El razonamiento científico es una metanarrativa, y el posmodernismo es radicalmente escéptico respecto a todas estas explicaciones. En el posmodernismo lo que se conoce se conoce sólo dentro del paradigma cultural que produce ese conocimiento y es por tanto representativo de ese sistema de poder. Como consecuencia de ello, el posmodernismo contempla el conocimiento como provincial e intrínsecamente político. Lyotard también caracterizó el posmodernismo como un escepticismo hacia las metanarrativas.

Por supuesto, el escepticismo acerca de nuestra posibilidad de conocer es muy sensato y los filósofos lo llevan tratando desde el inicio de los tiempos con posturas como el solipsismo, que llega a negar incluso la existencia de un mundo exterior. Y por supuesto que el escepticismo científico, que consiste en hacer hipótesis y ponerlas a prueba para ver si se sostienen, es muy imperfecto;

se suele decir que la ciencia se autocorrige, pero muchas veces lo hace tarde, mal y nunca. Tienen mucha razón los posmodernistas en todo ello. Pero otra cosa es tirar el niño con el agua sucia, como dicen los anglosajones: los aviones vuelan y la ciencia con la que vuelan es la misma en todas partes, no existe una ciencia belga o una ciencia budista, y los aviones no vuelan de una manera en Bélgica y de otra en la India; y supongo que cuando tienen una infección grave también los posmodernistas toman antibióticos.

El principio político posmoderno

La negación de un conocimiento objetivo va unida en el posmodernismo a la preocupación por el poder. Poder y conocimiento están estrechamente unidos y Foucault hablaba de poder/saber. Lyotard también describe una interpelación estricta entre el lenguaje de la ciencia y el de la política y la ética. Para el posmodernismo el poder decide no sólo lo que es correcto, sino también lo que es moralmente bueno; el poder implica dominación y opresión. Los poderosos han organizado la sociedad de un modo que les beneficia y perpetúa su poder. Hacen esto legitimando ciertas formas de hablar acerca de las cosas como verdaderas, que se difunden por la sociedad creando reglas sociales que se ven como de sentido común y se perpetúan a todos los niveles. Pero en el posmodernismo el poder no se ejerce de una forma directa y visible desde arriba, como por ejemplo en el marco de referencia marxista, sino que permea todos los niveles de la sociedad y es aplicado por todos por medio de las interacciones rutinarias, expectativas, condicionamientos sociales y discursos construidos que expresan una determinada visión del mundo. Es importante señalar que es el sistema social y su dinámica de poder inherente lo que es la causa de la opresión, y no necesariamente agentes individuales con voluntad propia. Una sociedad puede ser opresiva sin que ningún individuo perteneciente a ella sostenga un punto de vista opresivo.

Los posmodernistas no ven necesariamente el sistema de opresión como resultado de una conspiración patriarcal, supremacista blanca o heteronormativa conscientemente coordinada.

Más bien, lo ven como el resultado inevitable de sistemas que se autoperpetúan y privilegian a unos grupos sobre otros, o sea, como una conspiración inconsciente o no coordinada inherente a los sistemas de poder. Fuerzas poderosas ordenan la sociedad en categorías y jerarquías que sirven a sus propios intereses. La ciencia también ha sido organizada para servir a los intereses de los poderosos.

De nuevo, el posmodernismo tiene mucha razón en estos planteamientos, que no son tampoco nuevos. La Revolución francesa, la Revolución rusa, la batalla contra la hegemonía de la Iglesia católica y tantos otros ejemplos de lucha contra sistemas opresivos de poder y jerarquías así lo atestiguan. Y es innegable que se ha ido produciendo un progreso por medio del liberalismo filosófico y político del que hablamos al principio, aunque, evidentemente, imperfecto y mejorable.

Este escepticismo generalizado acerca de la verdad y el conocimiento y la postura de considerar que ambos son constructos culturales conduce a la preocupación por cuatro temas fundamentales.

La difuminación de los límites

El posmodernismo desconfía de todos los límites y categorías que los pensadores anteriores han considerado como verdad: los límites entre objetivo y subjetivo, entre ciencias y artes, entre verdad y creencia, lo natural y lo artificial, el hombre y otros animales, salud y enfermedad... Prácticamente toda categoría social ha sido «problematizada» por los posmodernistas para negarles una validez objetiva e interrumpir los sistemas de poder que podrían existir detrás de ellas.

El poder del lenguaje

Con el posmodernismo, muchas ideas que habían sido consideradas como objetivamente verdaderas se ven como meras construcciones del lenguaje. Foucault se refiere a ellas como «discursos» que construyen conocimiento. Lyotard habla de «juegos del lenguaje» que legitiman conocimientos. El lenguaje tiene un enorme poder para controlar la sociedad y se ve como inherentemente peligroso. Esta obsesión por el lenguaje es un elemento central en el posmodernismo, especialmente en Derrida, que introduce el concepto de «deconstrucción». Derrida rechaza la idea de que las palabras se refieren a cosas en el mundo real e insiste en que se refieren sólo a otras palabras y a las maneras en que difieren entre sí formando cadenas de significantes que parten en todas las direcciones sin un ancla, lo que sería el significado de su frase: «No hay nada (ningún significado) fuera del texto». Para Derrida el significado existe sólo en relación con el discurso en el que se encuentra inscrito. Esto significa que el lenguaje no puede representar la realidad o comunicarla a los demás.

Entendido así, el lenguaje opera jerárquicamente por medio de binarios. Por ejemplo, «hombre» se define por oposición a «mujer» y se considera superior. El sentido que le da el hablante tampoco tiene, para Derrida, mayor autoridad que el que le da el oyente, es decir, la intención del que habla no se tiene en cuenta, no hay espacio para que mi ofensa se deba a un malentendido por mi parte de lo que dice el hablante, las intenciones del autor son irrelevantes. La consecuencia de todo esto es que se considera que los discursos crean y mantienen la opresión y que deben ser cuidadosamente monitorizados y deconstruidos.

Relativismo cultural

Dado que en la teoría posmodernista se cree que la verdad y el conocimiento son construidos por los discursos dominantes y los juegos de lenguaje que operan en una sociedad, y dado que no podemos salirnos de nuestro sistema de categorías y no tenemos un punto de vista objetivo para examinarlos, no podemos decir que ningún conjunto de normas culturales es mejor que ningún otro. Para los modernistas, es imposible hacer una crítica de los valores y la ética de una cultura desde otra cultura, dado que cada cultura opera bajo diferentes conocimientos y habla sólo desde sus propios sesgos. Toda crítica de este tipo es errónea, o incluso una infracción moral, porque presupone que la propia cultura es objetivamente superior. Además, dentro de una determinada cultura, los discursos que uno puede usar dependen de la posición que tenga uno en el sistema, por lo que las críticas se aceptan o no según el estatus del que las haga. En particular, la crítica desde una posición considerada de poder es desechada porque se asume que o bien ignora las realidades de la opresión, por definición, o bien es un intento cínico de servir a los intereses de la persona que critica. La creencia posmodernista de que los individuos son vehículos de los discursos de poder, dependiendo de su posición en el sistema de poder, hace que la crítica sea imposible excepto para aquellos que se teoriza que son marginados u oprimidos.

La pérdida de lo individual y lo universal

Para la teoría posmodernista la noción del individuo autónomo es básicamente un mito. El individuo, como todo lo demás, es un producto de los discursos poderosos y del conocimiento culturalmente construido. De la misma manera, el concepto de algo universal —sea por ejemplo un universal biológico acerca de la naturaleza humana; o una ética universal, como igualdad de derechos, libertades y oportunidades para todos los individuos independientemente de su clase, raza, género o sexualidad— es, en el mejor de los casos, ingenuo. En el peor de los casos sería otro ejercicio de poder/saber, un intento de aplicar discursos dominantes a todo el mundo. El punto de vista posmoderno rechaza la unidad más pequeña de la sociedad (el individuo) así como la más grande (la humanidad) y se centra por el contrario en grupos pequeños, locales, como productores de conocimiento, valores y discursos. El posmodernismo se centra en grupos de personas que se entiende que están posicionadas de la misma manera según la raza, el sexo o la clase, por ejemplo, y que se supone que tienen las mismas experiencias y percepciones debido a su posicionamiento.

Segunda etapa: posmodernismo aplicado (1980-1990)

Hemos visto una primera etapa en la que el posmodernismo se desilusiona con las metanarrativas previas, las pone en cuestión con su escepticismo radical y llega a una postura bastante pesimista según la cual no nos es posible conocer y no hay una verdad objetiva. Este período de deconstrucción llega hasta los años ochenta y ahí se agota. A partir de ese momento toman el relevo nuevos teóricos que tienen el objetivo de aplicar el modernismo a la reconstrucción de un mundo mejor. La postura escéptica posmodernista, según la cual lo que tú dices vale lo mismo que lo que digo yo, no sirve para la acción y el activismo político. En esta época, la teoría muta en un puñado de teorías que desgraciadamente no voy a abordar por problemas de espacio: la teoría *queer*, la teoría poscolonial, la teoría crítica de la raza y la interseccionalidad, el feminismo y los estudios de género, los estudios sobre discapacidades y obesidad y otros. Todas estas disciplinas que Pluckrose y Lindsay vienen a llamar «academicismo de Justicia Social» (*Social Justice scholarship*) o teoría de la Justicia Social Crítica parten del concepto de justicia social que proviene de los movimientos por los derechos civiles y otros movimientos progresistas y liberales. Es una época en la que la discriminación sexual y racial en el trabajo y a todos los niveles se ha ilegalizado y donde se ha ido consiguiendo una igualdad de derechos y oportunidades a todos los niveles.

Estos teóricos que quieren cambiar el mundo toman muchas cosas del posmodernismo en lo descriptivo, pero su escepticismo radical no les sirve, ya que necesitan una verdad a la que agarrarse, como le ocurría a Descartes. Así que consideran que el hecho de que algunas identidades son privilegiadas sobre otras es real y que esta injusticia es objetivamente verdadera. Parodiando a Descartes, podríamos decir algo como: «Experimento opresión, luego existo, y también existen la dominancia y la opresión». Estos teóricos —que critican a los autores posmodernistas por su privilegio de ser blancos, hombres y occidentales— fusionan el posmodernismo con la Teoría Crítica, una ideología y un activismo de izquierdas que proviene de los años veinte del siglo pasado, de la Escuela de Frankfurt. Y ocurre algo muy importante: se produce una mutación moral, es decir, que pasamos del *es*, al *debe ser*, de algo descriptivo a algo normativo. De una filosofía pasamos a una ideología al añadirle un componente de mandato moral, y aquí empezamos ya a acercarnos a algo más parecido a una Iglesia que a una teoría científica.

Vuelvo a decir que estoy simplificando mucho y que todo este campo está lleno de contradicciones y complejidades. Por ejemplo, algunos académicos que trabajan de acuerdo con los principios posmodernistas (el del conocimiento y el político) menosprecian el posmodernismo. Otro caso puede ser el feminismo, donde conviven corrientes muy diferentes y los estudios de género no parten del posmodernismo, sino de una teoría crítica más bien marxista, según la cual el patriarcado occidental es una extensión del capitalismo en el que las mujeres son marginadas y explotadas. Foucault niega este tipo de poder de arriba hacia abajo y lo contempla más como una matriz impregnada de poder que abarca toda la sociedad, producida por los discursos. El caso es que los teóricos que establecieron la teoría *queer* siguen a Foucault, y hoy vemos diferentes corrientes conviviendo en el feminismo, unas más influidas por el posmodernismo (el feminismo interseccional y *queer*) que otras (feminismo materialista).

El resultado de toda esta evolución es un «posmodernismo aplicado», como lo llaman Pluckrose y Lindsay, que mantiene los dos principios y los cuatro temas esenciales del posmodernismo que ya hemos visto. La diferencia fundamental se da en el principio del conocimiento, donde ocurre un cambio muy importante: la identidad y la opresión basadas en la identidad son reales y objetivas. Las identidades son construcciones sociales, pero son reales, tienen sentido y consecuencias, por lo que son objetivamente reales. La concepción de que la sociedad está compuesta de sistemas de poder y privilegio que construyen conocimiento se asume como una verdad objetiva e intrínsecamente ligada a la construcción social de la identidad. La otra diferencia, como ya he comentado, es el paso de lo descriptivo (*es*) a lo prescriptivo (*debe ser*), el componente moral. En cuanto a los cuatro temas posmodernos (el borrado de límites, el poder del lenguaje, el relativismo cultural y la pérdida del individuo y de lo universal) se mantienen sin variaciones. El individuo en el posmodernismo aplicado viene a ser algo así como la suma total de las identidades de grupo a las que la persona en cuestión pertenece simultáneamente.

En esta fase, el posmodernismo se fragmenta en la teoría poscolonial, la teoría *queer*, la teoría crítica de la raza, el feminismo interseccional y los estudios de discapacidades y de obesidad, pero no vamos a abordar cada uno de ellos.

Tercera etapa: posmodernismo reificado (2010-actualidad)

Reificado quiere decir aquí «convertido en algo real». A partir de 2010, el academicismo que gira en torno a la Justicia Social y todas sus disciplinas convergen bajo la etiqueta más general de Justicia Social, el «academicismo de la Justicia Social» al que se refieren Pluckrose y Lindsay, que sería la tercera fase de todo este proyecto posmodernista. En esta fase, los académicos y activistas dan por hecha la reificación, la concreción de conceptos que habían comenzado de una manera abstracta y tentativa y admiten como verdaderos los dos principios posmodernistas: el del conocimiento y el principio político posmodernista. Como ya hemos comentado, estos principios afirman que el conocimiento objetivo es imposible, que el conocimiento es una construcción del poder y que la sociedad está compuesta de sistemas de poder y privilegio que es necesario deconstruir. Hacia 2010 todas estas ideas posmodernas se concretan en un academicismo interseccional de la Justicia Social Crítica que acepta que todo esto es verdad y describe cómo son realmente el conocimiento, el poder y las relaciones sociales humanas, es decir, que son afirmaciones verdaderas acerca de la realidad. Todo esto se convierte en una metanarrativa, en la Verdad, según la Justicia Social Crítica.

En el academicismo de la Justicia Social leemos continuamente que el patriarcado, la supremacía blanca, el imperialismo, la cisnormatividad, la heteronormatividad, el «capacitismo» (*ableism*)

—un término que se refiere a la discriminación de personas con discapacidad— y la grasafobia (*fatphobia*) estructuran la sociedad y lo infectan todo. Esta realidad se considera profundamente problemática y por tanto es necesario identificarla, condenarla y desmontarla. Encontramos en todos estos textos de la Justicia Social que todas las personas blancas son racistas, que todos los hombres son sexistas, que el racismo y el sexismo son sistemas que existen y oprimen, aunque no exista ninguna persona con creencias o intenciones racistas o sexistas, que el sexo no es biológico y existe en un espectro, que el lenguaje es literalmente violencia, que querer remediar la discapacidad y la obesidad es odio y que todo necesita ser descolonizado. Un concepto que está ausente de toda esta teoría es el de clase económica (a veces aparece combinado dentro de la interseccionalidad), concepto que era clave en el marxismo, y por ello no sorprende que mucha gente trabajadora se sienta alienada por este nuevo tipo de izquierda. También es irónico que este movimiento que dice «problematizar» todo tipo de privilegios esté liderado por activistas de las universidades más caras de Estados Unidos, de las clases más privilegiadas y de mayor estatus dentro de la sociedad.

Así que lo que empieza como escepticismo y pesimismo acerca de la posibilidad de conocer acaba en una verdad absoluta que no se puede discutir, que no tolera disidentes y los cancela y que no admite debate ni discusión. El conocimiento no se puede obtener por medio de datos o de la razón, pero ahora se dice que se puede obtener escuchando la «experiencia vivida» de los miembros de los grupos marginados o, más exactamente, la interpretación que algunas personas hacen de esas experiencias vividas después de haber sido tamizadas por la Teoría. El problema de esta visión subjetiva es qué ocurre cuando las experiencias subjetivas de las personas entran en conflicto. Si diferentes miembros de grupos marginados —o miembros de diferentes grupos marginados— hacen interpretaciones incompatibles de sus experiencias vividas, ¿cómo se puede resolver esta contradicción? A veces se intenta dar una respuesta relativista radical —que dos afirmaciones contradictorias pueden ser verdad al mismo tiempo—, pero lo que más hace la Justicia Social Crítica en la práctica es favorecer las interpretaciones de algunos grupos marginados (los que se consideran que están en un lugar más elevado de la jerarquía de victimismo), considerarlas las auténticas y descartar las demás interpretaciones como interiorizaciones de las ideologías dominantes. De esta manera se resuelve la contradicción lógica entre el relativismo radical y el dogmatismo absoluto, pero el precio que se paga es que la teoría de la Justicia Social se convierte en algo completamente indefendible e infalsable: sea cual sea la evidencia acerca de la realidad (física, biológica, social o filosófica) que se presente, la teoría siempre puede descartarla. Es por esto por lo que no es ninguna exageración afirmar que la teoría de la Justicia Social Crítica ha creado una nueva religión (de ello hablaremos en el siguiente apartado), una fe que es hostil a la razón, la falsación, la falta de confirmación o el desacuerdo de cualquier tipo. Esta nueva religión santifica el victimismo de la religión fundamentalista de la supuestamente izquierda secular.

El resultado es que el posmodernismo en la forma de la Justicia Social Crítica ha dejado las universidades y ha empezado una fase de expansión y proselitismo en la que está llegando a todas las esferas de la sociedad: las redes sociales, las empresas y corporaciones, las instituciones, el arte, el cine, la medicina, la psicología, la ciencia y las revisas científicas y por supuesto la política.

La Justicia Social como religión

> El mundo moderno está lleno de viejas virtudes cristianas que se han vuelto locas. Y se han vuelto locas porque fueron aisladas unas de otras y vagan por el mundo solitarias...
>
> G. K. Chesterton

> Estamos viviendo en medio de un Despertar americano, sin Dios y sin perdón.
>
> Joshua Mitchell

> Un individuo puede vivir perfectamente sin religión. Sin embargo, es mucho más difícil que un colectivo humano sobreviva sin ella.
>
> JORGE WAGENSBERG

Una pregunta interesante es por qué esta ideología de la Justicia Social Crítica está teniendo tanto éxito; sorprende que la sociedad no tenga algún tipo de sistema inmune psicológico o filosófico contra este tipo de ideas que pueda contener su avance, o por lo menos que hubiera más resistencia. Creo que una parte de la explicación es el componente moral de esta ideología y la forma en que esto afecta a nuestra psicología moral, a nuestra mente moral. Es muy diferente que alguien te diga que tus ideas son erróneas y estás equivocado a que alguien te diga que eres malo, que eres un nazi, un sexista y un racista. Todos tenemos una identidad moral, una necesidad de vernos como buenas personas y de señalar que somos buenos con los demás. La Justicia Social Crítica no es que se considere en posesión de la verdad científica o epistémica, sino que se considera en posesión de la verdad moral y ese componente le concede la superioridad moral frente a otras ideologías que no lo tienen. Conseguida la superioridad moral, es imposible resistirse. La Justicia Social es ahora mismo la fuerza moral dominante en el mundo occidental (anglosajón, por ahora). Aunque probablemente menos del 10 por ciento de la población sostenga estas ideas, están ejerciendo una desproporcionada influencia en cómo se entiende la sociedad a sí misma. El marco de referencia es que la vida es una batalla entre los buenos y los malos, representada en la forma de unos discursos dominantes y unos discursos marginalizados, en la que cierta gente trata de mantener unos sistemas opresivos de poder y privilegio a expensas de los demás. Obviamente, nadie quiere estar en el bando de los opresores. Vamos a hablar un poco de la hipótesis de que esta nueva ideología es fundamentalmente religiosa.

Han sido bastantes los autores que han planteado que la Justicia Social Crítica se ha convertido en una religión. El propio James Lindsay, junto con Mike Nayna, lo ha tratado específicamente.[159] También Jonathan Haidt, que dice que en cada universidad «algunos verdaderos creyentes han reorientado su vida alrededor de una lucha contra el mal. Estos creyentes están transformando la universidad de ser una ciudadela de libertad universal a un espacio sagrado donde el privilegio blanco ocupa el lugar del pecado original, las transgresiones de raza o género se confiesan no a Dios sino a la "comunidad" y los grupos de víctimas son adorados como dioses».[160] Andrew Sullivan también ha tratado el tema de la nueva religión estadounidense[161] y se pregunta si la interseccionalidad, que es el concepto que une todas las ramas de la Justicia Social Crítica, es una religión.[162]

Otro autor es John McWorther, que está escribiendo un libro dedicado precisamente a ello, aunque él considera como fenómeno religioso más específicamente el nuevo antirracismo, la teoría crítica de la raza. El libro se iba a titular *The Elect*, aunque al final se ha llamado *Woke Racism*.[163] El título inicial —«Los elegidos»— hacía referencia al calvinismo que sostiene la teoría de la predestinación, sustentada en la naturaleza pecaminosa del hombre y la inutilidad de sus buenas obras para ser salvado, en tanto que sólo los «elegidos» por Dios lo serán (y los elegidos, por supuesto, eran ellos). Hay que decir que esta religión de la Justicia Social Crítica no es una «nueva religión», sino una «variante» de la re-

159. Lindsay, J., y M. Nayna, «Postmodern Religion and the Faith of Social Justice», *Areo Magazine*, 18 de diciembre de 2018. Disponible en: <https://areomagazine.com/2018/12/18/postmodern-religion-and-the-faith-of-social-justice/>.

160. Weiss, B., «Jonathan Haidt on the Cultural Roots of Campus Rage», *The Wall Street Journal*, 14 de abril de 2007. Disponible en: <https://www.wsj.com/articles/jonathan-haidt-on-the-cultural-roots-of-campus-rage-1491000676>.

161. Sullivan, A., «America's New Religion», *New York Magazine*, 7 de diciembre de 2018. Disponible en: <https://nymag.com/intelligencer/2018/12/andrew-sullivan-americas-new-religions.html>.

162. Sullivan, A., «Is Intersectionality a Religion?», *New York Magazine*, 10 de marzo de 2017. Disponible en: <https://nymag.com/intelligencer/2017/03/is-intersectionality-a-religion.html>.

163. McWorther, J., «Woke Racism: How a New Religion Has Betrayed Black America», *Portfolio*, 2021.

ligión de siempre en Occidente, el cristianismo y, más en concreto, como McWorther da a entender, una variante del protestantismo estadounidense. En la historia religiosa de Estados Unidos ha ocurrido una serie de episodios de renacimiento religioso —The Great Awakenings, o los grandes despertares, que hasta ahora eran tres—, períodos que ocurren cíclicamente cada varias generaciones y que tienen incluso en el nombre una semejanza con el fenómeno *woke* actual. McWorther analiza diferentes características de esta religión antirracista: sus supersticiones, sus sacerdotes, su pecado original (el privilegio blanco), su trasfondo apocalíptico, la forma en que persiguen a los herejes, etc., pero no vamos a entrar en ello.

Me voy a centrar con algo más de detenimiento en las ideas del historiador Tom Holland, que ha abordado esta cuestión en su libro *Dominio* y en entrevistas públicas.[164] Tom Holland es un historiador ateo, aunque educado en el anglicanismo, que había escrito varios libros sobre la cultura antigua —los griegos, los romanos, los persas— y se da cuenta de lo incómodo que se siente desde el punto de vista ético y moral en ese mundo antiguo o en la mente de sus personajes. Empieza a darse cuenta de que su visión liberal del mundo, que él creía procedente de la Ilustración, se remonta a más atrás, al cristianismo. Holland plantea que no sólo los valores éticos y morales de Occidente sino toda nuestra visión del mundo en las democracias occidentales es básicamente cristiana, aunque ahora predominen el ateísmo y el laicismo, y que nuestras raíces cristianas son tan profundas que no nos damos cuenta de que están ahí y asumimos como naturales muchas ideas y conceptos que tienen su origen en el cristianismo. Dice que las ideas cristianas son como partículas de polvo que flotan en el ambiente y las respiramos, pero no las vemos y parece que no están ahí.

El último capítulo de *Dominio* se titula precisamente «Woke», en inglés, y ha sido traducido al castellano como «Alerta», y ahí plantea que este movimiento de la Justicia Social es cristiano en

164. Holland, T., *Dominio: una nueva historia del cristianismo*, Ático de los Libros, 2020.

su esencia. El movimiento #MeToo repite las peticiones de las puritanas de otros tiempos; la muerte de George Floyd —la muerte de un inocente a manos del imperio actual— tiene ecos de la muerte de Cristo; el Dios cristiano siempre ha estado más cerca de los débiles y oprimidos que de los poderosos; cualquier mendigo, cualquier criminal podía ser Cristo, «los últimos serán los primeros y los primeros, los últimos»; Cristo es la víctima y la religión de la Justicia Social Crítica glorifica a las víctimas, etc. Todas estas correspondencias entre el cristianismo y la Justicia Social Crítica se han hecho evidentes para cualquier persona, ya que sólo hace falta observar las imágenes posteriores a la muerte de George Floyd, a los senadores estadounidenses de rodillas, a la gente postrada en el suelo, a personas blancas lavándoles los pies a personas negras, etc., para darnos cuenta del simbolismo religioso, de la liturgia de purificación y renacimiento, del deseo de limpiar y renovar observables en todos los acontecimientos que hemos presenciado.

Pero Holland ve una diferencia entre la Justicia Social Crítica, y el antirracismo de Black Lives Matter en concreto, y el cristianismo de los últimos siglos, a pesar de que la dinámica cristiana de todo el movimiento es evidente. Un giro profundo, en su opinión, aparece en la reacción contra la doctrina del pecado original, que procede de san Agustín, según la cual todos somos pecadores. La Justicia Social Crítica se pondría del lado de Pelagio (el oponente en este debate a san Agustín), que defendía que podemos ser perfectos y virtuosos por nuestras propias acciones. San Agustín defendía que no, que necesitamos la gracia y la salvación de Dios porque por defecto arrastramos el pecado original y somos pecadores. Los que condenan el pecado en otros son reacios a contemplar que ellos también son pecadores. La doctrina del pecado original, según Holland, es profundamente democrática en el sentido de que todos somos iguales y pecadores, y si todos somos pecadores, ¿quién tira la primera piedra? También está la reflexión de que es fácil ver la paja en el ojo ajeno y no ver la viga en el nuestro. La consecuencia es que, si no tienes esta visión, entonces te crees con el derecho a juzgar a los demás —ellos son pecadores, pero tú no— y de perseguirlos y castigarlos.

Creo que este análisis de Holland ilumina un fenómeno que hemos observado repetidamente en las difamaciones rituales y las humillaciones en las redes sociales: la tremenda crueldad y la ausencia de perdón. No hay nada que el pecador (la persona que ha hecho un comentario en un tuit o lo que sea) pueda hacer para ser perdonado y conseguir la reconciliación. La caza de brujas es implacable y cruel, y no sirve de nada pedir perdón. Debe ser aniquilado, despedido, silenciado, excomulgado, condenado al ostracismo y en muchos casos estos linchamientos han acabado en suicidios. Holland ve el peligro de que, al perder este anclaje en la doctrina cristiana, las espirales de virtud en las que estamos cayendo puedan llevar a los creyentes en la Justicia Social Crítica a caer en la arrogancia y en la crítica moral implacable, y en la tendencia al castigo sin remisión, lo que podría generar conflictos sociales. Sin embargo, esta postura es también cristiana en otro sentido. Holland reconoce muchos aspectos negativos en el cristianismo y uno de ellos es la idea totalitaria de que la verdad justifica la persecución de los disidentes. La afirmación de los cristianos de que están en posesión de la verdad no tiene paralelo en la religión pagana, que era mucho más tolerante con otros dioses e ideas, y el resultado es un tipo de represión que no tiene precedentes. Estos cazadores de herejes de la Inquisición que han existido a lo largo de la historia del cristianismo estarían representados actualmente por los santurrones fanáticos *woke* que no queman ahora personas en la hoguera, pero sí arruinan sus reputaciones y sus vidas.

Un autor que ha tratado el tema de la culpa es Wilfred M. McClay, que se pregunta en «The Strange Persistence of Guilt» por qué la culpa no ha disminuido en la sociedad laica occidental, sino que ha ido creciendo exponencialmente en las últimas décadas.[165] McClay liga la culpa con el mayor conocimiento y control del mundo físico; ese mayor poder implica mayor responsabilidad con respecto a los efectos de nuestras acciones sobre el planeta, por ejemplo. En el cristianismo, la culpa la

165. McClay, W. M., «The Strange Persistence of Guilt», *Hedgehog Review*, vol. 19, n.º 1, primavera de 2017, pp. 40-54.

paga Cristo con su sacrificio (los judíos pagaban con la sangre de algún animal y Cristo paga con su muerte la culpa de toda la humanidad, o de todos los que crean en él), pero ¿cómo solucionamos la culpa en un mundo laico? Un intento de solución es identificarnos nosotros como víctimas o solidarizarnos e identificarnos con las víctimas. Esto tiene dos ventajas. La primera es que es la responsabilidad la que conduce a la culpa, y la víctima, por definición, no es responsable y, por tanto, es inocente. La segunda ventaja es que la víctima puede proyectar su culpa sobre el victimario u opresor y la culpa recae sobre él. Por medio de este giro, el chivo expiatorio es el victimario, el que paga el precio. En la Justicia Social Crítica el hombre blanco es el chivo expiatorio que paga la inocencia de las otras identidades.

Vuelvo a la hipótesis de Holland con respecto a la Justicia Social o wokismo transcribiendo unos párrafos de una entrevista para la web Stream:

> El wokismo se sitúa claramente en la larga línea de la tradición angloamericana de los «grandes despertares». Éstos han ofrecido sistemáticamente a los pecadores la oportunidad de arrepentirse de sus pecados, de ver cómo los primeros se convierten en últimos y los últimos en primeros, y de establecer unos nuevos elegidos. En concreto, sus raíces se encuentran en el movimiento por los derechos civiles [que para Holland es otra época de despertar]. Por eso, en los últimos años se ha invocado repetidamente el nombre y el ejemplo de Martin Luther King. En ese sentido, el nuevo milenio no ha marcado ninguna ruptura radical con lo que hubo antes.
>
> ¿La idea de que las grandes batallas en la guerra cultural de Estados Unidos se libran entre los cristianos y los que se han emancipado del cristianismo? Es una idea que ambos bandos tienen interés en promover. Pero no por ello es menos mito. En realidad, tanto los cristianos conservadores como los progresistas se reconocen en la misma matriz.[166]

166. Zmirak, J., «Historian Tom Holland on How the Gospel Changed Everything. Part 3: Woke or Saved?», *Stream*, 3 de enero de 2020. Disponible en:

Hay otros autores que han señalado la gran deuda de nuestra cultura occidental laica con el cristianismo, como Don Cupitt en *The Meaning of the West*,[167] o John Gray en *Black Mass*.[168] Este último plantea que muchas tendencias del pensamiento religioso, pero también de movimientos seculares —como la Revolución francesa, el comunismo y otras revoluciones— se derivan de lo que considera un mito perjudicial: la idea de que se puede conseguir un mundo perfecto. Este mito se remonta a la idea cristiana del inminente fin del mundo y la llegada del Reino de Dios. Todos estos movimientos religiosos y laicos han conducido a verdaderas atrocidades y reinados de terror. El pensamiento apocalíptico está dispuesto a sacrificar cualquier número de vidas ahora en aras de un futuro perfecto que «sabe» que está por llegar. Este peligro, como señala Holland, se esconde en la Justicia Social Crítica.

Precisamente Gray ha escrito un comentario sobre el libro de Holland, «Why the Liberal West is A Christian Creation» (Por qué el Occidente liberal es una creación cristiana). Leemos en él:

> El cristianismo trajo consigo una revolución moral. Los pobres pasaron a ser vistos como hijos de Dios y, por tanto, merecedores del mismo respeto que los más poderosos de la sociedad. La historia era un drama de pecado y redención en el que Dios —actuando a través de su hijo— estaba del lado de los débiles.
>
> Los movimientos progresistas modernos han renovado esta historia sagrada, aunque ya no es Dios sino la «humanidad» —o sus autoproclamados representantes— la que habla en nombre de los oprimidos. En muchos sentidos, el Occidente actual es más ferozmente santurrón que cuando se declaraba cristiano. Los guerreros de la justicia social que denuncian la civilización occidental y

<https://stream.org/historian-tom-holland-on-how-the-gospel-changed-everything-part-3-woke-or-saved/>.

167. Cupitt, D., *The Meaning of the West: An Apologia for Secular Christianity*, SCM Press, 2011.

168. Gray, J., *Black Mass: Apocalyptic Religion and the Death of Utopia*, Penguin Books, 2008. Versión castellana de Albino Santos, *Misa negra: la religión apocalíptica y la muerte de la utopía*, Paidós, 2008.

exigen que sus pecados sean confesados y arrepentidos no existirían sin la herencia moral del cristianismo. Como escribe Tom Holland, «si hubiera sido de otra manera, nadie habría sido *woke* [nadie habría despertado]». [...]

En el análisis final, el humanismo liberal es una nota a pie de página de la Biblia. [...]

Al mismo tiempo, el cristianismo trajo consigo un nuevo mal propio. La propia universalidad del mensaje cristiano, su insistencia en que todos los seres humanos son iguales a los ojos de Dios, inspiró un feroz ataque a otras creencias. Los cristianos reivindicaron una posesión única de la verdad sin parangón en la religión pagana, y el resultado fue un tipo de represión sin precedentes. Como escribe Holland: «Una Iglesia que se proclamaba universal no tenía, al parecer, otra respuesta para quienes la rechazaban que la persecución». El ascenso del cristianismo supuso el fin de la tolerancia pagana. [...] El cristianismo destruyó esta antigua tolerancia y con ello inauguró el mundo moderno. [...]

El cristianismo se extiende de dos maneras: a través de la conversión y a través de la secularización. Esta incisiva observación, citada por Holland como procedente de un historiador indio no identificado, resume gran parte del argumento de *Dominio*. La modernidad secular no es la negación de la cristiandad, sino su continuación por otros medios. Los ateos biempensantes que se empeñan en decir que seríamos mucho más civilizados si no hubiera existido el cristianismo no se han preguntado de dónde procede su concepción de la civilización. Nietzsche estaba más cerca de la verdad. Si lamentan el auge del cristianismo, deben lamentar también el auge del liberalismo, de los derechos humanos y de la creencia en el progreso. [...]

En Occidente, el liberalismo no se desvanece a la par que las creencias cristianas, sino que se vuelve más celoso y dogmático. Irónicamente, los ultraliberales de hoy tienen más que un poco en común con los cristianos que destruyeron la tolerancia pluralista del mundo antiguo. Al igual que los primeros cristianos, que se ven a sí mismos como actores de una historia de pecado y redención, los ultraliberales de hoy en día tienen mucho en común con los cristianos que destruyeron la tolerancia pluralista del mundo antiguo.[169]

Podríamos abundar en cómo Don Cupitt, John Gray y otros autores coinciden con Holland en que el Occidente laico es hijo del cristianismo y que la Declaración de los Derechos Humanos de la ONU y muchos otros documentos que reflejan nuestros valores son hijos de los valores cristianos, pero creo que el argumento de Holland está suficientemente expresado. Obviamente, Holland no está libre de crítica, y diversos autores, por supuesto, no están de acuerdo con él y lo han acusado de menospreciar la influencia clásica (griega y latina) en nuestra cultura, que obviamente es fundamental. A fin de cuentas, los griegos son los creadores de la democracia y de todos nuestros fundamentos filosóficos, artísticos y científicos. Para leer una crítica a sus planteamientos es muy interesante su debate con el filósofo A. C. Grayling, que se puede buscar en internet, donde éste le presenta profundos contraargumentos.

Otro autor muy importante que señala que la Justicia Social Crítica es un movimiento religioso, el Cuarto Gran Despertar, es Joseph Bottum, un escritor católico con un gran conocimiento histórico y teológico. Bottum aborda la cuestión en su libro *An Anxious Age: The Post-Protestant Ethic and the Spirit of America*,[170] pero el lector puede acercarse a la esencia de su planteamiento en su entrevista en *Sp!ked*[171] y sus artículos «The Spiritual Shape of Political Ideas»[172] y «The Death of Protestant

169. Gray, J., «Why the Liberal West Is a Christian Creation», *NewStatesman*, 18 de septiembre de 2019. Disponible en: <https://www.newstatesman.com/dominion-making-western-mind-tom-holland-review>.

170. Bottum, J., *An Anxious Age: The Post-Protestant Ethic and the Spirit of America*, Image Books, 2014.

171. Collins, S., «Wokeness: Old Religion in a New Bottle», *Sp!ked*, 14 de agosto de 2020. Disponible en: <https://www.spiked-online.com/2020/08/14/wokeness-old-religion-in-new-bottle/>.

172. Bottum, J., «The Spiritual Shape of Political Ideas», *Washington Examiner*, 1 de diciembre de 2014. Disponible en: <https://www.washingtonexaminer.com/weekly-standard/the-spiritual-shape-of-political-ideas>.

America».[173] Lo que Bottum plantea es que es el colapso de la línea principal protestante (*Protestant mainline*), es decir, la ideología de las principales denominaciones protestantes que guiaban la vida religiosa estadounidense (presbiterianos, metodistas, luteranos...), lo que deja un vacío que es ocupado por la Justicia Social. Conviene recordar que Estados Unidos es una nación protestante, aunque desde un principio aceptara emigrantes de otras religiones, como los judíos o los católicos. Este colapso ocurre hacia los años setenta del siglo pasado, y no está clara la razón, pero la realidad es que el número de miembros de estas iglesias disminuye en unos porcentajes espectaculares. Lo que ocurre es que ese tronco religioso protestante deja de ser el marcapasos moral de la nación, pero la moral, como sabemos, es esencial para el funcionamiento de una sociedad, así que alguien tiene que cumplir esa función de marcapasos moral. El resultado es que la vida política queda contaminada por la religión: «Uno de los grandes peligros es que las ideas religiosas están en la política [...]. Si crees que tus oponentes políticos ordinarios no están simplemente equivocados, sino que son el mal, has dejado de hacer política y empezado a hacer religión».

Voy a citar a un último autor que coincide con este análisis de que la Justicia Social Crítica es en esencia un movimiento religioso: Joshua Mitchell, en su libro *American Awakening*.[174] Mitchell coincide en lo fundamental con Bottum: en que el colapso protestante deja libre unos «demonios» religiosos, es decir, conceptos religiosos como la transgresión y la inocencia, el pecado original y la culpa, que son desviados a la vida política. El problema de estos «demonios» es que ya no existe el marco religioso que les daba sentido y los controlaba. Como dice Bottum, tenemos el mundo del pecado concebido por san Agustín, pero sin Dios, es decir, sin la posibilidad de redención y de perdón, algo

173. Bottum, J., «The Death of Protestant America», *First Things*, agosto de 2008. Disponible en: <https://www.firstthings.com/article/2008/08/the-death-of-protestant-america>.

174. Mitchell, J., *American Awakening: Identity Politics and Other Afflictions of Our Time*, Encounter Books, 2020.

que también señalaba Holland. Mitchell señala cuatro diferencias entre la Justicia Social Crítica y el protestantismo del que procede:

- Los protestantes identifican a Cristo como el único inocente. En la Justicia Social Crítica, grupos de meros mortales (los grupos oprimidos, las víctimas...) son inocentes.
- La segunda diferencia es consecuencia de la primera: no todos los descendientes de Adán están manchados por el pecado original, sólo los hombres blancos lo están.
- No hay perdón en la Justicia Social Crítica. Las deudas que tienen los hombres blancos por la opresión y las transgresiones cometidas no se pueden reparar y el poder político procede precisamente de que estas deudas no se puedan limpiar: perdonar sería perder el poder político.
- Los protestantes reconocen que el ser humano y el mundo son imperfectos, pero esperan que Dios vuelva y lo repare. La Justicia Social Crítica busca que el mundo y la creación se reparen ahora, desmantelando todo el mundo construido por el hombre blanco heterosexual.

En definitiva, vemos que la idea de que la Justicia Social Crítica se ha convertido en un movimiento religioso de raíces protestantes ha sido señalada de forma coincidente por muchos autores y que las pruebas de que esto es realmente así son robustas. Así que la explicación última de los tiempos extremadamente morales que estamos viviendo es una combinación de dos cosas: nuestra mente moral humana y el colapso de la religión tradicional. Por un lado, hay una necesidad, un hambre espiritual y moral en la naturaleza de nuestra mente moral humana, producto de la evolución: necesitamos saber que somos buenos, nuestra identidad moral es muy importante para nosotros —igual que necesitamos que nos quieran y ser aceptados y pertenecer a un grupo— y también necesitamos señalar esa bondad a posibles parejas y amigos porque el carácter moral es lo que los demás van a valorar más en nosotros. Esta necesidad venía siendo canalizada previamente por la religión, y en Estados Unidos en concreto, por la religión protestante, y en un determinado momento deja de hacerlo. Pero como la moral es uno de los pilares necesarios para el funcionamiento de una sociedad, si la Iglesia deja de cumplir la función de marcapasos moral, alguien tiene que asumir ese papel. Y ese papel lo ha asumido la Justicia Social Crítica, que es un cristianismo secular, un movimiento con los valores éticos y morales cristianos, pero sin Dios. El teórico político Samuel Goldman llama a esto «la ley de la conservación de la religión: en cualquier sociedad, hay una oferta relativamente constante y finita de convicciones religiosas. Lo que varía es cómo y dónde se expresa».[175] En esta línea, Mary Eberstadt dice que los seres humanos tenemos una naturaleza «teotrópica» que no se puede erradicar y que, si no tenemos una religión organizada, crearemos otras religiones que la sustituyan. Lo que estamos viviendo con la Justicia Social Crítica parece darle la razón.

Lo que sí tiene este movimiento es un demonio. Como decía Eric Hoffer en *el verdadero creyente*, los movimientos de masas pueden crecer y desarrollarse sin un dios, pero no sin un demonio. El demonio aquí es el hombre blanco heterosexual, el patriarcado, la heteronormatividad, la cisexualidad, etc.[176] Por otro lado, un factor muy importante que debe tenerse en cuenta es que ha aparecido una tecnología en forma de redes sociales, principalmente, que es una máquina al servicio de la indignación moral porque sus creadores y dueños han descubierto que la moralidad es un negocio. Las redes sociales se aprovechan de nuestros instintos morales igual que la pornografía en internet se aprovecha de nuestros instintos sexuales. Sin estas redes que nos conectan virtualmente con todo el mundo, la espiral de virtud en la que estamos no habría podido alcanzar las dimensiones a las que está llegando.

Si aceptamos que todo esto que hemos comentado es cierto,

175. Hamid, S., «America Without Gold», *The Atlantic*, abril de 2021. Disponible en: <https://www.theatlantic.com/magazine/archive/2021/04/america-politics-religion/618072/>.

176. Hoffer, E., *El verdadero creyente: sobre el fanatismo y los movimientos sociales*, Anaya, 2009.

la conclusión es que Estados Unidos está en medio de un nuevo Despertar —el cuarto—, un despertar sin Dios y sin perdón. Podemos hacer algunas predicciones sobre lo que puede ocurrir en el futuro. Por ejemplo, podemos suponer que esta ideología de origen fundamentalmente protestante podría tener una menor influencia en el mundo católico, aunque como es lógico hay raíces cristianas muy fuertes que son comunes. Lo que también podemos predecir es que esta religión no tendrá impacto en otras culturas como la musulmana o la china porque estas creencias son totalmente ajenas y extrañas para esas otras visiones del mundo. Este entendimiento de la Justicia Social Crítica como religión también nos da pistas para buscar soluciones a la epidemia moral que vivimos en el mundo occidental actual. Lo que se nos hace evidente es que ya no existe una separación entre religión y política y que esto puede tener consecuencias muy negativas para el funcionamiento democrático. Por tanto, una conclusión en la que coinciden todos los autores es clara: debemos separar de nuevo religión y política. De esto hablaremos en el último capítulo.

Capítulo 7

Los problemas y peligros de la moralidad

> Nadie es más peligroso que el que se imagina puro de corazón.
>
> JAMES BALDWIN

> La virtud es más de temer que el vicio, porque sus excesos no están sujetos a la regulación de la conciencia.
>
> ADAM SMITH

> La ironía fundamental, inherente al predicamento humano, es que la moral es en sí misma tanto una ocasión como un instrumento para muchas de las formas más severas y crueles de inmoralidad.
>
> PAUL RUSSELL

Se nos ha ido haciendo evidente a medida que avanzamos que la moralidad es un arma de doble filo, que tiene aspectos positivos y negativos, una idea que contrasta con la visión más extendida que consiste en pensar que ser moral es siempre algo bueno. Aunque hemos ido tocando estos problemas a lo largo del libro, ha llegado el momento de abordar de una forma más concreta los peligros de la moralidad. ¿Por qué es mala la moralidad? Voy a dar tres razones principales.

Cuando un problema o un conflicto se convierte en moral es más difícil resolverlo y llegar a acuerdos o compromisos

Hay un ingrediente de la moral —lo veíamos al hablar de la psicología de las actitudes morales— que es la obligatoriedad universal, que hace muy complicado ponernos de acuerdo en un problema moral. Si yo creo que llevar minifalda es malo moralmente, no me voy a limitar a no llevar minifalda yo, sino que voy a impedir que tú lleves minifalda. Así que ya nos hacemos una idea de la gravedad del problema. Esto tiene toda la lógica del mundo. Si yo creo que matar es malo, no puedo adoptar la postura de que yo no voy a matar, pero que mate el que quiera hacerlo. La moral afecta a la conducta de los demás. No sólo se trata de que nosotros tenemos un mandato moral, de que «debemos» hacer algo, sino que ese mandato obliga también a los demás. Si yo creo que estoy en posesión de la verdad moral, me veo legitimado —es más, obligado, con el «deber»— para recortar las acciones de los demás, sus derechos y libertades. Desde el momento en que estoy en posesión de la verdad, tengo la superioridad moral, y la superioridad moral me autoriza a imponer cosas a los demás. El problema es que diferentes personas o grupos creen estar en posesión de la verdad y del derecho y la autoridad para imponerse a los demás, lo que es una receta para el conflicto irresoluble.

Esta característica de la moral es letal cuando se introduce en campos como la política o la ciencia. Vamos a verlo luego. Es letal para la democracia. Se supone que en un régimen democrático existen diferentes visiones de la realidad, todas ellas legítimas, y que votamos o elegimos entre ellas. La democracia implícitamente asume que yo puedo no tener razón y que otras personas tienen visiones o ideas que pueden aportar a la convivencia y la vida social. Pero si moralizamos la política (y no hace falta que insista en que esto está ocurriendo en todo el mundo occidental), entonces ya estamos votando entre unas opciones que son las «buenas» moralmente y otras que son «malas» y es evidente, por la regla de la obligatoriedad que explicaba antes, que con las opciones malas no puedo entenderme ni llegar a acuerdos de ninguna manera. Recupero una cita del capítulo anterior de Joseph Bottum: «Uno de los grandes peligros es que las ideas religiosas están en la política [...]. Si crees que tus oponentes políticos ordinarios no están simplemente equivocados, sino que son el mal, has dejado de hacer política y empezado a hacer religión». La acción política queda bloqueada. Pensar que hay una opción «buena» y otra «mala» es herir de muerte a la democracia, es decir, si ya sabemos cuál es la opción buena y la que tiene que gobernar, nos sobra la democracia, sólo necesitamos un partido, el de los buenos. La democracia requiere una humildad epistemológica que no es compatible con la superioridad moral que genera la moralización de los asuntos. Decía el sociólogo Niklas Luhmann en su charla con motivo de la concesión del Premio Hegel de 1988, «Paradigm Lost: On the Ethical Reflection of Morality»:

> Sobre todo, se debe admitir que ninguno de los sistemas funcionales puede ser integrado en el sistema social por medio de la moralidad. Los sistemas funcionales deben su autonomía a sus funciones individuales, pero también a su código binario individual, por ejemplo, la distinción entre verdadero y falso en el sistema científico o la distinción entre gobierno y oposición en el sistema político democrático. En ningún caso los dos valores de estos códigos pueden hacerse congruentes con los dos valores del código de la moralidad. No queremos que el gobierno sea declarado bueno y la oposición estructuralmente mala o, peor, el mal. Esto sería la sentencia de muerte para la democracia.[177]

Si mi discurso es la verdad y el discurso de mi oponente es un discurso de odio, si mi oponente es Hitler, es evidente que no hay

177. Luhmann, N., «Paradigm Lost: On the Ethical Reflection of Morality: Speech on the Occasion of the Award of the Hegel Prize 1988», *Thesis Eleven*, vol. 29, n.º 1, 1991, DOI: 10.1177/072551369102900107.

acuerdo posible, y parece que últimamente todos los adversarios son Hitler o algo peor. Si con respecto al cambio climático dividimos las posturas en destructores del planeta y en protectores del planeta, no hay acuerdo posible.

Lo mismo ocurre con la ciencia. El código binario de la ciencia, como dice Luhmann, es verdad/error, de lo que se ocupa la ciencia es de ir acercándonos poco a poco cada vez más a la verdad, de intentar descubrir la verdad. Si metemos el código binario bueno/malo en la ciencia la destruiremos, porque ya estamos anticipando lo que la ciencia puede o no investigar y a qué resultados y conclusiones debe llegar: aquellos que previamente hemos acordado que son los buenos. Y así ya estamos cerrando los temas, estamos diciendo que ya lo sabemos todo y que no hay que seguir investigando. Dice Luhmann: «Los códigos funcionales [se refiere al de la ciencia, por ejemplo, el de verdad/falso] deben operar a un nivel más alto de amoralidad porque deben poner sus dos valores a disposición de todas las operaciones del sistema». Es decir, habría que limitar la esfera de aplicación de la moralidad. Pero actualmente estamos haciendo todo lo contrario, estamos metiendo la moralidad hasta en la sopa. La moralidad es una sustancia altamente contagiosa que lo está contaminando todo. Estamos viendo cómo científicos, académicos y filósofos piden que no se deje hablar a otros científicos y académicos porque son el demonio, el mal, y así la ciencia no puede trabajar ni avanzar.

Las sociedades morales tienden al autoritarismo, la jerarquía, el elitismo y la desigualdad

Decíamos que la moralidad es un dispositivo para la cooperación y coordinación de los grupos humanos. Pero filósofos como Ian Hinckfuss hacen hincapié en que, históricamente, hemos visto cómo la moralidad se ha utilizado para reforzar el poder de las élites y justificar el orden establecido.[178] Las connotaciones mo-

178. Hinckfuss, I., «To Hell with Morality», en Garner, R. y Joyce, R. (eds.), *The End of Morality*, Routledge, 2019.

rales de conceptos como lealtad o patriotismo se han utilizado para condenar como traidores/criminales a los reformadores y críticos. Los que han dicho qué es lo bueno y qué es lo malo han sido los que mandan, y ese poder terrenal ha sido apoyado en otros tiempos, por ejemplo, por los valores morales aportados por el poder divino (la Iglesia). Lo bueno ha sido muchas veces lo que hacen las clases altas, y lo malo lo que hacen las clases bajas. Igual es exagerado decir que la moralidad es la causa de estas desigualdades, pero probablemente Hinckfuss tenga cierta razón en que la moralidad se ha usado para justificar el *statu quo* y mantener las estructuras jerárquicas. Como hemos dicho, la gente desea desesperadamente hacer lo que está bien, y se siente mal si no lo hace. Por tanto, el que determina qué es lo bueno y qué es lo malo tiene un poder enorme: el poder de marcar el discurso y el rumbo de la sociedad en su conjunto.

La moralidad promueve las guerras y los genocidios

Hemos visto en capítulos anteriores que la moralidad es una adaptación psicológica que permite que individuos que eran egoístas inicialmente pudieran recoger los frutos de la cooperación. Así que nuestra mente moral fue diseñada para la cooperación, pero sólo con algunas personas; nuestra mente moral fue diseñada para cooperar dentro del grupo, pero no para cooperar con otros grupos, o al menos no con todos los demás grupos. Como dice Joshua Greene en *Moral Tribes*, la moralidad es una adaptación para poner el Nosotros por encima del Yo, es decir, al grupo por encima del individuo, pero también para poner al Nosotros por encima del Ellos.[179] Suena raro, pero la moralidad es un dispositivo para la competición entre grupos, para vencer a los otros grupos rivales, para vencerlos a Ellos. Éste es el tema central de este libro, que la moralidad es parte de la solución, pero también parte del problema: la misma

179. Green, J., *Moral Tribes: Emotion, Reason and the Gap Between Us and Them*, Atlantic Books, 2015.

mente moral que permite la cooperación dentro del grupo socava la cooperación entre grupos. La moralidad no evolucionó para promover una cooperación universal, sino como un dispositivo para la competición intergrupal. Nuestra mente moral es tribal y esto ha sido una fuente de atrocidades a lo largo de toda nuestra historia. Vamos a hablar un poco de esta violencia moralista.

La violencia moralista

> La violencia se considera moral, no inmoral: por todo el mundo y a lo largo de toda la historia, se ha asesinado a más personas para imponer la justicia que para satisfacer la codicia.
>
> STEVEN PINKER

> Para hacer el mal, el ser humano debe, en primer lugar, creer que lo que está haciendo es bueno.
>
> ALEXANDER SOLZHENITSYN

> La mejor manera de lanzar una cruzada en favor de alguna buena causa es prometer a la gente que tendrán la oportunidad de maltratar a alguien. Ser capaz de destruir con buena conciencia, de comportarse mal y llamar a tu mala conducta «justa indignación» es el colmo del lujo psicológico, el más delicioso de los placeres morales.
>
> ALDOUS HUXLEY

Para tratar este tema voy a seguir a Alan Page Fiske y Tage Shakti Rai, que en su libro *Virtuous Violence* exponen una tesis que a muchos lectores les puede parecer insólita pero que es uno de los mensajes esenciales del libro que el lector tiene entre manos: la gente, la mayoría de las veces, es violenta porque siente genuinamente que la violencia es lo correcto, lo que deben hacer.[180] Según los perpetradores de la violencia, la violencia es moralmente necesaria y la manera correcta de regular unas relaciones sociales según lo que mandan los preceptos y normas culturales. Detrás de la violencia habría ideales culturales que la motivan. Merece la pena insistir en la idea: la mayoría de los actores violentos no son patológicos o ni siquiera actúan en su propio interés, sino que están convencidos de que actúan al servicio de un bien moral más alto.

Ya sé que esto suena totalmente contraintuitivo. El modelo predominante de entender la violencia es el mito del mal puro, del que ya hablamos en su momento: la gente buena hace cosas buenas y la gente mala hace cosas malas. Pero son muchos autores los que nos vienen avisando ya hace tiempo de que es la gente buena la que comete las mayores barbaridades. La gente cree que la violencia es una expresión de nuestra naturaleza animal y que aparece cuando las normas morales culturales fallan. Pero cuando analizamos los actos violentos lo que vemos es justo lo contrario: cuando la gente hace daño o mata a alguien lo hace porque cree que es lo correcto moralmente y que es incluso obligatorio ser violento. La violencia, además, surge de las relaciones entre el perpetrador y la víctima o entre el perpetrador y otras personas, y quien comete actos violentos busca corregir una relación personal, hacer que sea correcta. Según Fiske y Rai la mayor parte de la violencia es motivada por razones morales. La moralidad trata de regular las relaciones sociales, y la violencia es una forma de regular esas relaciones.

Fiske y Rai definen violencia a efectos del libro como acciones en las que el actor considera que infligir dolor, sufrimiento, miedo, heridas o la muerte es un medio necesario y deseable para los fines que se buscan. Son muchos los autores que han señalado que el ser humano siente aversión a ser violento en circunstancias normales. La violencia es virtuosa cuando el sujeto,

180. Fiske, A. P., y T. S. Rai, *Virtuous Violence: Hurting and Killing to Create, Sustain, End, and Honor Social Relationships*, Cambridge University Press, 2014.

su grupo de referencia, o los espectadores consideran que es lo que hay que hacer, aunque sea difícil y duro llevar a cabo el acto. La moralidad consiste en la regulación de las relaciones, en la realización de unos ideales de lo que deben ser las relaciones. Por ejemplo, si un padre castiga a un hijo por no hacer lo que debe, o por alguna mala acción que haya cometido, el padre cree que está haciendo lo que debe hacer según sus normas morales. Lo mismo ocurre en el caso de los asesinatos por honor en muchos países del mundo.

Es conocido y aceptado que las normas morales son relativas y diferentes en cada lugar del mundo o en cada cultura. Por eso, cuando decimos que la persona violenta actúa moralmente lo estamos afirmando desde su visión moral. Por supuesto que personas de otra cultura pueden no estar de acuerdo. Aquí tendríamos el problema —que Fiske y Rai no explican explícitamente— de que nos encontramos con el choque de dos círculos morales diferentes, según la terminología de Peter Singer. Un padre de determinada cultura que mata a su hija porque ha tenido una relación sexual y eso supone la deshonra de toda su familia está actuando moralmente, aunque desde nuestra cultura nos parezca que es un acto inmoral. Ese padre y nosotros estamos en círculos morales diferentes. Es duro de admitir, pero la gente mata porque cree que la víctima merece morir.

Como decíamos, la gente mata para regular las relaciones, y Fiske y Rai tienen un modelo de cuáles son las relaciones sociales básicas, la teoría de los modelos de relación. Según este modelo, hay cuatro relaciones básicas: unidad, jerarquía o autoridad, igualdad y proporcionalidad; éstos son los cuatro motivos fundamentales que subyacen en todo juicio, emoción y conducta moral:

1. Unidad, compartir comunalmente. Usamos este modelo de relación cuando percibimos a determinadas personas dentro de nuestro mismo grupo y a otras fuera: familias, equipos, hermandades, nacionalidades, etnias, etc. El motivo moral en esta relación es la unidad, mantener la integridad del grupo. Es evidente que mandamientos como «No matarás» quieren decir en realidad: «No matarás a

alguien de tu grupo», o «No matarás a alguien con el que tienes relaciones importantes», es decir, al que pertenece al «Nosotros». Pero este mandamiento no incluye al enemigo, al Otro, al que forma parte de «Ellos». En las guerras no sólo es lícito matar, sino que es alabado e incluso premiado. De esto hablan Fiske y Rai cuando dicen que la mayoría de la violencia es moral, la de las guerras o los genocidios, por ejemplo. Cuando nuestro grupo ha sido amenazado o agredido es lícito actuar violentamente.

2. Jerarquía, la autoridad. Cuando colocamos a las personas según una dimensión estamos usando un modelo de autoridad: adultos y niños, militares y subordinados, jefes y empleados, maestros y alumnos, etc. Según este modelo, se considera legítimo que un superior cometa violencia contra un subordinado para instruir o castigar (caso de los padres o de los profesores).
3. Igualdad. Usamos este modelo cuando llevamos la cuenta de lo que uno debe a otro, cuando repartimos turnos, en colas, al lanzar una moneda para tomar una decisión, etc. Este motivo moral de la igualdad es el que nos mueve a la reciprocidad, a invitar a nuestra casa a alguien que nos ha invitado, pero también a pagar ojo por ojo y diente por diente al que nos ha hecho daño.
4. Proporcionalidad, el precio de mercado. Usamos este modelo en las relaciones económicas en un mercado, en los costes y beneficios de las decisiones sociales o cuando nos guiamos por la utilidad en un asunto moral. El principio rector es la proporcionalidad. La violación fundamental de la proporcionalidad es la que comete el aprovechado, el que engaña, el que recoge los beneficios pero no da un palo al agua. Dentro de este esquema de la proporcionalidad es correcto infligir daño cuando los beneficios superan los costes (visión utilitarista). Por ejemplo, en la Segunda Guerra Mundial el presidente Truman habría usado este principio cuando le aconsejaron que lanzara bombas sobre Hiroshima y Nagasaki; era moralmente necesario según el análisis coste-beneficio que decía que

así se ganaría la guerra con el menor número de víctimas estadounidenses.

Habría que señalar otro aspecto dentro de este esquema, que ya he mencionado de pasada. La violencia tiene que ver no sólo con la relación entre el autor y la víctima sino con las relaciones del autor con otras personas o miembros de su grupo. Por ejemplo, la violencia de un combatiente refuerza la relación del combatiente con sus amigos, amantes, admiradores, compañeros, etc. El combatiente está motivado por su afán de gloria, de amor y de lealtad. Si lucha bien atraerá amantes, será admirado, envidiado y honrado. Nada de esto tiene que ver directamente con la víctima, es decir, la relación que trata de regular la violencia en este caso no es la relación perpetrador-víctima sino la relación del perpetrador con otras personas.

Con esta base teórica que he intentado resumir, el resto del libro se dedica a analizar diferentes tipos de violencia y a demostrar que la base de esa violencia es moral y analiza también cuál es el tipo de relación que intenta regular. Se analizan la violencia étnica y el genocidio, los asesinatos por honor, la guerra, la venganza, el castigo, el castigo corporal a los niños, la violencia dentro del mundo militar, la violencia religiosa, la violencia ordenada por los dioses, los caballeros en la Edad Media, las bandas callejeras, los deportes, el terrorismo, los ritos de iniciación como la circuncisión o las mutilaciones de los genitales de las niñas, la tortura, el homicidio e incluso la violencia de las relaciones íntimas o la violación. En todos ellos, la argumentación de Fiske y Rai es muy sólida y convincente, y creo que defienden muy bien su tesis.

En los últimos capítulos analizan las repercusiones legales, filosóficas, evolucionistas y psicológicas de esta nueva visión de la violencia y dejan en el aire importantes preguntas. Por ejemplo, muchos sistemas legales consideran que, para condenar a una persona, el acusado debe tener la capacidad, en el momento del acto, de saber que lo que hace está mal, pero ¿qué ocurre si el sujeto cree que está haciendo el bien? No podemos esperar que se arrepienta o sienta culpa si cree que está obrando correctamente. Dicho de otra manera, el criminal, según nuestro sistema actual, pensaría algo así: «Esto está mal, pero lo voy a hacer de todas maneras». Si las cosas son como venimos comentando en este apartado, esto no es lo que hay en la mente de la mayoría de las personas que cometen actos violentos, así que tenemos un problema... Si una persona sana cree firmemente que el acto violento es lo que debía hacer, ¿eso es exculpatorio? Desde un punto de vista filosófico más fundamental: ¿cuál es el propósito de castigar penalmente a una persona que cree sinceramente que hace lo que debe? ¿Tiene sentido castigar a las personas por actuar según sus convicciones morales?

Dejando todos estos interrogantes a un lado, nos interesaría poder responder a la pregunta más importante de todas: ¿cómo terminamos con la violencia? Y aquí una enseñanza muy clara de este libro es ésta: *para reducir la violencia debemos conseguir convertirla en inmoral.* Si la gente viera la violencia en todos los niveles como algo inmoral, sería muy difícil que la llevara a cabo. Siempre quedarían psicópatas (obviamente la violencia de los psicópatas no está motivada moralmente) o gente que tuviera que matar para comer o cosas por el estilo, pero sería una minoría. El problema es cómo conseguimos hacer que gente de diferentes culturas y círculos morales llegue a consensuar una moral común, y ese problema no lo tenemos resuelto. Pero hay motivos para el optimismo. La violencia sirve para regular las relaciones, pero no es la única manera. Si buscamos alternativas, ésta no será necesaria.

Por último, hay otra enseñanza muy importante de este libro: lo profundamente importantes que son las relaciones sociales para las personas. La moralidad consiste en la regulación de las relaciones sociales, en una especie de código de circulación de las relaciones personales. La gente mata o muere para hacer que sus relaciones sociales sean como deben ser. Las relaciones de la gente son muchas veces más importantes para ellos que su cuerpo o que su propia vida. Muchas veces, para que sus relaciones sean como creen que deben ser, las personas sacrifican sus cuerpos o sus propias vidas, o las vidas de sus esposas/os, amigos o vecinos, algo que debemos tener muy en cuenta.

Los problemas de la moral para la democracia

> Nunca dejes que tu sentido de la moral interfiera con hacer lo que es correcto.
>
> ISAAC ASIMOV

Como vemos repetidamente a lo largo del libro, la moralidad tiene dos caras. Por un lado, la moralidad es el eje del buen funcionamiento social. Nuestra brújula moral mantiene nuestros instintos egoístas más básicos al servicio del bien del grupo y favorece la cooperación y el altruismo dentro de la comunidad. Los individuos que comparten unos valores morales cooperan mejor y, gracias a los códigos y normas morales, se resuelven mejor los conflictos que puedan surgir en la población. Pero, por otro lado, la moralidad es también la causa de muchos problemas sociales y puede tener muchas consecuencias negativas interpersonales. Vilipendiamos y deshumanizamos a aquellos que no están de acuerdo con nuestras creencias morales y justificamos cualquier medio en función de un fin moral que consideramos bueno. Además, la moralidad altera nuestra interpretación del mundo que nos rodea afectando a nuestro razonamiento y a nuestras creencias acerca de lo que es real, de lo que es ficción y de lo que es seguro y lo que es peligroso. Todos estos procesos en conjunto conducen a los individuos a actuar de formas que dañan significativamente el progreso de la sociedad bajo el disfraz de que es una lucha por una causa moral.

Kovacheff y sus colaboradores revisan en este artículo qué es la moralidad y cómo altera nuestros procesos cognitivos (razonamiento motivado, sesgo y dogmatismo) conduciendo a consecuencias interpersonales negativas (desprecio y deshumanización de los grupos externos o exogrupos), lo que puede acabar en conflicto intergrupal e incluso violencia.[181] Ya hemos hablado de ello. Tratan también de cómo la moralidad daña el progreso so-

181. Kovacheff, C.; S. Schwartz; Y. Inbar, y M. Feinberg, «The Problem with Morality: Impeding Progress and Increasing Divides», *Social Issues and*

cial y analizan en concreto el problema de la polarización política en Estados Unidos, pero creo que su análisis es válido y aplicable a cualquier lugar.

Como vimos en su momento, las reglas morales del individuo pueden dar lugar a unos valores sagrados o protegidos, que han sido definidos en la literatura como «cualquier valor que la comunidad moral implícita o explícitamente trata como poseedor de un significado infinito o trascendental que excluye cualquier comparación, compromiso o, de hecho, cualquier otra mezcla con valores limitados o seculares».[182] Un individuo que tiene unos valores protegidos tenderá a negar la necesidad de compromisos y se enfadará simplemente con pensar que tiene que entrar en esos compromisos o compensaciones, a los que se llama «compromisos tabú». Esto resulta en una falta de ganas de aceptar cualquier compromiso porque los valores sagrados están por encima de cualquier otro y son los que motivan la toma de decisiones. Cuando los individuos sienten que sus valores sagrados están en peligro, responden de una manera intolerante y peligrosa, por ejemplo, con indignación moral y con limpieza moral.

La indignación moral supone que el individuo siente ira y desprecio por la persona que amenaza sus valores sagrados y reclama que se castigue a esa persona, y todo aquel que no pida ese castigo debe ser castigado también. La limpieza moral consiste en que cuando un valor sagrado ha sido profanado o violado, esto evoca un sentido de contaminación personal, lo que requiere algún tipo de limpieza para eliminarlo.

Los valores y creencias morales se diferencian de otras actitudes porque se experimentan como universales y como objetivamente correctos —nuestras convicciones son hechos— y porque mueven a la acción. Pensar que el trece es un número primo es correcto, pero no mueve a la acción. Si algo se considera inmoral

---

Policy Review, vol. 12, 2018, pp. 218-257. Disponible en: <https://doi.org/10.1111/sipr.12045>.

182. Tetlock, P. E., «Thinking the Unthinkable: Sacred Values and Taboo Cognitions», *Trends in Cognitive Sciences*, vol. 7, 2003, pp. 320-324.

hay que luchar contra ello y hay que combatirlo, hay que pasar a la acción, no se puede permitir que otras personas lo hagan. Otro problema es que hay datos de que cuando la gente tiene razones para una venganza por motivos morales, les preocupa muy poco cómo se consiga esa venganza, el fin justifica los medios. Por ejemplo, cuando la gente cree que un acusado es culpable antes del juicio, consideran que el castigo es obligatorio moralmente y no tiene en cuenta la presunción de inocencia, ni un juicio justo ni la necesidad de condenar en función de unas pruebas más allá de una duda razonable.

Una de las formas en las que la moralidad puede ser perjudicial es su rechazo de la ciencia y la tecnología. Cuando los individuos ven que los hechos o avances científicos suponen un desafío para sus convicciones morales, pueden interpretar de manera sesgada estos avances, rechazarlos directamente por violar sus valores sagrados o reinterpretarlos de modo que encajen con sus creencias morales. La educación y la formación científica predicen sólo débilmente las actitudes hacia la ciencia. El rechazo público de los hallazgos científicos está motivado en gran medida por el razonamiento moral, más que por los datos. Aportar más información a la gente sobre un tema (las vacunas o los alimentos transgénicos, por ejemplo) no consigue cambiar su opinión. Si la gente tiene que elegir entre moral y ciencia, elige moral.

Polarización moral y democracia

La moralidad es clave para el buen funcionamiento social: activa normas de conductas correctas y necesarias para la cohesión grupal. Sin embargo, los mismos procesos que hacen que la moralidad tenga un efecto positivo dentro del grupo (en el endogrupo) pueden ser la fuente de conflictos intergrupales (con los exogrupos). La gente tiende a considerar equivocados a los que discrepan de ellos en temas morales (en el mejor de los casos) o malvados (en el peor de los casos). Sea como sea, hay que persuadirlos o enfrentarse a ellos. Por tanto, cuando individuos que tienen puntos de vista morales opuestos interactúan, hay consecuencias negativas que pueden ir desde la evitación a la violencia como castigo. Cuando grupos que tienen creencias morales opuestas interactúan ocurre una humillación o desprecio del adversario y una segregación entre ellos, lo que al final resulta en una polarización que hace imposible el acuerdo o el compromiso entre grupos diferentes, con lo que el conflicto entre grupos y la violencia puede estallar en cualquier momento.

Según diversas investigaciones, los individuos evalúan a los demás basándose en tres criterios: competencia, sociabilidad y moralidad, siendo la moralidad el factor más importante en determinar la valoración positiva o negativa de los demás. Se ha encontrado que el carácter moral es la dimensión más importante para seleccionar amigos, colegas o parejas románticas (y por esto mismo es tan importante señalar la virtud). La otra cara de la moneda es el problema para las relaciones con grupos que tienen diferentes valores morales. Esto es así porque las diferencias morales se viven como amenazantes. Como ya hemos dicho, la gente vive sus creencias morales como hechos reales, tan reales como que dos más dos son cuatro. Las diferencias morales desafían nuestra realidad, las reglas que seguimos y nuestra visión del mundo, lo cual es muy amenazante. Nuestra moralidad es sagrada y central para nuestra identidad y para el valor que nos adjudicamos a nosotros mismos. Los que tienen una moral diferente amenazan la esencia misma de nuestro yo.

Enfrentados a esta amenaza, una respuesta suele ser la humillación, el desprecio o la deslegitimación del grupo rival, a los que se califica de «bárbaros» o de «alimañas». Otra respuesta es la segregación, la separación: el grupo moral exterior es percibido como un peligro y una fuente de contaminación y hay que mantener con él una distancia física, social y psicológica. En Estados Unidos hay estudios que revelan que la gente se cambia incluso de barrio o de municipio para irse a vivir a lugares más acordes con sus valores morales. En nuestro panorama político nacional hemos escuchado también expresiones como «cordón sanitario» o «cinturón sanitario» para referirse a medidas contra grupos políticos rivales. La segregación y el desprecio del grupo rival conducen a una mayor polarización, con lo que el círculo vicioso se perpetúa y se entra en una escalada o espiral que puede llevar al enfrentamiento y la violencia. La cosa es peor todavía, porque dañar al grupo rival se vive de una forma positiva y con orgullo. A fin de cuentas, librarnos de «alimañas» es positivo y castigar a «pecadores» es una cosa buena y loable.

¿Cómo perjudica la moralidad a la democracia liberal? Las democracias liberales defienden la libertad de expresión y de prensa, aceptan y aplauden la divergencia de puntos de vista y valoran el debate y el compromiso. En Estados Unidos, diversos estudios encuentran que estos pilares de la democracia están siendo asediados y que la fractura entre los dos partidos políticos se hace cada vez más grande. Como vimos en el capítulo sobre el tribalismo, hay más animosidad contra el partido político rival que contra individuos de otras razas o religiones. Algunos estudios revelan que los partidarios de un bando aprueban no contratar o discriminar a los individuos del bando contrario (tanto por parte de demócratas como de republicanos, ambos grupos muestran sesgos similares). Se ha extendido la tendencia a bloquear la libertad de expresión del rival, a impedir que disemine sus puntos de vista, por la fuerza si es preciso. Pero, además, hay un sentido profundo en el que las convicciones morales y las democráticas son incompatibles. La democracia parte de la humildad de pensar que hay diversas opciones legítimas y que la gente va a votar y elegir entre ellas. Si el juego democrático se contamina moralmente, lo que resulta es que tenemos un partido bueno y un partido malo, un partido que representa todo lo bueno y deseable mientras que el otro es la encarnación del mal y el demonio (por supuesto, cada bando piensa que el otro es el demonio). Lógicamente no podemos negociar —ni siquiera hablar— con el demonio, con lo que el diálogo y el juego democrático está roto. Si ya sabemos cuál es la verdad, nos sobra la democracia: que gobierne el partido bueno, el de la verdad (el nuestro, claro).

¿Qué opciones tenemos para evitar caer en un mundo de *Star Wars* moral, de buenos y malos, representado por los que visten de negro y de blanco? Partiendo de la base de que el problema es nuestra naturaleza moral, nuestros instintos morales, los autores proponen soluciones como:

- Aumentar la empatía y el sentido de que compartimos una misma humanidad a pesar de visiones morales distintas. Por ejemplo, un estudio encontró que exponer a los individuos a imágenes de familias de culturas, etnias y religiones diferentes disminuía, por ejemplo, los sentimientos antiárabes. Al ver que comen y actúan como nosotros aumenta la empatía y la sensación de humanidad compartida. La idea sería destacar todo lo que nos une, y no lo que nos separa.
- Aumentar el contacto entre grupos distintos, bajo las condiciones adecuadas. Interactuar con individuos de otros grupos puede hacer que nos demos cuenta de que no son demonios, sino personas como nosotros.
- Implicar a los diferentes grupos en objetivos comunes que requieran la colaboración y el apoyo mutuo. Según algunos estudios, sería posible crear objetivos compartidos e incluso crear las condiciones para que surja una identidad de grupo compartida de un orden superior.
- Cambiar el lenguaje con el que nos referimos al otro bando. Cuando calificamos a los rivales de «bárbaros» o «cerdos» favorecemos que se los considere como pertenecientes a una categoría inferior. Cuando hablamos de «batallas» o «guerras» (en el discurso político estadounidense estas expresiones han ido aumentando) favorecemos el conflicto, el enfrentamiento y el recurso a la violencia.
- Las élites, según los autores, deberían cambiar su discurso y dar ejemplo. Los líderes tendrían una responsabilidad crucial en este sentido, pero lo que desgraciadamente vemos es lo contrario, que los líderes favorecen y alimentan el enfrentamiento. Los medios de difusión deberían apuntarse a esta idea de servir de modelo hacia un mayor entendimiento, diálogo y compromiso, pero, de nuevo, no es lo que observamos. De las redes sociales ya ni hablamos: no son el lugar más apropiado para el debate sosegado y racional.

Los autores llegan a proponer la creación de algún tipo de comisión formada por ambos partidos que actuara de moderadora y que llamara al orden a los políticos que no sigan un discurso adecuado.
- Otra posible vía de minimizar los problemas de la moralidad podría ser aumentar la comprensión de las formas en que la moralidad nos divide y separa y difundir este conocimiento.

Como venimos repitiendo, la moralidad es una moneda con dos caras y no podemos tener una sin la otra. Aunque ser moral se ve como equivalente de algo loable y bueno, también tiene un lado oscuro consustancial a las características de la capacidad moral humana. Los problemas de la moralidad son muy graves y se autoperpetúan; entenderlos puede ser un primer paso para abordarlos y que no impidan el funcionamiento de la sociedad y el progreso social.

Los problemas de la moral para la ciencia

Estamos asistiendo a un choque entre la moral y la ciencia, entre los activistas políticos y los científicos, choque que puede verse también como un conflicto entre dos valores: la verdad y la justicia. El código binario propio de la moral (bueno/malo), como dice Niklas Luhmann, entra en conflicto con el código binario de la ciencia (verdadero/falso). En muchos campos, los activistas por la justicia social están intentando —y consiguiendo— marcar la agenda de los científicos. Una autora que ha estudiado este problema es Alice Dreger en su libro *Galileo's Middle Finger*.[183] Dreger está especialmente posicionada para escribir este libro porque ha estado en los dos bandos: ha sido activista por los derechos de las personas nacidas con genitales ambiguos (intersexuales) y por otro lado es historiadora de la ciencia.

183. Dreger, A., *Galileo's Middle Finger: Heretics, Activists and One Scholar's Search for Justice*, Penguin, 2016.

La primera parte del libro está dedicada precisamente a los diez años que invirtió luchando por defender los derechos de las personas intersexuales. En esos años trabajó codo con codo con Bo Laurent, la fundadora de la Intersex Society of North America (ISNA). Lo que Alice y Bo defendían es que no se realizaran intervenciones quirúrgicas en estas personas simplemente por resolver la ambigüedad sexual y encajarlos en uno de los dos sexos, sino que se les educara en el sexo que aparentan, sin operar, y que luego de mayor la persona elija lo que quiere hacer con sus genitales —esto siempre que no existan problemas de salud que justifiquen la intervención—. Hay que señalar que no enfocaron el problema como un tema de identidad, sino de derechos de la persona. Y el resultado fue que consiguieron buena parte de lo que reivindicaban. Tras hablar con médicos, cirujanos, pediatras, etc., lograron que cambiaran las actitudes y las guías de actuación en estos casos.

En la parte central del libro analiza varios casos de activistas políticos que han atacado a científicos por decir cosas que a ellos no les parecían bien, ya que, según su interpretación, podían perjudicar los intereses que estos grupos defendían. Vamos a ver un pequeño resumen de cada caso.

El primer ejemplo que analiza Dreger es el caso de Michael Bailey y los activistas transgénero. Bailey, psicólogo especializado en temas sexuales, publicó un libro, *The Man Who Would Be Queen: The Science of Gender-Bending and Transsexualism*, donde se hace eco de las teorías de Ray Blanchard, un psicólogo y sexólogo canadiense. Resumiendo bastante, Blanchard plantea que hay dos tipos de transexuales (estamos hablando de transexuales de hombre a mujer). El primer tipo son los chicos afeminados que les gusta vestirse de chica, jugar a juegos «de chicas», las relaciones sociales, etc., lo que podríamos llamar un patrón femenino. Sexualmente están interesados en hombres, pero se presentan de una manera tan femenina que no pueden tener éxito ni con hombres heterosexuales ni con homosexuales. A los hombres hetero no los van a atraer porque ellos son hombres, y a los gais tampoco, porque a los gais les suele atraer la masculinidad. Por tanto, si hacen la transición a mujer conseguirían atraer a los hombres heterosexuales. A estos transexuales Blanchard los llama homosexuales transexuales, porque son hombres de nacimiento que sienten atracción por otros hombres. Dreger los llama *transkids* porque la transición empieza muy pronto en la vida. Es el tipo más frecuente de transexual en todo el mundo.

El segundo grupo de transexuales es un poco más controvertido y difícil de entender. A este grupo Blanchard le ha dado el nombre de «autoginefilia». Son hombres que se han presentado como hombres toda la vida, no eran femeninos de niños, se han casado, han tenido familia, pero van descubriendo que se sienten excitados sexualmente por la idea de ser una mujer. Este grupo hace su transición ya en la edad adulta. La palabra *autoginefilia*, que acuñó Blanchard, quiere decir «amor a las mujeres dirigido hacia uno mismo» es decir, amor de uno mismo como mujer, algo que a Dreger le parece que queda muy bien en francés: *amour de soi en femme*.

Bien, el caso es que esta clasificación no gustó a los transexuales porque hace demasiado énfasis en la sexualidad (hay que decir, aunque sea de pasada, que Blanchard no dice que la orientación sexual sea la única causa de la transición, sino que da mucha importancia al ambiente), cuando ellos estaban planteando los derechos de los transgénero desde la identidad, incidiendo en que se trata de un cerebro de mujer encerrado en un cuerpo de hombre. Sea como fuere, el caso es que primero Lynn Conway, una mujer transgénero, y luego otras personas y grupos, atacaron a Bailey. Lo acusaron de haber vulnerado la confidencialidad en sus estudios, de no tener la aprobación ética para hacerlos, de practicar la psicología sin licencia, de haberse acostado con mujeres *trans* que eran sujetos de su investigación y otras cosas. Dreger analizó todos los cargos, habló con las personas implicadas y concluyó que Bailey estaba limpio. Pero es que además prueba que los activistas lo sabían y que actuaron de manera deshonesta y manipulativa. Por probar estos hechos, estos mismos activistas fueron contra Dreger y la acusaron de derechosa, partidaria de la eugenesia y cosas por el estilo.

El siguiente caso que cuenta Dreger es el de Craig Palmer y Randy Thornhill por su libro *A Natural History of Rape*, un libro que explora las explicaciones biológicas de la violación. Básicamente lo que Palmer y Thornhill decían es que la violación no era sólo un tema de poder, sino que también tenía un componente sexual. Esto iba contra la teoría feminista oficial en todas partes de que la violación va de poder, y por eso fueron duramente atacados. En este caso los acusaron de decir que había que perdonar a los violadores porque son sus genes los que los llevan a violar y cosas de ese estilo. Según uno de sus acusadores: «Thornhill y Palmer son culpables de todas las alegaciones y merecen ser colgados». Por supuesto que Palmer y Thornhill no dicen nada de esto. De hecho, Craig, que fue el que tuvo la idea de escribir el libro, sintió la motivación para escribirlo a raíz de un suceso personal. Cuando Craig vivía en Arizona secuestraron y mataron a la hija de un vecino. Unos días después de aparecer el cadáver, se encontró con dos titulares contradictorios en la prensa. Uno decía: «La autopsia determina que la víctima fue agredida sexualmente» y el otro: «Todavía no se ha descubierto el móvil del crimen». Pero cuando ya vivía en Maine lo llamó el fiscal de distrito de Arizona para preguntarle, como estaban haciendo con todos los vecinos, si había observado alguna interacción airada entre el autor del crimen y la chica. Palmer dijo que no; pero, intrigado, indagó la razón de la pregunta: ¿no es suficiente con argumentar que el criminal sentía atracción sexual por la chica y sabía que no iba a conseguir que tuviera relaciones con él voluntariamente? El fiscal le contestó: «La defensa dice que los científicos han probado que la violación no está sexualmente motivada. Está motivada por un deseo de violencia, control y poder». Fue esta idea, para él errónea, de las ciencias sociales de que la violación no tiene nada que ver con el sexo lo que le impulsó a escribir el libro intentando ayudar a comprender mejor el fenómeno y por tanto ayudar a las mujeres. Pero los ataques y amenazas fueron tan graves que la policía llegó a aconsejarle que mirara debajo de su coche por las mañanas. ¡Y todo por decir que un acto que implica una erección y acaba en un orgasmo es un acto sexual y que un acto sexual tiene algo que ver con el sexo!

Evidentemente, Dreger vuelve a demostrar que todas las acusaciones son falsas, pero no sólo falsas, sino que, de nuevo, son mentiras interesadas y manipulaciones.

El último caso que trata Dreger es el del antropólogo Napoleon Chagnon, famoso por haber estudiado al pueblo yanomami, un pueblo bastante fiero y guerrero. Es también uno de los primeros defensores de la sociobiología y amigo del círculo de psicólogos evolucionistas de Santa Bárbara. Leyendo el libro de Dreger no pude evitar la sensación de que todos estos casos que estamos comentando no son más que variaciones del debate de la sociobiología en el que E. O. Wilson fue atacado por todo el mundo, pero sobre todo por sus colegas Gould y Lewontin, por decir que la conducta humana tenía algo que ver con la biología. El caso es que Chagnon fue acusado por Patrick Tierney en su libro *Darkness in El Dorado: How Scientists and Journalists Devastated the Amazon* de que tanto él como el médico James Neel habían causado una epidemia de viruela entre los yanomamis porque querían experimentar a ver qué pasaba, que pagó a miembros de la tribu para que mataran a otros y otras atrocidades. La Asociación Antropológica Americana (AAA) puso en marcha una comisión y el debate fue enorme. Dreger dedicó un año a revisar todas las acusaciones y de nuevo resultaron falsas y manipuladas.

El libro de Dreger nos plantea en el fondo un interesante dilema. La postura de Dreger, y de los científicos que podemos llamar «galileicos», es que la primera obligación de la ciencia es buscar la verdad. No se puede conseguir una justicia duradera si no sabemos lo que es real acerca del mundo. Por ejemplo, no podemos prevenir la violación si no sabemos por qué ocurre. Los científicos deben poner la verdad por encima de cualquier otra consideración, incluso cuando la evidencia nos muestra hechos que no queremos ver. Por supuesto, otros colegas de Dreger piensan que no podemos dejar que sean los científicos los que nos digan lo que es real acerca del mundo, que tenemos que dar la voz y el poder a los oprimidos y que nos digan ellos lo que es la verdad. Es el debate que mencionaba al principio entre la verdad y la justicia social, y en este debate hay que intentar no caer en dos tipos de falacias que describo a continuación, la falacia naturalista y la falacia moralista.

La falacia naturalista consiste en mantener que «lo que es» debe ser. Es decir, lo que es «natural» o encontramos en la naturaleza es lo que debemos considerar bueno moralmente. Voy a poner un ejemplo del error que esto supone. Hemos hablado del universal Ellos/Nosotros, según el cual tendemos a dividir el mundo en Ellos y Nosotros. Es uno de los hallazgos más sólidos de la psicología, las diferencias de trato a los miembros del grupo y a los que no lo son. Favorecemos a los de nuestro grupo y desconfiamos de los de fuera. Es verdad que existe esa tendencia y no debemos negarla. Pero no tenemos por qué considerarla buena moralmente. Al contrario, nuestros valores morales nos dicen que queremos construir un mundo en el que no nos matemos unos a otros. Por tanto, estudiaremos la realidad para cambiarla, y hemos mencionado que si las personas cooperan juntas en busca de objetivos comunes conseguimos ampliar el «Nosotros» y disminuir los conflictos entre los grupos. Resumiendo, que nuestra tendencia al enfrentamiento sea «natural» no quiere decir que debamos darla por buena. De la misma manera, también tenemos una capacidad para la agresión porque ancestralmente ha sido adaptativa cuando la relación coste-beneficio era favorable a actuar con agresividad. Pero tenemos que diseñar una sociedad en la que la agresión no obtenga recompensa, donde la relación coste-beneficio de la agresividad no compense. Hablando muy *grosso modo*, esta falacia la suele cometer más la derecha.

La falacia moralista es justo lo contrario a la falacia naturalista. En el caso de la falacia moralista es el «debe ser» lo que se considera o se impone como «lo que es». Es decir, lo que consideramos bueno moralmente se impone como realidad. Por ejemplo, como queremos que hombres y mujeres sean iguales y no haya diferencias morales ni de derechos ni de ningún tipo entre ellos, pues entonces decimos que no hay diferencias biológicas entre los hombres y las mujeres, que somos iguales biológicamente. Esta falacia, en líneas generales también, la suele cometer más la izquierda. Un ejemplo extremo fue el caso de Lysenko en la URSS. El gobierno soviético prohibió la práctica y enseñanza de la genética porque esta disciplina era contraria a la ideología del régimen socialista soviético.[184]

¿Por qué no debemos mezclar ciencia y moral?

Porque la ciencia no nos puede decir lo que está bien y lo que está mal. El mundo de ahí fuera es amoral, no hay valores morales en la naturaleza. Como veíamos en el capítulo segundo, la moral es, en palabras de Oliver Scott Curry: «Un conjunto de estrategias biológicas y culturales para resolver los problemas de cooperación y conflicto de las sociedades humanas», es decir, es una adaptación humana para la cooperación. Ningún telescopio ni microscopio va a encontrar nunca valores morales ni ningún escáner va a encontrar derechos humanos en el cerebro. Como dice Harari en *De animales a dioses*: «No hay dioses en el universo, no hay naciones, no hay dinero, ni derechos humanos, ni leyes, ni justicia fuera de la imaginación común de los seres humanos».[185]

Por eso es un error hacer que los derechos dependan de los hallazgos científicos. Que hombres y mujeres tengan los mismos derechos no depende de que sus cerebros sean idénticos, y ningún descubrimiento científico puede cambiar nuestro valor moral de que los hombres y las mujeres tienen los mismos derechos. Debemos separar ciencia y moral como se separó en su día Estado y religión. Tenemos que sacar a las instituciones morales (las que dicen lo que es bueno y malo) de la ciencia si no queremos volver a la Edad Media. Si dejamos que estas instituciones y la ideología dicten los resultados que puede obtener la investigación científica asistiremos en breve al suicidio de la ciencia. Pero lo que está ocurriendo, el sometimiento de la ciencia a los dicta-

184. Soyfer, V., «The Consequences of Political Dictatorship for Russian Science», *Nature Review Genetics*, n.º 2, 2001, pp. 723-729. Disponible en: <https://doi.org/10.1038/35088598>.

185. Harari, Y. N., *Sapiens: de animales a dioses. Breve historia de la humanidad*, Debate, 2015.

dos de las instituciones morales (sean iglesias o credos de un tipo u otro), es también muy revelador. Lo que esto nos indica es que el deseo de ser considerados buenos, de que no nos etiqueten de malos e inmorales y nos expulsen del grupo es mucho más fuerte que el instinto humano de buscar la verdad. Incluso entre los científicos.

Capítulo 8

El futuro de la moralidad

> Una sociedad liberal se sostiene sobre el principio de que todos debemos tomar en serio la idea de que podemos estar equivocados. Esto significa que no debemos poner a nadie, ni siquiera a nosotros mismos, fuera del alcance de la crítica.
>
> Jonathan Rauch

Hemos aprendido a lo largo de este libro una idea de la que considero que la sociedad debería estar hablando más, y de la que todos deberíamos ser más conscientes: nuestra mente moral es un peligro. Históricamente nos ha conducido a todo tipo de violencia y discriminación (guerras, genocidios, conflictos religiosos y étnicos, racismo...) y hemos visto también que todas estas catástrofes no son cosa del pasado, que el tribalismo está floreciendo en nuestras democracias. El riesgo de conflicto, y de guerra civil incluso, no es ninguna exageración, como estamos viendo en Estados Unidos. En este capítulo final la cuestión que nos planteamos es qué podemos hacer para no repetir los errores del pasado.

Bien, una primera cuestión, como digo, es darnos cuenta de que la moralidad constituye un peligro, lo que ha sido el objetivo de este libro. Mucha gente no es consciente de que la moralidad tiene un lado oscuro, y si no somos conscientes de que hay un problema, difícilmente vamos a buscar soluciones para él. Empezar por aquí no es mucho, pero es un buen comienzo. Si cada vez más gente se da cuenta de que esto es así, podemos iniciar un camino de búsqueda y de investigación que nos ayude a llegar a una situación diferente y más favorable para la convivencia.

Estamos ante un problema de desajuste o de choque entre nuestra psicología evolucionada —que tiene sus raíces en el mundo de los cazadores-recolectores— y las sociedades actuales, y este desajuste facilita que nuestros instintos morales descarrilen. Podríamos hacer una comparación de nuestra mente moral con nuestra apetencia por los dulces y las grasas. Esa apetencia era adaptativa y no les suponía ningún problema a nuestros ancestros porque eran muy raras las circunstancias en que encontraban alimentos altos en calorías. Pero en la sociedad actual esos instintos nutricionales están llevándonos a una epidemia de obesidad por la disponibilidad de alimentos altos en calorías. Haciendo un paralelismo, podríamos decir que nuestros instintos tribales, que nos ayudaron a sobrevivir en tiempos ancestrales en los que vivíamos en grupos que competían con otros grupos, suponen ahora un obstáculo para vivir en esta aldea global interconectada en que se ha convertido el mundo actual. Tenemos que aprender a vivir todos juntos, y nuestros instintos morales están descarrilando en este mundo de redes sociales altas en calorías morales y nos están provocando una obesidad moral totalmente perniciosa para el funcionamiento de la sociedad.

El siguiente paso es darnos cuenta de la dificultad de la tarea. Básicamente lo que vamos a necesitar es canalizar una parte de nuestra naturaleza humana, diseñar instituciones (diques de contención) que mantengan a raya nuestra moralidad y que consigan que el río que es nuestra mente moral no se desborde y nos inunde. La predisposición al tribalismo forma parte de nuestra naturaleza, pero tenemos también la predisposición a una colaboración que incluye en lugar de excluir, y esta capacidad de unión y de inclusión es lo que tenemos que potenciar. ¿Cómo podemos hacerlo? Las medidas que voy a exponer a continuación deben tomarse como lo que son, un ejercicio de *brainstorming* y no como algo consolidado y firme. Es tanto lo que no sabemos que sería una temeridad suponer que ya tenemos las respuestas a nuestros problemas. Estas ideas deben tomarse simplemente como sugerencias o como un borrador sobre el que empezar a trabajar. El eje de nuestro abordaje, insisto, es que tenemos que tomar las riendas de nuestra moralidad, que tenemos que controlar el ambiente en el que nuestra mente moral se expresa. Soy consciente, por supuesto, de las carencias y de las dificultades de implementación de todo lo que paso a exponer.

En el ámbito filosófico existen propuestas, como el abolicionismo moral, que deberíamos explorar y desarrollar.[186] Se trataría de alguna manera en hacernos ateos de la moralidad del mismo modo que nos hicimos ateos con respecto a la existencia de Dios. El objetivo sería utilizar la menor moralización posible. La mayoría de los autores (tanto filósofos como psicólogos) aceptan que la moralidad es una tecnología o herramienta social para la colaboración y reconocen el papel de la evolución, por lo que no se hacen la ilusión de que podamos abolir nuestra capacidad para la moralidad. Hemos evolucionado para pensar y actuar de forma moral, y también para dividir el mundo en Ellos y Nosotros, pero eso no quiere decir que no podamos buscar vías que disminuyan la expresión de esas adaptaciones. Por hacer una analogía, hemos desarrollado la capacidad de ponernos morenos si nos da el sol por medio de la producción de melanina. Pero podemos usar sombrero o una sombrilla cuando vamos a la playa y podemos evitar el bronceado si queremos. Es evidente que tenemos también una capacidad para la agresión, pero podemos estructurar la sociedad de modo que el uso de la agresividad no tenga sentido. De igual manera, podríamos intentar reducir el lenguaje moral y los planteamientos morales a su mínima expresión. La idea no sería tanto abolir la moralidad como domarla. Si yo tengo un conflicto contigo puedo intentar explicarte lo que yo quiero y las razones por las que lo quiero sin recurrir necesaria-

186. Garner, R., y R. Joyce, *The End of Morality: Taking Moral Abolitionism Seriously*, Routledge, 2019.

mente a planteamientos de bueno o malo, bien y mal. Evidentemente, no es fácil.

Las normas morales existentes pueden ser cambiadas y quizá también la utilización de encuadres morales para los conflictos. Las razones por las que los seres humanos y las sociedades han necesitado y necesitan la moralidad han cambiado con el tiempo. Los cambios históricos en la organización social, las posibilidades tecnológicas y las relaciones entre sociedades humanas rivales, y entre grupos rivales dentro de cada sociedad, pueden requerir en estos momentos una reinvención no sólo de las normas morales, sino de todo el sistema moral. El sistema y las normas morales que fueron útiles cuando vivíamos en pequeños grupos en competición con otros grupos y con otras especies puede que no sean ya necesarios —y hasta puede que sean un peligro y un obstáculo— para nuevas estructuras como los Estados-nación o incluso estructuras supranacionales. La moralidad es un medio para un fin, lo esencial es la cooperación y podemos intentar conseguirla sin pasar por la moralidad. Quizá no es un ejemplo muy bueno, pero el sexo también es un medio para la reproducción, para tener hijos, y hoy en día podemos saltar el paso del sexo e ir directamente a la reproducción. Se trataría de intentar hacer lo mismo con la cooperación para puentear así la moralidad.

En el ámbito político, la idea esencial sería sacar la moralidad de la vida pública todo lo que podamos, dejarla para el ámbito de lo privado. Es decir, justo lo contrario de lo que estamos haciendo, que es moralizar todas las diferencias políticas y plantearlas en términos de «buenos» y «malos». Igual que se sacó a las religiones de la vida pública tras las guerras religiosas en Europa, tenemos que intentar hacer lo mismo con la moralidad y con las ideologías políticas y de todo tipo que tienen un elevado contenido moral y que se han convertido, de hecho, en sustitutos de la religión, como hemos visto que ocurre con el movimiento por la Justicia Social Crítica. Debemos intentar no formular las diferencias y los conflictos en términos morales y buscar a toda costa el modo de formularlas de otra manera. El objetivo es no convertir conflictos de intereses en conflictos del «bien» contra el «mal».

Crear instituciones que mantengan a raya nuestros instintos morales, que nuestro tribalismo no se dispare. Por ejemplo, cambiar el diseño de las redes sociales, que hemos comentado que son estímulos supernormales y sacan lo peor de nosotros. El diseño de una red como Twitter favorece el enfrentamiento y el conflicto, y los ingenieros pueden rediseñar muchas de sus características para que esto no ocurra. Actualmente, estas redes potencian nuestros instintos de búsqueda de aceptación, lo que mueve al postureo moral, así como nuestros instintos de castigar y discriminar. Son una especie de marcapasos moral para la sociedad en su conjunto. Debemos buscar diseños que favorezcan el diálogo sin acaloramiento y la cooperación constructiva en las conversaciones y debates. Por supuesto, depende mucho de las personas, pero el medio puede favorecer más algunos de nuestros instintos u otros.

También podríamos rediseñar nuestras instituciones políticas, como el sistema de partidos, y la forma en que se reparte el poder para que se favorezca la cooperación y la colaboración y no el enfrentamiento. Como hemos tratado, el tribalismo está erosionando nuestras democracias. El sistema actual es un sistema que tiende al modelo «el ganador se lo lleva todo», donde el resultado puede ser que una parte de la población no se siente escuchada o representada. Un partido que consiga la mayoría o una coalición de partidos de un lado del espectro político puede obtener mayoría y excluir así al resto de la población. Ya existen leyes y medidas muy útiles para equilibrar y establecer contrapesos, pero tal vez podamos mejorarlas. Por ejemplo, tal vez en los temas importantes se debería hacer un mayor uso de las supermayorías, y no de las mayorías simples, donde la mitad de la población impone su visión a la otra mitad. Establecer medidas que obliguen a los partidos a cooperar y buscar acuerdos, como que el partido o los partidos que quieran gobernar tengan la obligación de implementar algunas de las propuestas de otros partidos que han perdido las elecciones pero que han obtenido un apoyo popular muy alto, por encima de un umbral determinado. Que los partidos tengan la obligación de sentarse y no levantarse de la mesa hasta que consigan unos acuerdos mínimos. Se supone que los políticos están para solucionar problemas a los ciudadanos y, sin embargo, actualmente parece que están más preocupados por mostrarnos a todos lo santos y virtuosos que son. La idea es que necesitamos instituciones que provean incentivos para la escucha, el respeto y el compromiso, instituciones que promuevan que las personas que no están de acuerdo entre sí no operen en forma de juego de suma cero en el que el ganador se lo lleva todo.

Otro punto con respecto a la política es que necesitamos despolitizar nuestras vidas. En el apartado final de su libro *La masa enfurecida*, Douglas Murray insiste —en línea con esta invasión o asalto de la política por la religión que hemos comentado— en que nuestras vidas están demasiado politizadas. Dada la ausencia de religión institucionalizada, la reducción de la familia a su mínima expresión, la disminución de vínculos con la comunidad, etc., y la mayor soledad e individualismo en la sociedad, la política se ha convertido en algo que da sentido a nuestras vidas. La ausencia de todo lo anterior hace que nos volvamos hacia identidades colectivas y básicas como la raza, el sexo o la orientación sexual. Todos necesitamos responder a la pregunta «¿quién soy yo?», y ya no nos definimos por nuestros vínculos, sino por las identidades básicas comentadas o por nuestras creencias o ideologías. Pero si, como hemos visto, la religión ha invadido la política y nuestro propósito en la vida nos los da ahora la ideología, son imposibles el diálogo y el acuerdo. No es probablemente una buena idea convertir a la política en nuestra única fuente de realización personal y deberíamos intentar recuperar las muchas cosas que dan sentido a la vida: amigos, familia y seres queridos, la cultura, los espacios y la naturaleza, etc.

En el ámbito social, la misma idea: sacar la ideología y los contenidos morales de nuestra convivencia diaria. Tomemos como ejemplo el mundo laboral. Actualmente se está despidiendo a la gente por sus creencias, como le pasó a James Damore en Google, y se intenta controlar de una manera absolutamente totalitaria lo que creen o piensan los trabajadores, a los que se les imparten cursos y formación plenamente ideológica que no tienen que ver con sus conocimientos técnicos o profesionales. Esto es una receta para el desastre. Cuando te contratan en un trabajo te pueden pedir unos conocimientos técnicos y un respeto a las reglas básicas de educación y convivencia y un respeto a la ley, pero no deberían intentar controlar lo que pensamos. En muchas empresas están trabajando juntos y en armonía cristianos, musulmanes, judíos o budistas, y si están trabajando personas de religiones diferentes, pueden también trabajar personas con creencias políticas diversas o con distintas ideologías y visiones acerca del mundo. Ninguna empresa da clases de cristianismo a sus trabajadores musulmanes o viceversa. Si personas con ideas religiosas diferentes se las guardan para ellos mismos y no dejan que interfieran en su trabajo y son capaces de colaborar juntos para conseguir objetivos comunes, personas con distintas ideologías políticas o morales pueden hacer lo mismo sin intentar imponerlas a los demás. Se nos puede pedir a todos una conducta acorde con las normas y la ley, pero no se nos puede obligar a comulgar con ideologías del tipo que sean. El adoctrinamiento debe quedar fuera del ámbito público. Todo lo que comento sobre el mundo laboral lo podemos aplicar a la escuela y al sistema educativo.

Voy a poner un ejemplo de cómo podríamos intentar sacar la moralidad de la vida pública. Vuelvo a pedir que no se me tome al pie de la letra, sino la idea que intento transmitir. Me refiero a la propuesta que se lanzó en los años noventa del siglo pasado de privatizar el matrimonio. En aquella época se estaba planteando el problema del matrimonio homosexual —un problema con importante contenido moral—, y esta idea surgió como una posible solución, aunque tiene un interés más amplio en cuanto a la función del matrimonio en las sociedades modernas. Parece que la primera persona en lanzar la idea fue el escritor libertario David Boaz en 1997 en la revista *Slate*,[187] y Richard Thaler y Cass Sunstein le dedicaron un capítulo de su libro *Nudge*, traducido al español como *Un pequeño empujón*.[188]

187. Boaz, D., «Privatize Marriage: A simple Solution to the Gay-Marriage Debate», *Slate*, 25 de abril de 1997. Disponible en: <https://slate.com/news-and-politics/1997/04/privatize-marriage.html>.

188. Thaler, R., y C. Sunstein, *Un pequeño empujón (nudge): el impulso que necesitas para tomar mejores decisiones sobre salud, dinero y felicidad*, Taurus, 2011.

La propuesta sería que el matrimonio se privatice, que el Estado abandone el tema del matrimonio; incluso la palabra *matrimonio* desaparecería de las leyes y demás escritos oficiales y el Estado dejaría de ofrecer licencias de matrimonio. El matrimonio pasaría a ser un contrato estrictamente privado. El Estado apoyaría el cumplimiento de ese contrato, como lo hace con cualquier otro tipo de contrato, pero sus términos quedarían a la decisión de las partes. Las parejas elegirían organizaciones religiosas o civiles que ofrezcan casamientos o simplemente firmarían un contrato ante notario. Cada uno elige casarse con la persona (o personas) que quiera, y esas personas estipulan las condiciones. Si el matrimonio es entre personas del mismo sexo o incluso entre más de dos personas, eso quedaría en el ámbito privado, por lo que se evita el conflicto entre personas que lo ven de forma diferente. Nadie tiene que imponer nada a nadie.

No voy a entrar en las ventajas, inconvenientes y problemas que pueda tener la idea. Lo que me importa destacar es que el matrimonio ha sido una institución que ha evolucionado a lo largo de la historia y puede seguir haciéndolo para adaptarse a los nuevos tiempos. Privatizar el matrimonio es una forma de despolitizar un conflicto social, y ésa es la línea que tenemos que explorar. Plantearse privatizar el matrimonio es pensar de forma creativa. Quizá es una mala idea y por eso no ha triunfado, pero necesitamos pensar de forma creativa, necesitamos ser innovadores en el plano moral y buscar maneras de sacar la moralidad de nuestra convivencia. Y esta actitud de adaptar las instituciones para que limiten nuestros instintos tribales debe ser una constante en nuestro modo de pensar acerca de los conflictos sociales.

Otra estrategia es fomentar el escepticismo en todos los niveles. Vivimos unos tiempos muy difíciles para el escepticismo, la razón, la crítica, la duda y los matices. Hoy en día las narrativas se venden en paquetes y sólo hay dos posiciones: comprar el paquete completo o rechazarlo. Como digas: «Pues, mira, de tu narrativa me parece bien esto y esto, pero creo que eso de ahí y eso otro no es así...», automáticamente vas al lado de los negacionistas, conspiranoicos o enemigos que rechazan ese discurso y lo que ello conlleva. La crítica racional, o la duda razonable, han desaparecido, sólo hay buenos y malos, blanco y negro.

En su libro *Kindly Inquisitors*, Jonathan Rauch hace una defensa de la ciencia, de la libertad de expresión y del escepticismo. En este libro, Rauch resume así el principio esencial del escepticismo: «Debemos todos tomarnos en serio la idea de que cualquiera de nosotros, y todos nosotros, podríamos, en cualquier momento, estar equivocados».[189] Nadie está por encima del escrutinio y tampoco lo está ninguna creencia.

Un corolario de este principio es que la crítica sincera es siempre legítima. Si cualquier creencia puede ser errónea, nadie puede legítimamente afirmar que se ha acabado la discusión, nunca. Dicho de otro modo: nadie tiene la última palabra. Y otra conclusión es que ninguna persona puede decir que está por encima de ser evaluado o criticado por otros. Además, si todo el mundo puede estar equivocado, nadie puede reclamar un poder especial para decidir lo que está bien y está mal. Es decir: nadie tiene autoridad personal (tiene la que le otorga sostener una creencia que, de momento, está respaldada por datos y no ha sido refutada, no una autoridad personal).

De acuerdo con estas premisas obtendríamos la regla escéptica que dice: «Nadie tiene la última palabra: tú puedes afirmar que una declaración está establecida como conocimiento sólo si puede ser refutada, en principio, y sólo en la medida en que aguanta los intentos de refutarla».

Esto no quiere decir que valga igual lo que dice la OMS que lo que dicen los antivacunas, ni requiere tampoco renunciar al conocimiento. Y no quiere decir no llegar a conclusiones o a actuaciones. Adelante, concluye lo que quieras o toma decisiones y explica las razones. Pero a lo que sí hay que renunciar es a la certeza, y hay que admitir que esas decisiones y creencias pueden necesitar ser corregidas.

La amenaza al escepticismo viene desde diferentes frentes. Por un lado, están los fanáticos que ya saben cuál es la verdad; el prin-

189. Rauch, J., *Kindly Inquisitors: The New Attacks on Free Thought*, University of Chicago Press, 2014.

cipio fundamentalista es: los que saben la verdad deben decidir lo que está bien, y el que niegue la verdad evidente debe ser castigado. Es el totalitarismo: tener ideas incorrectas es un crimen y ésta ha sido la doctrina de algunas religiones, por ejemplo, la cristiana.

Pero otras amenazas a este escepticismo provienen de posturas humanitarias e igualitarias, aunque conducen a un lugar parecido. Permitir las ideas incorrectas o los «errores» es arriesgado. Han proliferado los *fact-checkers* y avanza por todos lados la tentación de crear Ministerios de la Verdad. Preocupan la desinformación y las noticias falsas, y con razón. Pero contra esta tendencia, Rauch nos plantea que suprimir los errores tiene más riesgos y peligros que no suprimirlos, básicamente porque para llevarlo a cabo hay que crear una autoridad que dice qué es verdad y qué no lo es. Una vez creada esa autoridad, un «error» será cualquier cosa que las autoridades no quieren oír. Es oportuno recordar que casi todas las grandes ideas fueron al principio consideradas erróneas y subversivas. Con Ministerios de la Verdad nunca habrían salido adelante; los Ministerios de la Verdad no van a favorecer el progreso. Un mundo como el reflejado en la novela *1984*, de Orwell, no es un modelo que seguir.

Por último, quería hablar de una estrategia para abordar el problema que supone la moral, que es de momento una historia de neurociencia ficción pero que merece la pena tratar, ya que estamos contemplando el futuro y las alternativas de las que disponemos para diseñar un mundo donde la moralidad no sea un problema.

Bipotenciación moral

Ingmar Persson y Julian Savulescu han planteado que existe un imperativo urgente para reforzar o potenciar el carácter moral de la humanidad.[190] Su planteamiento lo podemos sintetizar en tres puntos:

190. Persson, I., y J. Savulescu, *Unfit for the Future: The Need for Moral Enhancement*, Oxford University Press, 2012.

- La dotación moral normal de la especie humana (producto de la evolución por selección natural) no es suficiente para desarrollar las disposiciones, motivos y conductas morales que se necesitan para hacer frente a los desafíos a los que nos enfrentamos en el mundo actual y futuro.
- No se trata por tanto de remediar un «fallo moral», sino de elevar nuestras capacidades morales a un nivel que no ha existido nunca.
- Se concluye de lo anterior que se necesitan nuevas herramientas para producir elecciones y conductas morales de un nivel mucho más elevado de lo que la evolución por selección natural nos ha donado. Estas herramientas son posibles hoy en día —o lo serán un futuro— por medio de biotecnologías como la ingeniería genética, los psicofármacos, la estimulación magnética transcraneal o la estimulación cerebral profunda (colocación de electrodos en el cerebro). Estamos hablando de neurotecnologías y de refuerzos biomédicos que podrían producir estados mentales que se traducirían en una conducta moral que pensamos que es más adecuada. Esa mejor conducta moral consistiría principalmente en un mayor altruismo y un mayor sentido de la justicia.

¿Por qué dicen Persson y Savulescu que nuestra moral normal no es suficiente para hacer frente a los retos del mundo moderno? Su argumento es el siguiente:

> Durante la mayor parte de la historia de la especie humana, los seres humanos han vivido en sociedades comparativamente pequeñas y unidas, con una tecnología primitiva que les permitía afectar sólo a su entorno más inmediato. Su psicología moral se adaptó para que pudieran vivir en estas condiciones. Esta psicología moral es «miope», se limita a la preocupación por las personas del entorno y el futuro inmediato. Pero a través de la ciencia y la tecnología, los seres humanos han cambiado radicalmente sus condiciones de vida, mientras que su psicología moral ha permanecido fundamentalmente igual a lo largo de esta evolución tecnológica y social, que continúa a una velocidad acelerada. El ser humano vive ahora en

> sociedades con millones de ciudadanos y con una tecnología científica avanzada que le permite ejercer una influencia que se extiende por todo el mundo y muy lejos en el futuro. Esto está conduciendo a una creciente degradación del medio ambiente y a un cambio climático perjudicial. La avanzada tecnología científica también ha dotado a los seres humanos de armas nucleares y biológicas de destrucción masiva que pueden ser utilizadas por los Estados en guerras por recursos naturales menguantes o por terroristas. Las democracias liberales no pueden superar estos problemas desarrollando tecnología novedosa. Lo que se necesita es una mejora de las disposiciones morales de sus ciudadanos, una extensión de su preocupación moral más allá de un pequeño círculo de conocidos personales, incluidos los que existen más allá o en el futuro. La expansión de nuestros poderes de acción como resultado del progreso tecnológico debe equilibrarse con una mejora moral por nuestra parte. De lo contrario, nuestra civilización, argumentamos, está en peligro. Es dudoso que esta mejora moral pueda lograrse por medio de la educación moral tradicional. Por tanto, hay muchas razones para explorar las perspectivas de mejora moral por medios biomédicos.[191]

Aceptada esta necesidad, ¿cómo se define la potenciación moral (*moral enhancement*)? A un nivel muy básico, potenciación moral es un cambio en algún aspecto de la moralidad de una persona que resulta en una persona moralmente mejor. Esta definición está bien, pero es muy poco precisa. Earp y sus colaboradores la desarrollan un poco más:

> Neuropotenciación moral: cualquier cambio en un agente moral, A, efectuado o facilitado de alguna manera significativa por la aplicación de una neurotecnología, que resulta, o se espera razonablemente que resulte, en que A sea un agente moralmente mejor.[192]

191. Savulescu, J., e I. Persson, «Moral Enhancement, Freedom and the God Machine», *Monist*, vol. 95, n.º 3, 2012, pp. 399-421, DOI: doi:10.5840/monist201295321.

192. Earp, B. D.; T. Douglas, y J. Savulescu, «Moral Neuroenhancement», en Johnson L. S. M. y K. S. Rommelfanger (eds.), *The Routledge Handbook of Neuroethics*, Routledge, 2017, cap. 11.

Hay otras definiciones más específicas, como la de Lavazza:

> La biomejora moral es una intervención en el sistema nervioso o en los genes precursores del sistema nervioso destinada a hacer que el fenotipo y/o el perfil de comportamiento del individuo sean más altruistas (entendiendo por altruismo la disposición a considerar los intereses de los demás como iguales a los propios) y más orientados a la justicia (entendida como el tratamiento igualitario de casos similares), en comparación con antes del tratamiento. Esto significa que la disminución de las emociones/disposiciones antimorales también forma parte de la biomejora moral.[193]

¿En qué tipo de neurotecnologías están pensando los autores que participan en este debate sobre la biomejora moral? Persson y Savulescu están de acuerdo con la tesis que he defendido en este libro de que nuestra capacidad moral es resultado de la evolución por medio de la selección natural, lo cual implica que nuestro tribalismo o nuestro sentido de la justicia tiene un componente genético, junto con otros más culturales y relacionados con el aprendizaje. Por tanto, teóricamente, hay una posibilidad de intervención en el ámbito de la ingeniería genética; otra cuestión es si esto es por ahora posible en la práctica, dado que cualquier característica física o psicológica se ve influida por cientos de miles de genes con un efecto pequeño cada uno.

Otra posibilidad es el empleo de psicofármacos. Esto no es del todo nuevo. Desde tiempos ancestrales se han empleado psicofármacos como la psilocibina, la ayahuasca y otros psicodélicos para intentar reforzar las capacidades artísticas e intelectuales y también para facilitar el aprendizaje de las enseñanzas de los chamanes con elementos religiosos. No es del todo igual a la biopotenciación moral, pero se aproxima en cierta medida. En nuestras propias sociedades estamos utilizando antiandrógenos para el tratamiento de sujetos que han cometido agresiones se-

193. Lavazza, A., y M. Reichling, «Introduction: Moral Enhancement», *Topoi*, n.º 38, 2019, pp. 1-5. Disponible en: <https://doi.org/10.1007/s11245-019-09638-5>.

xuales, o se han utilizado los antidepresivos para mejorar el control de los impulsos sexuales. En Israel parece que se recetaron antidepresivos a jóvenes ultraortodoxos para provocarles una disminución de la libido y obtener así una conducta más acorde con sus ideales religiosos.[194] Esto sí lo podríamos considerar claramente un ejemplo de biopotenciación moral. Otros fármacos potencialmente utilizables serían el litio, el metilfenidato o la oxitocina. En el plano neurológico hay estudios que revelan que la estimulación magnética de ciertas regiones cerebrales produce cambios en los juicios y valoraciones morales de los sujetos, y esto abre la puerta a intervenciones como la estimulación cerebral profunda.

Por ahora estamos hablando de neuroética ficción porque muchas de estas intervenciones no están disponibles o no tenemos todavía la ciencia moral necesaria para controlarlas, pero no podemos descartar que esto sea posible en un futuro. Un aspecto que merece la pena señalar es que este refuerzo moral debería ser aplicado a todas las personas, es decir, debería ser universal. Sin la convergencia de la mayoría de la población no serviría de nada e, incluso, la existencia de una minoría activa podría sabotear todos los esfuerzos.

Las ideas de Persson y Savulescu han recibido críticas a muchos niveles, desde que suponen una pérdida de la libertad y agencia de los sujetos hasta que nos podría salir el tiro por la culata. Por ejemplo, se ha demostrado que la empatía es muy parroquiana. Por tanto, reforzarla podría aumentar el favoritismo por el propio grupo y dejar fuera a los miembros de otros grupos. Pero no voy a entrar en esas críticas en detalle.

Lo que sí me parece es que, por un lado, lo que Persson y Savulescu plantean no deja de ser una paradoja o contradicción. Su argumento es que la ciencia y las nuevas tecnologías (como la energía nuclear y otras) nos han puesto en una situación de posi-

194. «Doctors Accused of Giving Drugs to Yeshiva Students to Curb Their Sexual Desires», *The Times of Israel*, 9 de diciembre de 2019. Disponible en: <https://www.timesofisrael.com/doctors-accused-of-giving-drugs-to-yeshiva-students-to-curb-their-sexual-desires/>.

ble extinción, y resulta que proponen que la solución son unas nuevas neurotecnologías o intervenciones biomédicas, en este caso para utilizarlas sobre nuestras capacidades morales. Pero ¿por qué no podría descarrilar o pervertirse también esta tecnología? Ellos parten de que el empleo de esta potenciación moral es voluntario o consentido en un sistema democrático, pero imaginemos que esta neurotecnología moral fuera utilizada por un Estado totalitario. Como hemos repetido una y otra vez en este libro, la moral es un arma de doble filo, y aunque he puesto el énfasis en la parte oscura, también hemos visto que la moral es necesaria para el funcionamiento de las sociedades y es imprescindible, por ejemplo, que los individuos reaccionen de una forma firme ante las injusticias o ante situaciones que se consideran moralmente negativas. Un dictador o un sistema totalitario podría manipular la mente moral de los ciudadanos o insertar en sus cerebros las prótesis morales necesarias para facilitar su sumisión, de manera que los ciudadanos vivieran felices y tranquilos bajo las condiciones impuestas por el régimen en cuestión.

Pero dejando estos problemas aparte, si la tesis que he defendido en este libro es acertada, más moral no equivale a un mundo necesariamente mejor, porque potenciaríamos las dos caras de la moneda, la positiva y la negativa. Lo que realmente necesitaríamos es desarrollar el lado positivo de la moral y reducir su lado oscuro, lo cual es realmente complicado porque ambos aspectos están fuertemente ligados. Si aumentamos el sentido de la justicia, puede que esto haga que la gente se ofenda por injusticias cada vez más insignificantes y que reaccione con violencia moralista ante, digamos, infracciones cada vez más nimias. Así que creo que Persson y Savulescu se equivocan, pero, aunque sea por razones contrarias a las que ellos proponen, tal vez su propuesta de usar la neurotecnología para reducir el lado oscuro de la moral sea digna de tener en cuenta. Quizá merece la pena dejar una puerta abierta a la posibilidad de que algún día dispongamos de una pastilla contra el tribalismo.

Conclusiones

Es evidente que las medidas que he propuesto no son fáciles de implementar, y algunas no sabemos siquiera si son posibles. Por ello, es indudable que tenemos que seguir estudiando la moralidad. Un virus o una catástrofe ambiental pueden acabar con nuestra especie, pero también nuestra moralidad nos puede llevar al precipicio. Tenemos que investigar y conocer lo mejor posible nuestra mente moral —igual que aprendemos acerca del mundo físico— para poder así diseñar unas instituciones que promuevan una moralidad inclusiva y no una moralidad excluyente. Necesitamos urgentemente una teoría del cambio moral; necesitamos conocer cómo se produce para poder intervenir de forma que apoyemos un progreso moral que aumente la inclusión y no la exclusión. Si queremos introducir cambios tenemos que estar seguros de que van a tener resultados positivos y de que no van a empeorar las cosas.

Y en el ámbito personal, debemos estar alerta siempre que nos sintamos indignados moralmente y siempre que vayamos a realizar juicios morales y a condenar y castigar basándonos en ellos. Muchas personas y naciones a lo largo de la historia han cometido atrocidades al dejarse llevar por la indignación moral y seguir los mandatos morales. Nosotros también podríamos estar equivocados, así que tengamos en cuenta ese lado oscuro de nuestra mente moral y desconfiemos de él. Que la lucidez y la inspiración nos acompañen.